国外航母航空保障系统

姜龙光 主编

國防工业出版社

National Defense Industry Press

内 容 简 介

本书系统、多角度地展现国外航母航空保障系统的发展,重点从发展历史、现状及趋势、研制历程、功能原理、系统组成、关键技术、性能指标等方面介绍。绪论主要介绍航母航空保障系统的范畴和主要发展历程,起飞篇介绍弹射起飞系统和滑跃起飞系统,降落篇介绍着舰引导系统和阻拦回收系统,保障篇介绍舰载机调运系统、弹药贮运系统和舰面保障系统。

本书可作为相关专业科研人员、工程技术人员、使用保障人员学习和理解航母航空保障系统的参考书,亦可供对航母航空保障系统感兴趣的军事爱好者阅读。

图书在版编目(CIP)数据

国外航母航空保障系统/姜龙光主编.—北京:国防工业出版社,2016.1(2016.3 重印)
ISBN 978 - 7 - 118 - 10514 - 8

Ⅰ.①国... Ⅱ.①姜... Ⅲ.①航空母舰 - 航空装备 - 军械技术保障 Ⅳ.①E144

中国版本图书馆 CIP 数据核字(2015)第 234630 号

※

国防工业出版社出版发行

(北京市海淀区紫竹院南路 23 号 邮政编码 100048)
国防工业出版社印刷厂印刷
新华书店经售

*

开本 710×1000 1/16 印张 20¼ 字数 225 千字
2016 年 3 月第 1 版第 2 次印刷 印数 2001—3500 册 定价 128.00 元

(本书如有印装错误,我社负责调换)

国防书店:(010)88540777   发行邮购:(010)88540776
发行传真:(010)88540755   发行业务:(010)88540717

编 审 人 员

主　　编　　姜龙光

副主编　　张晓东　　文盖雄

编　　写　　邓　琦　　张晓帆　　赵　满　　乔贝贝

　　　　　　王　怡　　饶志鹏　　葛　宋　　宋林峰

审　　校　　杜　亮　　李海旭　　汪光森　　张泽帮

　　　　　　陈　定　　巩彦明　　童　剑　　丁　伟

　　　　　　林金国　　宋旦锋　　李　媛　　干敏耀

　　　　　　赵永杰　　周军华

序言 Preface|

　　1918 年,世界第一艘航母"百眼巨人"号在英国海军列装,标志着航母登上历史舞台,拉开了海战变革的序幕。第二次世界大战美日太平洋战争,确立了航母作为海战核心兵力的地位。航母把海战的模式从平面推向了立体,实现了真正视距外的战斗,成为海军强国政治、军事和外交的重要工具。

　　航母是以舰载机为主要作战手段的大型水面舰船,是海上的浮动机场。与陆地机场相比,航母甲板面积狭小,飞行跑道短,舰载机起降、调运、充填加挂等作业技术复杂、难度大、风险高。为破解舰载机起降的这些难题,航空保障系统伴随着航母一起诞生和发展。航空保障系统是保障舰载机在航母上安全起降和有序作业的核心,在很大程度上决定了航母的作战能力,是航母区别于其他大型主战水面舰船的标志之一。

　　航母诞生以来,历经百年战争洗礼和技术革新,系统构成和作战能力发生了翻天覆地的变化,航空保障系统也随之不断演进。今天的航空保障系统技术构成更趋复杂,安全性和可靠性大幅提高,只有极少数国家掌握其核心技术。美国拥有首屈一指的研制能力和丰富的实战经验,建立了完善的试验、训练保障体系。特别是以"福特"号航母电磁弹射、涡轮电力阻拦、全自动着舰引导和一站式保障为代表的新一代航空保障系统,实现了从机械化到电气化的跃升,增强可靠性的同时达到了减员增效的目的,使舰载机出动能力在"尼米兹"级的基础上提升 30% 以上,成为美国航母战斗力领先世界的重要物质基础。

　　《国外航母航空保障系统》的编写,深入分析解读了大量国外相关资料,重点从起飞、降落和保障三方面,系统梳理了国外航母航空保障系统的发展历程,详细分析了各系统设备的组成、原理、关键技术、工作过程、保障效能。本书是国内第一本系统介绍国外航母航空保障系统的书籍,能够为航母相关专业科研人员、工程技术人员、使用保障人员以及广大军事爱好者学习和理解航母航空保障系统提供参考借鉴。

美国等航母强国高度重视航母航空保障系统的研究,已经形成了完善的专业学科,希望本书的出版能够引起国内相关专业领域对航母航空保障系统研究的重视,瞄准国外航母航空保障系统先进技术,促进相关专业学科的建设,争取在较短的时间内使我国航母航空保障系统相关专业领域的研究实现跨越。

2016 年 1 月

前言 |Foreword|

　　航母是以固定翼舰载机为主要作战武器的大型主战水面舰艇，具备机动灵活、攻防兼备、平战适用等特点，是现代海战的核心兵力，也是世界主要海军强国重点发展的武器装备。

　　航母强大的作战能力需通过出动舰载机来实现。航母航空保障系统是保障舰载机在航母上安全起降和有序作业的核心，是实现舰载机高效出动回收的基础和保证，在航母各主要系统中具有突出重要的作用，是航母区别于其他大型主战水面舰艇的重要标志。

　　航母航空保障系统具有高度复杂性，包括多个分系统，涉及多项关键技术，全世界只有少数国家能够掌握。美国等海军强国建造并使用航母已近百年，在航母航空保障系统的设计、研制、试验和使用上积累了大量宝贵经验。梳理和普及国外航母航空保障系统的发展历程、功能原理、系统组成、关键技术等知识，让相关专业科研人员、工程技术人员、使用保障人员、广大军事爱好者全面了解航母航空保障系统，在国内引起对航母航空保障系统技术研究的重视，推动航空保障相关专业领域的发展，是我们编写本书的出发点。

　　为此，我们组成十多人的编写组，花费大量心血，查阅了1000多份国外资料，对200多份文献进行了深入解读分析。为力求准确，我们尽可能采用权威的技术资料和数据，跟踪最新的科研成果，通过各种资料的比对、判读，做到追根溯源，去伪存真。为提高本书的科普性，我们力求语言通俗易懂、深入浅出，选用了128幅实景照片，制作了112张图片，使内容更加形象、直观。

　　本书包括绪论、起飞篇、降落篇、保障篇以及两个附录，从发展历史、现状及趋势、研制历程、功能原理、系统组成、关键技术、性能指标等方面系统、多角度地展现国外航母航空保障系统的发展。绪论主要介绍航母航空保障系统的范畴和主要发展历程,起飞篇介绍弹射起飞系统和滑跃起飞系统,降落篇介绍着舰引导系统和阻拦回收系统,保障篇介绍舰载机调运系统、弹药贮运系统和舰面保障系统。附录 A "航母舰载机起降作业实录",形象地描述了美国"华盛顿"号航母一次部署期间典型飞行任务日的舰载机作业过程。附录 B"舰载机返航进近着舰模式",对美军航母舰载机的三种进近着舰模式进行了详细介绍。

"辽宁舰"总设计师、中国工程院朱英富院士对本书的编写给予高度关怀,亲自作序。陈书海研究员和池建文研究员对全书定位、结构编排、具体内容提出了诸多宝贵建议。在本书编写过程中,参考并引用了大量国内外著作和文献,并得到有关专家的大力支持。在此一并表示衷心感谢。

由于编者水平有限,疏漏之处敬请广大读者批评指正。

本书编写组
2016 年 1 月

目录 Contents

保 障 篇

绪　论

一、航母航空保障系统的范畴

航母航空保障系统是保障舰载机在航母上安全起降和有序作业的核心，是实现舰载机高效出动回收的基础和保证，在航母各主要系统中发挥着特殊的重要作用，是航母区别于其他大型主战水面舰艇的重要标志。

我国国军标《舰艇及其装备术语 舰船航空保障设施》（GJB 175.17-95）定义的舰船航空保障设施范畴为：舰载机（包括固定翼飞机和直升机）用甲板和舱室、起飞设备、着舰设备、助降设备、升降和转运设备、停放和系留设备、供给和保障设施以及防爆安全设施等。

美国海军官网上定义的航母"航空保障设备"（Aviation Support Equipment）的范畴为：舰载机起飞与回收设备、舰面保障设备、航空电子测试设备、航空生命保障系统（包括头盔、救生筏、夜视镜、舰载机弹射座椅、氧气系统和降落伞）、气象设备、训练模拟装置等。此外，舰载机的保障一般还涉及塔台飞行指挥设备、维修及任务支援设备等。

本书在国军标舰船航空保障设施定义基础上，参考美军航母"航空保障设备"概念，提出航母航空保障系统范畴：舰载

机起飞相关系统（包括弹射起飞系统、滑跃起飞系统）、舰载机降落相关系统（包括着舰引导系统、阻拦回收系统）、舰载机保障相关系统（包括舰载机调运系统、航空弹药贮运系统和舰面保障系统）。

航母航空保障系统的主要功能包括：辅助舰载机从航母上起飞升空；引导舰载机着舰下滑并精确降落在飞行甲板上；实现舰载机在航母飞行甲板和机库的调运和系留停放；完成舰载机在航母上的燃料补给、弹药挂载、电力供应、气体充填、冲洗、救援等各项保障作业；完成航母飞行甲板除雪、除冰等工作。

二、航母航空保障系统的发展

航母的出现在人类历史上首次将飞机和舰船这两大军事装备紧密结合起来，为了满足飞机在航母上起飞、降落、调运、补给等一系列作业要求，航母航空保障系统应运而生。从航母诞生之初至第二次世界大战结束，航母航空保障系统主要保障螺旋桨舰载机，这种舰载机重量较轻、飞行速度较低，无需采用弹射装置就可在平直飞行甲板上通过自由滑跑顺利起飞，弹射装置尚未成为这一时期固定翼舰载机起飞的必需设备。舰载机着舰引导采用较简单的人工引导方式，着舰指挥官用手势、信号旗和指挥灯棒指引舰载机飞行员完成着舰下滑过程，着舰引导的成败取决于飞行员和着舰指挥官的个人经验和临场判断，着舰事故率较高。舰载机回收通过阻拦装置完成。阻拦装置经历重力型、弹簧型、摩擦刹车型的早期探索，很快出现液压型并不断发展。

第二次世界大战结束后，随着航空发动机技术的发展，喷气式飞机逐渐替代螺旋桨飞机，成为航母的主要舰载机型，舰载机重量和飞行速度大幅提升，对航空保障系统提出了更高要求，航空保障系统得到快速发展。舰载机依靠自身发动机推力已不足以在平直甲板上达到起飞速度，弹射起飞成为喷气式舰载机在航母上起飞的主要方式；20 世纪 70 年代诞生了垂直/短距起降方式；80 年代又诞生了滑跃起飞方式。舰载机着舰引导加入了半自动和全自动引导方式，光学、电视、雷达、仪表等引导方式先后出现，使舰载机在不同距离和各种气象条件下的着舰引导更精确、更安全。阻拦装置的能力大幅提升，通过液压缓冲系统实现了高速、重载飞机的安全阻拦着舰。

美国新一代"福特"级航母服役后，为了顺应航母全电化发展趋势，"福特"级航母上将采用更加高效、可靠、易维护的电磁弹射装置取代蒸汽弹射装置，并采用涡轮电力阻拦装置取代液压阻拦装置，更有利于延长舰载机的结构寿命，航母起降舰载机的重量、速度范围得到扩展。以差分 GPS 技术为基础的联合精确进近着舰系统成熟并投入使用后，将使舰载机着舰引导进入多手段融合全自动着舰引导时代。一站式保障设计方案，将使舰载机舰面保障由分散式转变为集中式，最终实现一站式，将有效提升舰面保障效率。

回顾海上作战方式的演变，飞机上舰需求催生了航母，产生了航空保障系统，飞机性能提升和舰船装备技术进步，促进了航空保障系统的持续发展，特别是舰载机的更新换代，成为牵引航空保障系统不断发展的内在动力。

现代航母航空保障系统设备主要布设在飞行甲板、机库区域，图 1 和图 2 分别为美国"尼米兹"级和"福特"级航母飞行甲板上航空保障系统设备的布置图，包括弹射装置、喷气偏流板、光学助降系统、着舰引导雷达、阻拦装置、飞机升降机、武器升降机等。实际上，部分系统的布置涉及全舰多个部位，如航空燃油系统，除

了加油站设置在飞行甲板和机库，其他部分设置在多层甲板；又如弹射装置，除了弹射跑道等设置在飞行甲板，蒸汽管路、储汽筒、乏汽处理系统及弹射控制系统等分布在全舰多个区域。

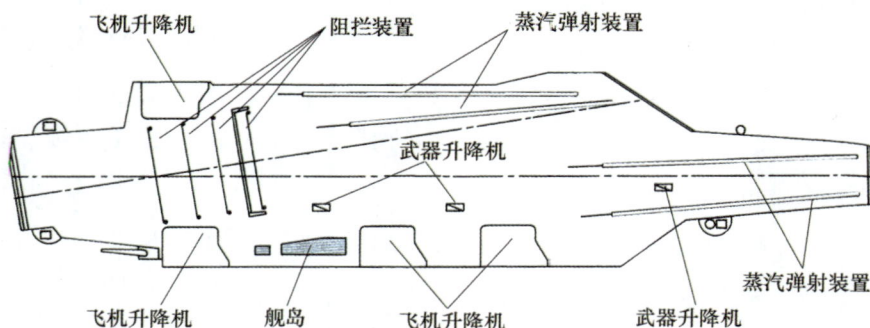

图 1 美国"尼米兹"级航母航空保障系统设备在飞行甲板上的布置

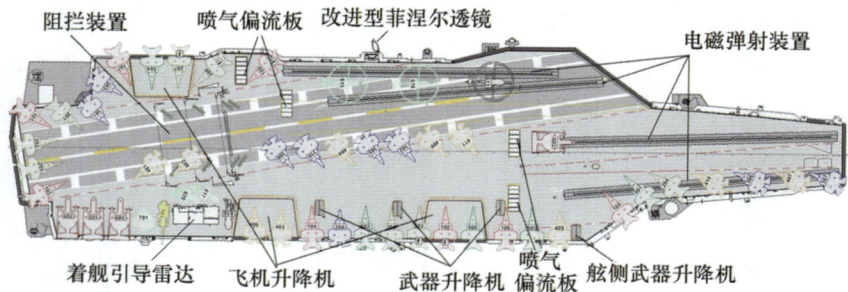

图 2 美国"福特"级航母航空保障系统设备在飞行甲板上的布置

以下各篇章将对国外航母航空保障系统进行系统、深入的介绍。起飞篇主要介绍弹射起飞系统和滑跃起飞系统，降落篇主要介绍着舰引导系统和阻拦回收系统，保障篇主要介绍舰载机调运系统、航空弹药贮运系统和舰面保障系统。在各章中将阐述航空保障系统中重要分系统的发展、研制、系统组成、性能指标等。

起飞篇

舰载机起飞是在航母甲板上加速至起飞速度并升空的过程。航母诞生之初至第二次世界大战期间，舰载机主要为螺旋桨飞机，重量轻，起飞速度低，可直接在航母飞行甲板上滑跑起飞。

第二次世界大战后，随着喷气式舰载机上舰，舰载机重量和起飞速度大幅增加，无法在平直甲板上直接滑跑起飞，必须借助专门的辅助手段，为此出现了蒸汽弹射起飞系统。由于弹射起飞系统复杂，对技术的要求高，英国、俄罗斯等国家还研制出了滑跃起飞方式。为避免舰载机发动机高速、高温尾喷流对舰面其他飞机和人员造成损伤，无论是弹射还是滑跃起飞，均在起飞站位加装喷气偏流板装置。

第一章　弹射起飞系统

弹射起飞系统位于飞行甲板起飞跑道区域，作用是使固定翼舰载机通过弹射在短距离内加速至起飞所需速度。至 2015 年，全世界现役总共 19 艘航母，其中 12 艘采用弹射起飞方式，装备蒸汽弹射装置。其中最典型的是美国"尼米兹"级航母，该级航母前 4 艘采用 C-13-1 型蒸汽弹射装置，后 6 艘采用 C-13-2 型蒸汽弹射装置，见表 1-1。

表 1-1 外军航母所安装的蒸汽弹射装置型号[①]

	C-13 型蒸汽弹射装置			
	1 号弹射装置	2 号弹射装置	3 号弹射装置	4 号弹射装置
CVN 68	C-13-1	C-13-1	C-13-1	C-13-1
CVN 69	C-13-1	C-13-1	C-13-1	C-13-1
CVN 70	C-13-1	C-13-1	C-13-1	C-13-1
CVN 71	C-13-1	C-13-1	C-13-1	C-13-1
CVN 72	C-13-2	C-13-2	C-13-2	C-13-2
CVN 73	C-13-2	C-13-2	C-13-2	C-13-2
CVN 74	C-13-2	C-13-2	C-13-2	C-13-2
CVN 75	C-13-2	C-13-2	C-13-2	C-13-2
CVN 76	C-13-2	C-13-2	C-13-2	C-13-2
CVN 77	C-13-2	C-13-2	C-13-2	C-13-2
戴高乐	C-13-3	C-13-3	——	——
圣保罗	BS-5	BS-5	——	——

美国航母蒸汽弹射装置在飞行甲板的布置位置如图 1-1 所示，其中舰艏布置两部，舰舯左舷处布置两部。

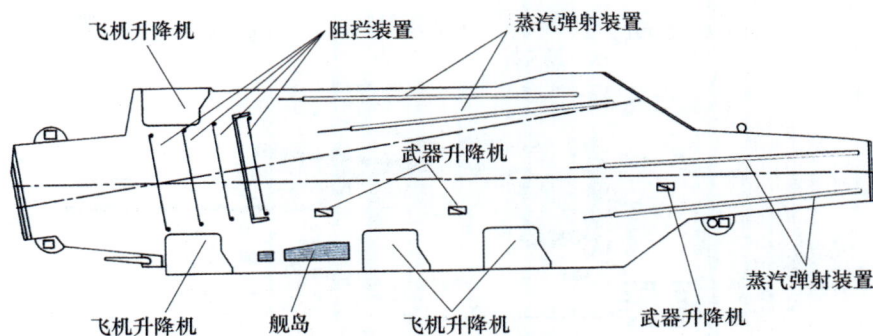

图 1-1 美国"尼米兹"级航母弹射装置在甲板上的布置

---

① NAVY TRAINING SYSTEM PLAN FOR THE CV/CVN AIRCRAFT LAUNCH AND RECOVERY EQUIPMENT.

法国"戴高乐"号航母采用 C-13-3 型蒸汽弹射装置。该型弹射装置从美国购买（由美国根据法国航母及舰载机的需求，在 C-13-2 型蒸汽弹射装置基础上设计、制造），能弹射 15～25t 重舰载机[①]。图 1-2 为"戴高乐"号航母蒸汽弹射装置准备弹射质量车的情景。图 1-3 为"戴高乐"号航母弹射装置在甲板上的布置。

图 1-2　法国"戴高乐"号航母蒸汽弹射装置弹射质量车

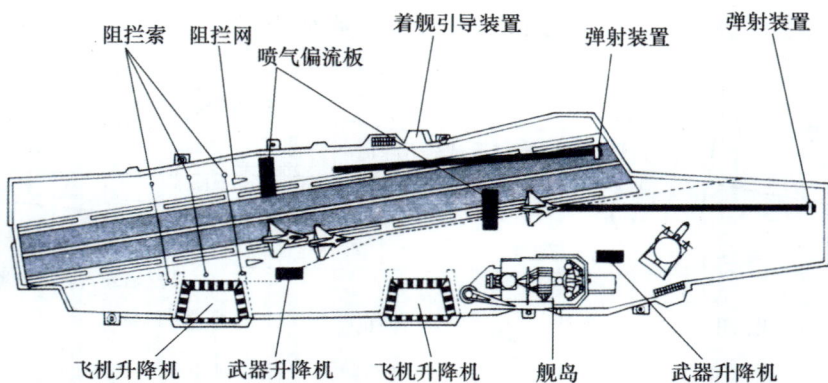

图 1-3　法国"戴高乐"号航母弹射装置在甲板上的布置

① 《"夏尔·戴高乐"号航母》第三卷，海军装备研究院。

巴西"圣保罗"号航母采用英国制造的米切尔·布朗 BS-5 型蒸汽弹射装置，能把 20t 的舰载机加速到 204km/h（110kn）[①]。

苏联从 20 世纪 70 年代开始研制蒸汽弹射装置，至苏联解体，首部样机在陆上试验场进行了 1500 多次弹射试验，性能指标基本达到美国 C-13-0 型蒸汽弹射装置（用于美国"小鹰"级和"企业"号）的技术水平。样机原计划安装在"乌里扬诺夫斯克"号航母上，但该舰最终未完成建造。

第一节　弹射装置的发展

弹射装置的发展始于 1912 年，到第二次世界大战前，分别经历了压缩空气弹射装置、飞轮弹射装置、火药弹射装置等多种形式。第二次世界大战期间，舰载机的重量急速增长，航母开始采用液压弹射装置。第二次世界大战后，随着喷气式舰载机的上舰，对起飞速度的要求更高，当时大量采用的液压弹射装置暴露出明显的安全问题，为此美国研制了弹射能量更大的火药弹射装置和内燃弹射装置，但没有投入使用。20 世纪 50 年代，英国人发明了能量更高且更安全的蒸汽弹射装置，后由美国引进并改进为 C-13 系列蒸汽弹射装置。目前美国已研制出了电磁弹射装置。弹射装置的发展过程如图 1-4 所示。

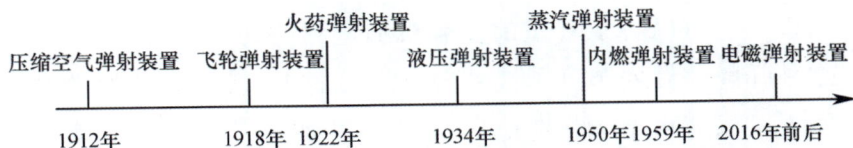

图 1-4　航母弹射装置的发展过程

"福特"号航母将于 2016 年服役，电磁弹射装置将于 2016 年前后投入使用。

---

① 刘相春主编. 国外航母与舰载机速查手册，海潮出版社.

（一）压缩空气弹射装置

1912 年 11 月，美国海军在华盛顿海军船厂研制成功了历史上第一台以压缩空气为动力的弹射装置。之所以选用压缩空气作为弹射装置的动力，是由于当时航母上有供鱼雷发射使用的空气压缩机，能方便地为弹射装置提供所需的压缩空气。

1920 年，美国首次在"兰利"号航母上安装了压缩空气弹射装置，这种弹射装置在美国海军中使用了 10 年。1933 年，英国在"勇敢"号航母上安装了这种弹射装置。

（二）飞轮弹射装置

1918 年，美国工程师诺登设计了飞轮弹射装置，弹射能量来自飞轮储能。该型弹射装置能将 453.6kg 重的舰载机加速到 113km/h（61kn）。后来在"列克星敦"（CV-2）和"萨拉托加"（CV-3）号航母上都安装了这种弹射装置。然而，飞轮弹射装置只适于弹射双浮筒水上飞机，利用率不高，很快就拆除了。

（三）火药弹射装置

1922 年美国研制出以火药为动力的弹射装置，用来弹射水上飞机。它可以将 1.8t 重的舰载机加速到 79.6km/h（43kn）。后来这种弹射装置安装到了战列舰和巡洋舰上。美国将该型弹射装置发展了系列多型，分别是 P-1、P-2、P-3、P-4、P-5 及 P-6。其中 P-5 是转台型火药弹射装置，能在 16.9m 的距离内将 3.4t 的舰载机加速到 96km/h（52kn）。P-6 型又分为 I、II、III 型，II 型和 III 型能将第二次世界大战期间的 SC-1 型舰载机（重 4.2t）加速到 113km/h（61kn）。

（四）液压弹射装置

第一台试验用液压弹射装置于 1934 年研制成功。该型弹射装置能显著减轻自重，且便于维修。其工作原理是将液压蓄能器中贮存的能量在几秒钟内释放出来，转化为舰载机动能。1935 年第一台实用型液压弹射装置 H-2 型诞生，后经过改进，能够将重 3.2t 的舰载机加速到 113km/h（61kn）。第二次世界大战期间，这种弹射装置在美国航母上广泛应用，如"约克城"级、"大黄蜂"级航母等。在 H 型液压弹射装置中，H-8 型能将 6.8t 重的舰载机加速到 194km/h（105kn）。H-8 型液压弹射装置安装在"埃塞克斯"级航母上。

随着喷气式舰载机的出现，舰载机重量进一步增加，对起飞速度要求也越来越高，液压弹射装置日益暴露出安全问题，出现了 2 次因弹射装置油雾爆炸导致航母人员伤亡的事故。

（五）蒸汽弹射装置

为解决液压弹射装置存在的问题，英国开始研制以蒸汽为动力、以开槽汽缸为标志的弹射装置，1950 年研制成功历史上第一台蒸汽弹射装置（BXS-1 型），并在"英仙座"号航母上进行试验。1955 年，这种蒸汽弹射装置安装在英国"皇家方舟"号航母上。到 1963 年时，蒸汽弹射装置能够弹射的舰载机重量达 27.7t，弹射末速达 278～324km/h，产生的加速度约为 4～5.5g。

美国最初发展的蒸汽弹射装置是在引进英国 BXS-1 型蒸汽弹射装置技术基础上研制的，型号为 C-11 型。美国于 1954 年 6 月

在"汉科克"号航母上首次使用了蒸汽弹射装置。经过不断改进，美国发展了成熟可靠的 C-13 系列蒸汽弹射装置。

（六）内燃弹射装置

美国海军在设计核动力航母"企业"号（CVN 65）时，发现核动力装置产生的蒸汽压力远低于常规蒸汽动力航母，难以达到当时蒸汽弹射装置所需压力。因此，美国海军从 20 世纪 50 年代开始研究内燃弹射装置，称为 C-14 型内燃弹射装置，如图 1-5 所示。

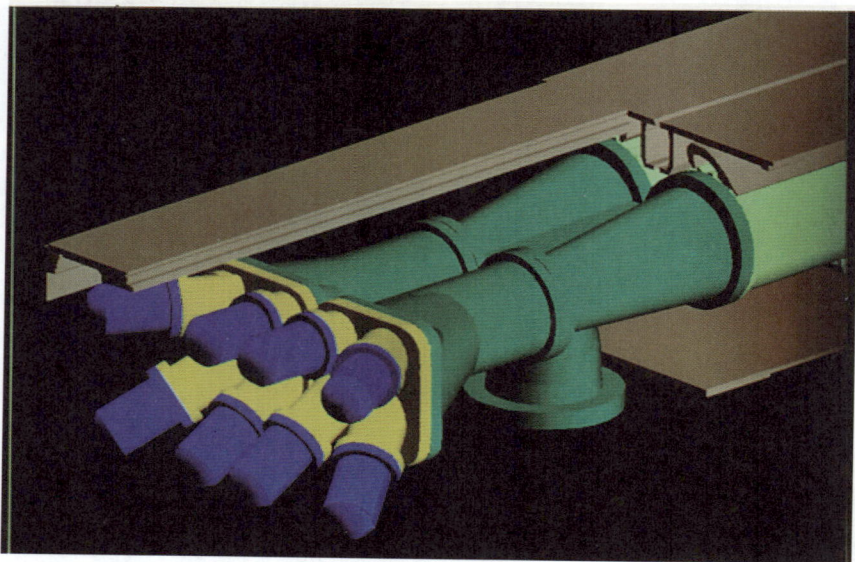

图 1-5　内燃弹射装置结构图

内燃弹射装置采用燃烧室代替蒸汽弹射装置的储汽筒，燃气由燃油、水及压缩空气在燃烧室内燃烧产生。内燃弹射装置的弹射能量可以比蒸汽弹射装置高出 50%。内燃弹射装置可将舰载机在 3s 内从静止加速到 296km/h（160kn）。

1959 年，美国海军在赫斯特湖海航站使用内燃弹射装置成功弹射了一架舰载机。C-14 型内燃弹射装置最初计划安装于"企业"号（CVN 65）航母。但受限于当时的技术，C-14 型内燃弹射装置无法提供稳定的弹射末速度，且可靠性不高，最终没有在"企业"号航母上安装，该航母采用了 C-13 型蒸汽弹射装置。

（七）电磁弹射装置

美国海军 20 世纪 40 年代就曾开展电磁弹射装置的探索性研究；20 世纪 80 年代，得克萨斯大学设计出了电磁弹射装置小比例样机；21 世纪初期，通用原子公司开始研制装舰型电磁弹射装置，将于 2016 年随"福特"号航母服役。

第二节 蒸汽弹射装置

（一）发展过程

第二次世界大战后，随着喷气式舰载机上舰，舰载机起飞重量增加，对弹射末速度要求也更高，而当时采用的液压弹射装置已发展到极限，只能将 6.8t 的舰载机弹射至 222km/h 的末速度，将 28.3t 的舰载机弹射至 130km/h 的末速度。液压弹射装置内的高压液体极为危险，随着弹射能力要求提高，高压液体压力进一步增大，加剧了弹射装置的危险性，导致了数起灾难性事故的发生。于是，美国和英国开始寻求新型弹射装置。

1950 年，英国皇家海军后备役军官科林·米切尔（Colin.Mitchell）研发了蒸汽弹射装置，其基本原理是将高温高压蒸汽储存在储汽筒内，弹射时，将高压蒸汽从储汽筒内迅速释放至弹射装置汽缸，推动汽缸内的活塞，带动舰载机加速到起飞速度。

第一部蒸汽弹射装置（BXS-1 型）安装在英国"英仙座"号航母上。该航母前往美国诺福克海军基地，由两国海军进行弹射装置的联合试验。"英仙座"号蒸汽弹射装置进行了 140 次质量车和舰载机的弹射试验。

美国最初希望通过研制更大能量的火药弹射装置来替代液压弹射装置，但试验效果并不理想。1952 年，在英国使用蒸汽弹射装置之后，美国确认蒸汽弹射装置是液压弹射装置的理想替代品，因此从英国引进了设计图纸和制造权，并对蒸汽弹射装置进行了重新设计，以满足美国海军的需求。1954 年，美国航母装备了自己研制的蒸汽弹射装置。

（二）性能指标

美国现役航母采用蒸汽弹射装置，不同舰载机因为重量等因素差异，弹射末速度不同。舰载机通过 C-13-2 型弹射装置弹射起飞时，起飞总重与弹射末速（相对于航母的速度）之间的对应关系如图 1-6 所示，每种起飞总重都对应一种最大弹射末速，例如 27t 的舰载机，最大弹射末速约为 254km/h（137kn）。

法国"戴高乐"号航母装备的 C-13-3 型蒸汽弹射装置，除了动力冲程为 75m 外，在汽缸内径、蒸汽温度等方面与美国 C-13-2 型基本一致。

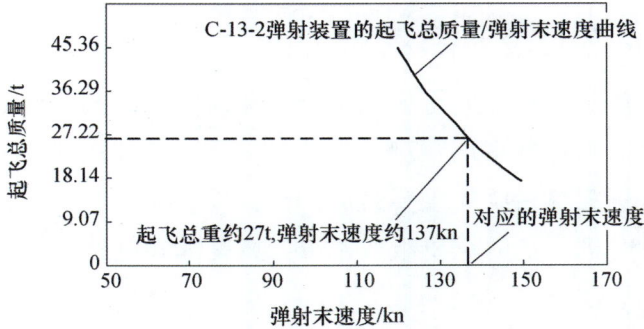

图 1-6 起飞质量与弹射末速度之间的关系[1]

各型弹射装置的主要参数见表 1-2。

表 1-2 各型蒸汽弹射装置的主要参数[2]

型号	开始使用年份	舰载机质量/t	弹射末速/(km/h)	最大加速度/g	动力冲程/m	轨道长度/m	往复车和活塞质量/kg	汽缸内径/m	汽缸排量/m³	国家
BXS-1	1950	6.8~13.6	>167	>4	45.5	-	-	-	-	英国
C-11-0 C-11-1	1954	21.8	232	>3	64	-	-	-	-	美国
C-11-2	1954	11.3	241	5左右	45.5	-	-	-	-	
BS-4	1955	6.8~13.6	167~204	>4	45.5					英国
C-7	1955	25.8	232	3左右	77				-	
C-13-0	1961	22.7	287	6	76.1	80.72	2880	0.46	25.8	美国
C-13-1	1965	27.7	324	>4	94.4	99	2880	0.46	32.5	
C-13-2	-	-	268.5	5	93.5	99	2880	0.53	43.2	

① CV NATOPS MANUAL.
② NAVY TRAINING SYSTEM PLAN FOR THE CV/CVN AIRCRAFT LAUNCH AND RECOVERY EQUIPMENT.

（三）系统组成[1]

蒸汽弹射装置主要组成包括蒸汽系统、弹射机系统、复位系统、首轮拖曳牵制系统和测控系统。如图 1-7 和图 1-8 所示，湿式储汽筒是蒸汽系统的重要组成部分；发射阀、汽缸组件、往复车等是弹射机系统的重要组成部分；抓曳车和复位机是复位系统的重要组成部分。

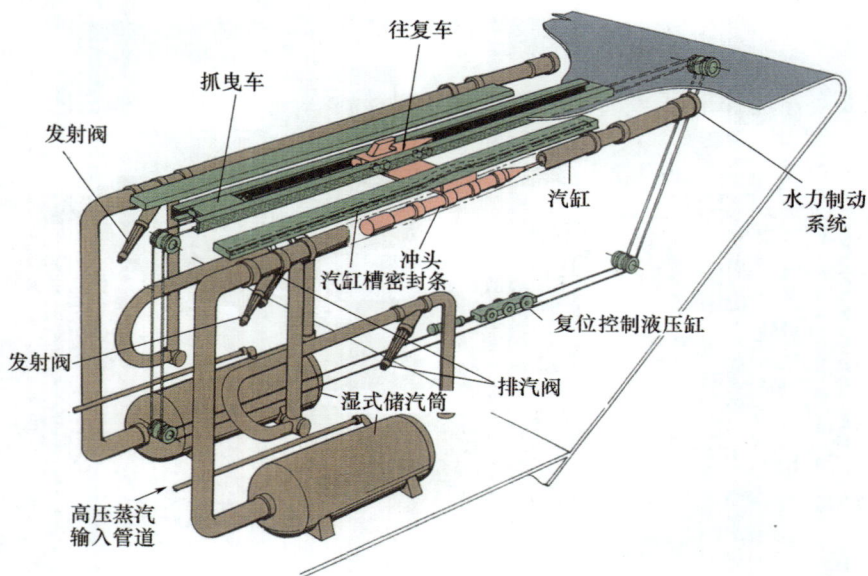

图 1-7 蒸汽弹射装置结构图

1. 蒸汽系统

蒸汽系统由湿式储汽筒、充汽阀和排汽阀、机体槽预热系统和有关的阀及管路组成。

---

[1]《Aviation Boatswain's Mate E》（NAVEDTRA 14310），美国海军着舰指挥官（LSO）学校课件，《LSO 参考手册》。

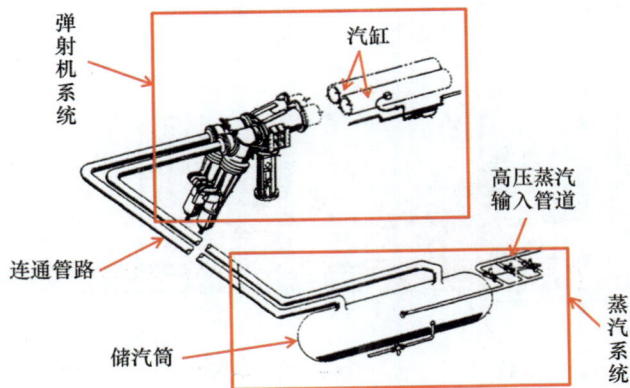

图 1-8 弹射装置的蒸汽系统与弹射机系统

蒸汽是弹射装置的主要能源，由航母动力系统供应。弹射作业时，需要在短时间内消耗大量蒸汽，动力系统供应的蒸汽难以直接满足供汽要求，因此需要利用储汽筒储存大量高温高压水和蒸汽备用。储汽筒底部有一定的液态水，当储汽筒内的高温高压蒸汽释放一部分后，底部的液态水可迅速汽化一部分，以补充蒸汽的消耗，维持储汽筒内的压强。

高温高压水和蒸汽从航母动力系统充入弹射装置的湿式储汽筒中，按要求的压力储存。弹射舰载机时，蒸汽经发射阀流向弹射机汽缸，推动汽缸活塞，为弹射舰载机提供能量。

2．弹射机系统

弹射机系统是蒸汽弹射装置的核心执行机构，主要功能是利用输入汽缸的蒸汽推动活塞做功，由活塞带动往复车，进而拖动舰载机加速，弹射完成后由水力制动系统制动活塞与往复车（图1-9）。舰载机采用首轮弹射方式时，前起落架上连接有弹射杆和牵制杆，弹射杆与往复车相连。

往复车(甲板上面部分)

活塞前端锥形冲头

蒸汽   活塞

往复车(甲板下面部分)

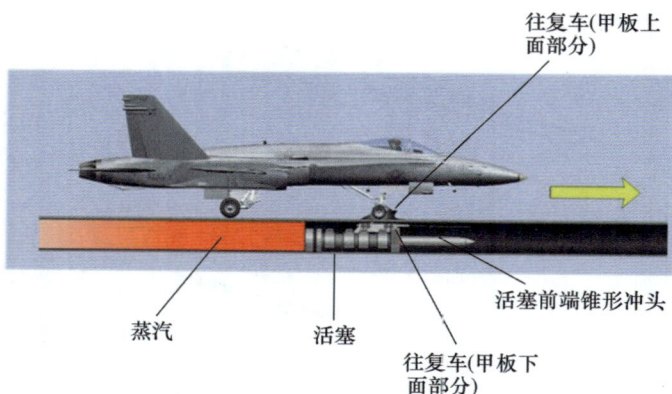

图 1-9   弹射装置弹射舰载机示意图

湿式和干式蒸汽储汽筒到底有什么不一样?

干式蒸汽储汽筒内没有任何液态水;湿式蒸汽储汽筒内可以补充液态水。这两种蒸汽储汽筒在作用力的输出上有很大差异,如图1-10所示。干式蒸汽储汽筒在弹射过程中,一开始输出蒸汽压力很大,随后下降很快。但湿式储汽筒底部有一定的液态水,当储汽筒内的高温高压蒸汽释放一部分后,底部的液态水可迅速汽化一部分,以补充蒸汽的消耗,维持储汽筒内的压强,使输出的蒸汽压力在弹射过程中比较平稳。

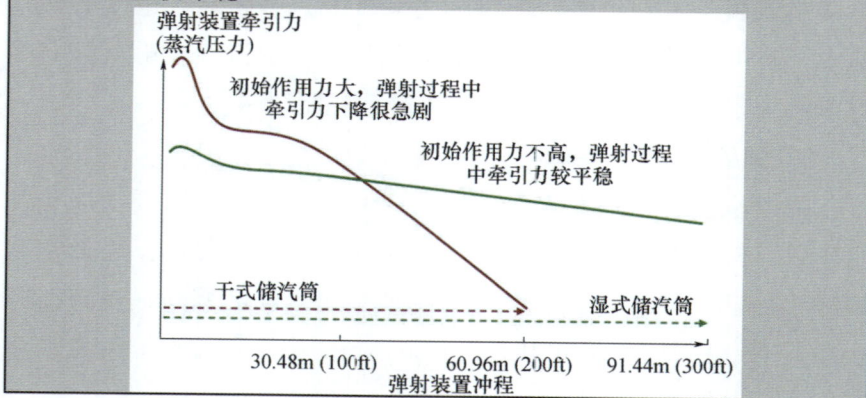

图 1-10   两种蒸汽储汽筒的作用力输出曲线

弹射机系统主要部件包括发射阀、汽缸组件、密封条、活塞、往复车、水力制动系统等，其典型截面如图 1-11 所示。

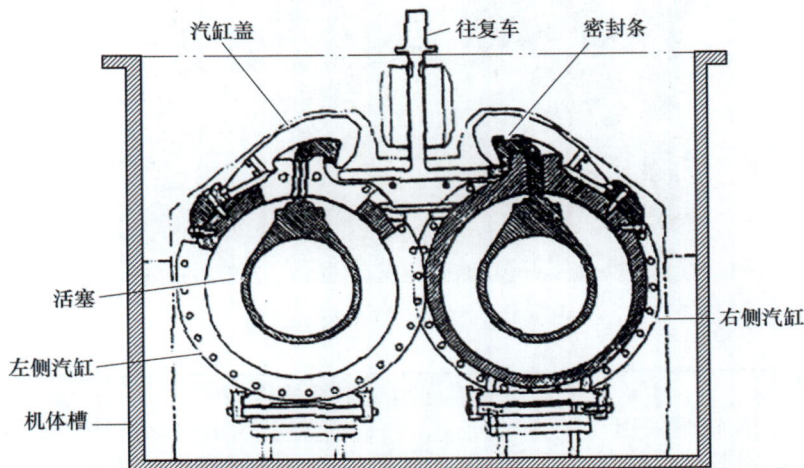

图 1-11　典型弹射机汽缸的横截面

汽缸组件是弹射机系统的关键部件，由多段汽缸连接而成，总长约 100m，安装时需整列吊装，如图 1-12 和图 1-13 所示。

图 1-12　蒸汽弹射装置的开槽汽缸

图 1-13　整列汽缸吊装示意图

弹射杆和牵制杆的作用

舰载机采用首轮弹射方式，前起落架上连接有弹射杆和牵制杆，弹射杆与往复车相连。弹射装置启动后，活塞带动往复车，往复车通过弹射杆对舰载机施加向前的作用力。为提高舰载机弹射过程初始加速度，进而提高弹射末速度，需要使舰载机在较大的往复车牵引力下才开始加速。发射阀打开后，牵制杆起着牵制舰载机的作用，往复车牵引力逐渐增大到预定值后，牵制杆才释放舰载机。如图1-14所示。

图 1-14　连接舰载机和弹射装置的弹射杆和牵制杆

汽缸密封条

密封条用来密封汽缸开口上缘与汽缸盖之间的空隙，防止蒸汽从汽缸内损失。如图1-15所示。

蒸汽活塞组件在汽缸内运动时，活塞通过的部分，密封条被抬起；活塞通过后，活塞后方的密封条自动闭合。

由于密封条在活塞通过后需要能快速自动恢复密封，设计巧妙，在材料和工艺上有很高难度。

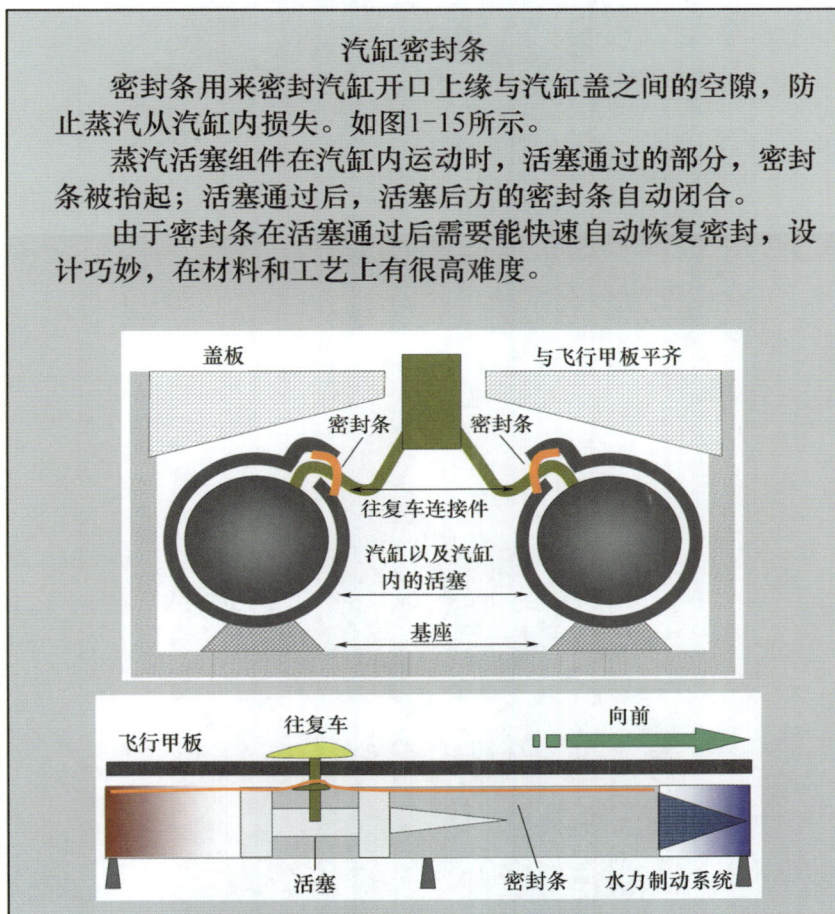

图 1-15　弹射装置汽缸密封条

活塞和往复车是蒸汽弹射装置传递汽缸蒸汽推力的重要受力件，两者之间通过传动齿连接，受力大而尺寸和重量要求尽量小，设计和选材难度很高，如图1-16和图1-17所示。

往复车（甲板上部分）

飞行甲板弹射槽

图 1-16　航母飞行甲板上往复车结构

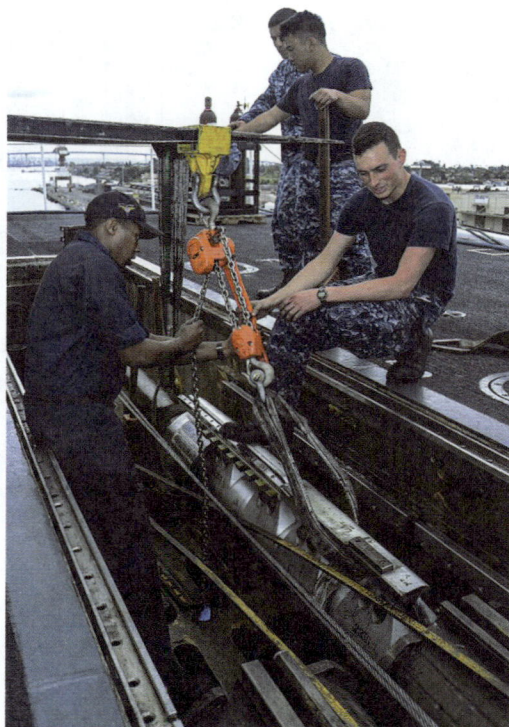

图 1-17　弹射装置的活塞

　　活塞和往复车运动到冲程末端时，由水力制动系统（图 1-18
和图 1-19）制动。水力制动系统分别安装在两列弹射机汽缸的末
端，主要功能是在弹射冲程结束时，依靠活塞前端的锥形冲头与
制动缸内液体的相互作用，使活塞和往复车的运动停止。

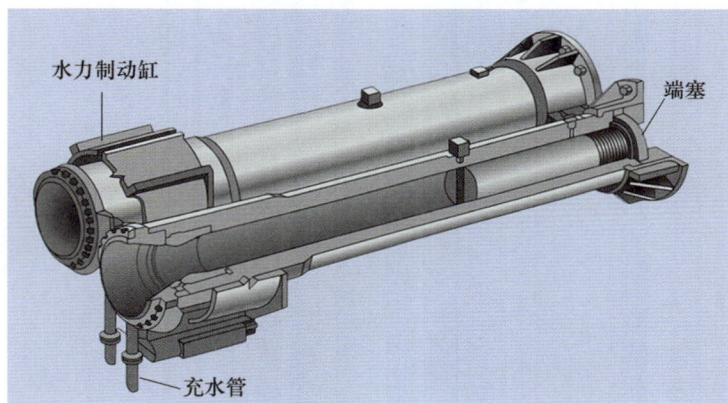

图 1-18　水力制动系统

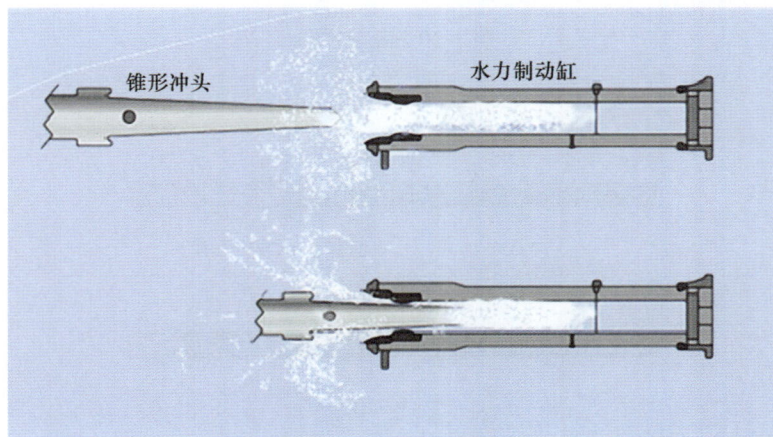

图 1-19　水力制动示意图

3．复位系统

复位系统的主要功能是在每次弹射后，利用抓曳车将弹射机活塞和往复车拉回弹射准备位置，或停在往复车轨道的任何位置以便检修，如图 1-20 和图 1-21 所示。

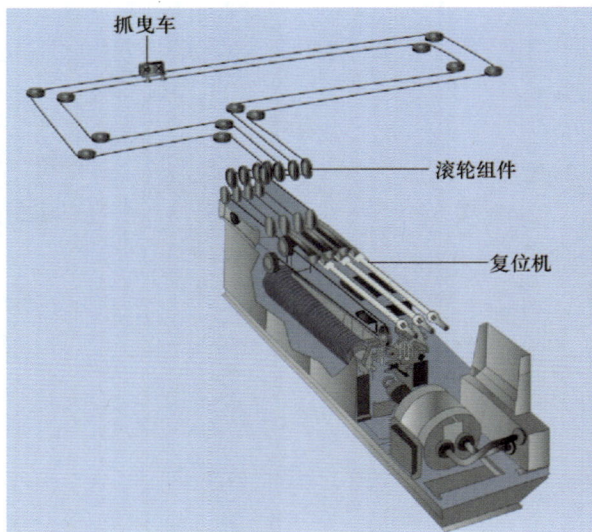

图 1-20　复位系统

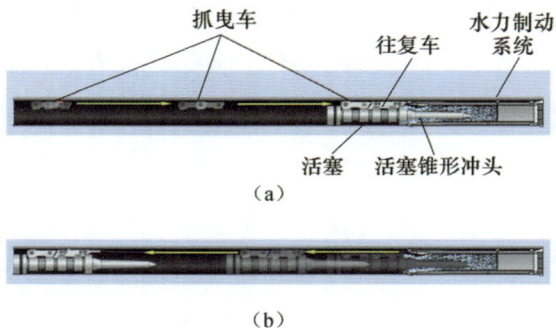

图 1-21　抓曳车运动至汽缸末端将活塞拖回弹射准备位置

（a）抓曳车向水力制动系统方向进行，准备拉回活塞与往复车；

（b）抓曳车已经抓住往复车，将它们拉回弹射准备位置。

复位系统主要部件包括抓曳车、钢丝绳、滚轮组件、复位机等。复位系统工作时，液压马达带动卷筒转动，卷筒缠绕或释放钢丝绳，钢丝绳进而通过滚轮组件带动抓曳车前进或后退。

4. 首轮拖曳牵制系统

首轮拖曳牵制系统是与舰载机前起落架弹射杆和牵制杆连接最紧密的分系统，主要用来引导舰载机准确就位并确保舰载机与往复车可靠啮合，如图 1-22 所示。

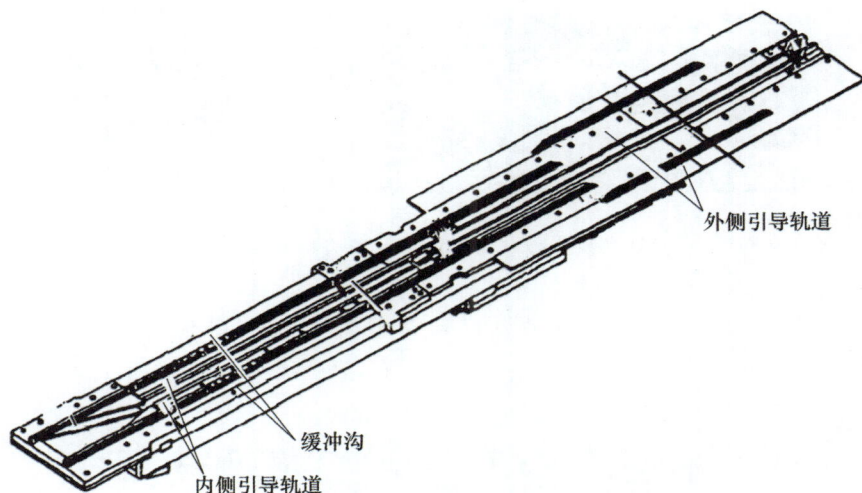

图 1-22　首轮拖曳牵制系统示意图

5. 测控系统

测控系统由各种电气电子控制部件和控制站/台/面板组成，控制弹射作业的启动、停止，发射阀蒸汽流量，弹射过程的紧急制动等。美国"尼米兹"级航母弹射装置的测控系统包括弹射综合控制站和舷边控制站(图 1-23)。

图 1-23 "尼米兹"级航母上的弹射综合控制站和舷边控制站

在航母上采用蒸汽弹射装置弹射舰载机的过程如图 1-24～图 1-27 所示。

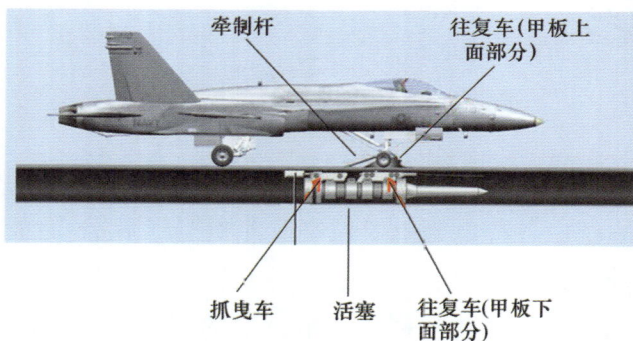

牵制杆　往复车(甲板上面部分)

抓曳车　活塞　往复车(甲板下面部分)

图 1-24 准备弹射

（1）舰载机准备弹射。往复车就位，舰载机进入弹射起点，连接牵制杆，弹射杆与往复车连接，弹射杆张紧后，舰载机做好弹射准备，如图 1-24 所示。

（2）弹射装置启动。启动弹射装置，湿式储汽筒中的高压蒸汽进入汽缸，汽缸内压力增加，对活塞的推力增加，当推力增至特定值时，牵制杆释放，往复车牵引舰载机向前运动，如图 1-25 所示。

图 1-25　弹射装置启动，往复车拖动舰载机加速

（3）舰载机加速。整个冲程阶段，舰载机持续加速，直至冲程末端接近水力制动系统，如图 1-26 所示。

图 1-26　舰载机持续加速，接近汽缸末端的水力制动系统

（4）活塞与往复车制动。活塞与往复车到达弹射冲程末端，进入水力制动系统，活塞被水力制动系统制动，舰载机弹射起飞，如图 1-27 所示。

图 1-27　活塞制动，舰载机起飞

（5）抓曳车运动至弹射冲程末端，将活塞与往复车拉回弹射准备位置，为下一次弹射做准备。

蒸汽弹射装置从 20 世纪 50 年代发展至今，技术成熟，目前国外现役航母上采用的弹射装置均为蒸汽弹射装置，包括美国"尼米兹"级航母、法国"戴高乐"号航母、巴西"圣保罗"号航母。

第三节　电磁弹射装置

美国海军现正在研制电磁弹射装置，据相关文献显示，电磁弹射装置具有以下优点：

（1）可靠、易维护、效率高。

以美国核动力航母为例，其蒸汽弹射装置综合效率为 4%～6%[①]，弹射一次最大消耗蒸汽 614kg[②]。电磁弹射装置自身能量利用率约 60%，综合效率约为 15%。

电磁弹射装置采用容错设计，具有快速纠错的能力，可靠性高。电磁弹射装置可实时自动监控，提供故障和维护信息，检修工作相

---

① Michael R. Doyle, Douglas J. Samuel, Thomas Conway, Robert R. Klimowski. Electromagnetic Aircraft Launch System – EMALS. Naval Air Warfare Center, Aircraft Division, Lakehurst.

② Patrick Di Justo, Kevin R. Grazier. The Science of Battlestar.

对轻松，对人员数量的需求比蒸汽弹射装置减少 30%左右[1]。

（2）易控制和调节，延长舰载机使用寿命。

电磁弹射装置为闭环控制系统，对舰载机的推力峰均比（即推力最大值和平均值的比值）可控制在 1.05 以内，而蒸汽弹射装置为开环控制系统，推力峰均比平均值为 1.25，最大可达到 2.0[2]。图 1-28 为两种弹射装置推力变化比较。因此电磁弹射装置能够延长舰载机使用寿命，并降低飞行员在弹射过程中承受的加速过载，且可满足不同型号飞机的弹射任务。

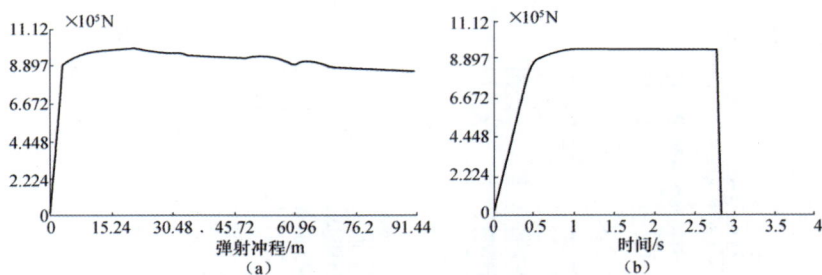

图 1-28 两种弹射装置推力变化比较

（a）蒸汽弹射装置；（b）电磁弹射装置。

（3）准备时间短。

蒸气弹射装置从准备到具备弹射条件需要数小时，而电磁弹射装置只需要 15min 就能达到待用状态。

电磁弹射装置具有上述诸多优点，符合舰艇全电化的总体发展趋势，代表了未来航母弹射装置的发展方向。美国电磁弹射装置将安装于新一代"福特"级航母。英国海军也在研制电磁弹射装置，由于缺乏经费，进展缓慢。另外，据国外多家媒体消息，

① Electric Machine Throws Aircraft Overboard.David Cope, Christopher Corcoran, Richard Fontana. Engineering Matters, Inc.
② Andrew P. Johnson. High Speed Linear Induction Motor Efficiency Optimization. B.S.Electrical Engineering Suny Buffalo,1994.

俄罗斯也在研发电磁弹射装置，用于装备新型航母。

（一）发展过程

电磁弹射装置是利用直线电机产生的电磁力，带动舰载机加速到起飞速度的装置，其本质是将电能转化为舰载机的动能。

1. 电力弹射装置

电磁弹射装置的发展历史可以追溯到 1946 年，美国西屋公司研制了"电力弹射装置"（Electropult）样机，如图 1-29 所示。

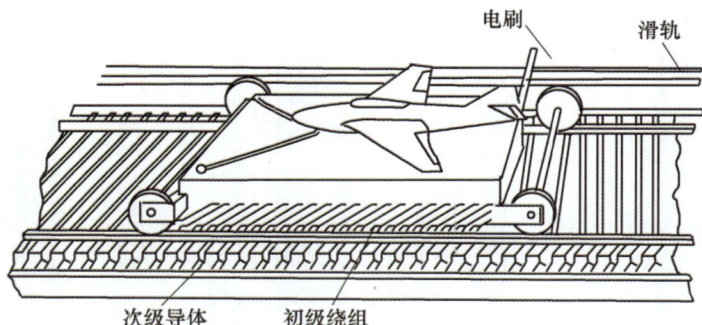

图 1-29　电力弹射装置示意图

电力弹射装置相当于一部单边直线电机，其初级绕组作为移动部件，安装在小车上，而次级导体铺设在小车轨道下方，舰载机置于小车之上，通过绳索与小车相连。小车轨道一侧的滑轨与电刷接触，通过电刷向初级绕组通以交变电流，生成电磁场；位于磁场中的电机次级导体产生感应电流，与初级产生互斥的电磁力；电磁力推动小车带动舰载机达到起飞速度，跑道末端使用直流制动装置将小车制动，舰载机起飞。

1946 年，西屋公司在帕特克森特河海军航空站铺设了两条电力弹射装置跑道，其中一条长 1000m，另一条长 1500m。直线电机能够提供 7.46MW（10000hp）的峰值功率，最高运行速度能达到 362.1km/h（255mile/h）。该弹射装置能将一架 4.5t（10000lb）的喷气式舰载机在 4.2s 时间里，在 493.8m（540ft）的距离内从静止加速到 188.3km/h（117mile/h）[1]。不过，两部电力弹射装置在测试过程中出现了很多问题，如滑动电刷与导轨接触不稳定，最终没有得到应用。

2. 得克萨斯大学电磁弹射装置小比例样机

20 世纪 80 年代早期，美国得克萨斯大学电机中心提出了电磁弹射装置方案，使用直线感应电机将电磁力转化为待发射物体的动能，实现发射目的。小比例样机示意图如图 1-30 所示。

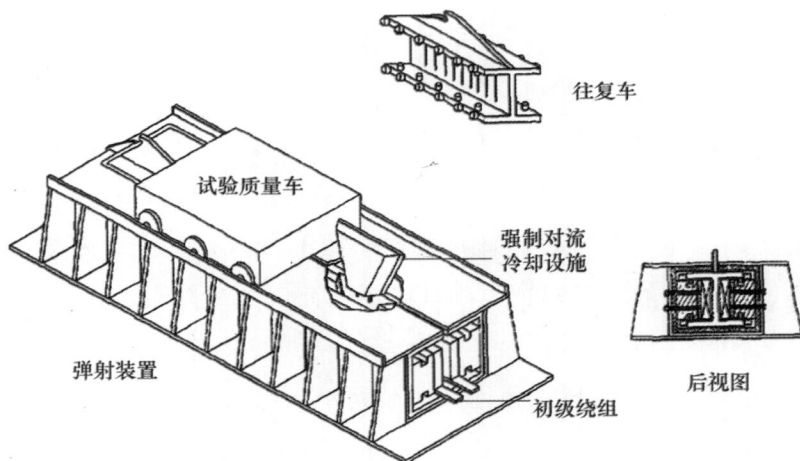

图 1-30　得克萨斯大学小比例样机示意图

该方案与 1946 年方案最大不同是：直线电机初级（定子）固定，次级（动子）移动，在整个弹射过程中，次级与供电设备无电气接触。直线电机在工作时，向初级通以交变电流，在周围产

---

[1] Aaron Michael Still, B.S.S.E. Electromagnetic Launchers for Use in Aircraft Launch at Sea. The University of Texas at Austin, May 1998.

生电磁场，位于磁场中的电机次级产生感应电流，在电磁力的作用下带动往复车运动，往复车拖动舰载机沿弹射冲程加速到起飞速度。

得克萨斯大学研制的小比例样机可将 8.16t 的质量车在 3.66m 长度内加速到 18.9m/s（68km/h），平均加速度 5g，0.9m 内实现制动，弹射动能达到 1.46MJ，加速过程平均功率为 12.62MW[①]。

3. 通用原子公司的样机

1）夺标的全尺寸半长样机[②]（1999—2003 年）

1999 年，按照美国海军竞争合同，通用原子公司和诺思罗普·格鲁曼公司分别完成了一套全尺寸、半长的电磁弹射装置样机。通过对比，美国海军选择了通用原子公司的方案，该方案的样机总长 57m，动力冲程 46m。这个半长样机的技术水平并没有达到美国海军的要求。但该样机以有限的投入，重点对系统设计功能、运行功能进行验证，降低了后续研发的风险[③]。

2）瞄准工程的全尺寸全长样机（2004—2016 年）

2004 年 4 月 2 日，通用原子公司牵头承担电磁弹射装置全尺寸全长样机的开发与验证工作。在全尺寸全长样机研制阶段，进行了电磁弹射装置的可靠性、电磁兼容、舰机适配性试验。

2008 年 9 月至 2010 年 5 月，美国在密西西比州图珀洛对电磁弹射储能装置和电力电子变换装置进行了 32000 多次高周试验；

---

① Aaron Michael Still, B.S.S.E. Electromagnetic Launchers for Use in Aircraft Launch at Sea. The University of Texas at Austin, May 1998.

② 全尺寸半长意为其他尺寸与目标机型一致，仅长度为目标机型的一半。

③ Tony Kopacz. Electromagnetic Aircraft Launch System. General Atomics, 8 November 2005.

在赫斯特湖进行了 6800 多次高加速寿命试验（将弹射装置部件置于腐蚀性和高/低温环境中进行弹射试验），如图 1-31 所示。2010年在赫斯特湖共进行 1212 次质量车弹射试验，最高末速达333km/h；截至 2015 年 10 月，共完成 5000 次空载弹射、3400 次质量车弹射以及 450 余次舰载机弹射试验，如图 1-32 所示。

图 1-31　赫斯特湖海军航空工程站的电磁弹射装置全尺寸试验样机

2014 年 8 月，美国海军启动了电磁弹射装置在"福特"号航母上的测试工作。2015 年 5 月完成电磁弹射装置首次舰上空载弹射试验。2015 年 6 月完成电磁弹射装置首次舰上质量车弹射试验，如图 1-33 所示。截至 2015 年 10 月，电磁弹射装置已在"福特"号航母上进行了超过 100 次质量车弹射试验。电磁弹射装置舰载机舰上弹射试验将在"福特"号航母交付后进行（"福特"号航母预计于 2016 财年第三季度交付）。

有军事专家指出，电磁弹射装置的成功应用，标志着使用了近半个世纪的蒸汽弹射装置即将告别美国海军历史舞台，美国海军将迎来舰队电气化时代。

图 1-32　电磁弹射装置弹射各型舰载机

图 1-33　"福特"号航母电磁弹射装置进行舰上质量车试验

4．电磁弹射装置生产与装舰

2009 年 6 月，美国海军与通用原子公司签订电磁弹射装置生产合同。第一部电磁弹射装置于 2011 年交付"福特"号航母，最后一部电磁弹射装置于 2014 年交付。至 2015 年 3 月，"福特"号航母 4 部电磁弹射装置中，舰部的两部已完成安装，其余两部的安装也接近尾声。图 1-34 为电磁弹射装置槽架吊装现场。

图 1-34　电磁弹射装置槽架吊装

（二）系统组成

电磁弹射装置由直线电机系统、储能装置、电力电子变换装置和控制与状态监测系统等单元构成，如图 1-35 和图 1-36 所示。

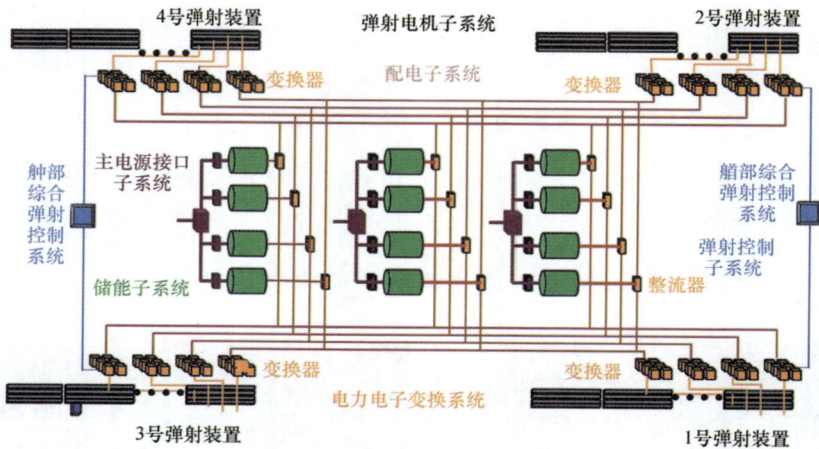

图 1-35 "福特"号航母弹射装置布局方案示意图

储能装置（能量存储单元）小功率较长时间从电网输入能量并以机械能的形式存储，在需要时短时间大功率释放能量，经过电力电子变换装置（能量调节单元）精密调节输出给直线电机系统（能量转换单元），将电能转换为负载（舰载机）的动能，实现弹射目的。以上所有过程都由最顶层的控制与状态监测单元进行控制和健康管理。

1．直线电机系统

直线电机系统主要由直线电机（含往复车）、张紧缓冲、紧急制动等构成。

电磁弹射装置的弹射电机为直线电机（图 1-37），其初级（定子）铺在往复车导轨下方，它接收来自电力电子变换系统的交变电流，产生电磁场，位于磁场中的电机次级（动子）产生感应电流，在电磁力的作用下带动往复车运动，往复车拖动舰载机在弹射冲程内加速到舰载机起飞速度。到弹射冲程的末端，初级电流反相，产生制动力。舰载机弹射起飞后，往复车在反方向电磁场的作用下，以低速回复到初始弹射站位上。

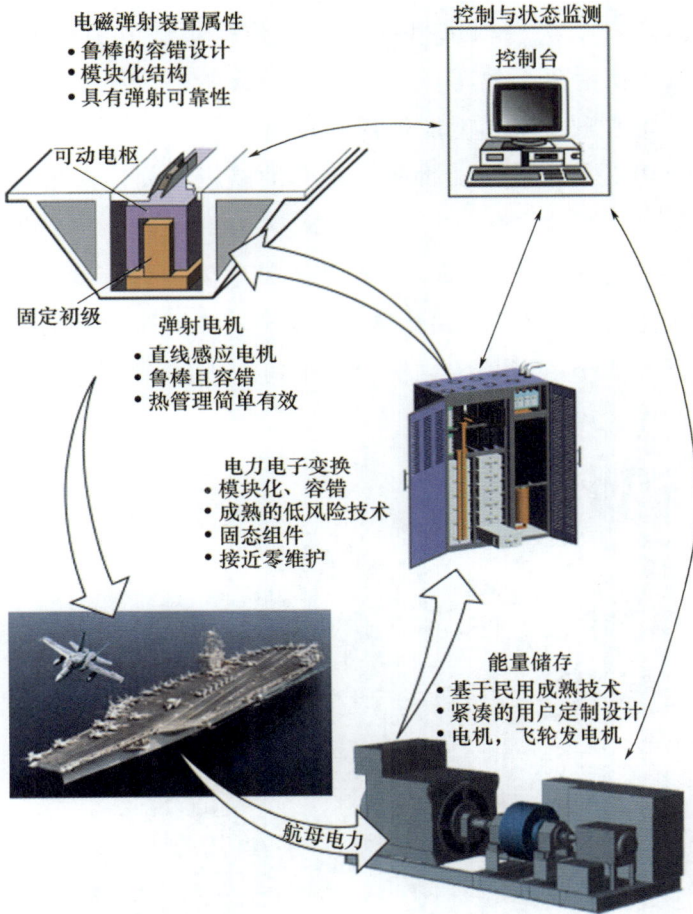

图 1-36 电磁弹射装置部分组成示意图

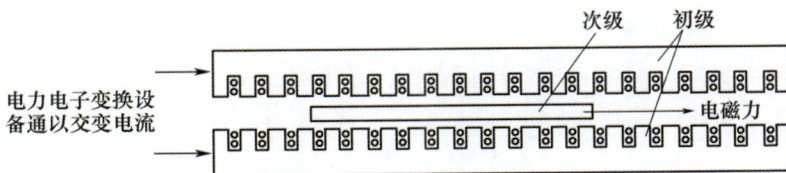

图 1-37 电磁弹射装置直线电机构成

电磁弹射系统直线电机部分采用初级定子分段供电驱动机制，其意义在于提高效率、节约电能和减小对电源容量的需求，避免长时间通电带来的电能损耗和发热。定子分段供电的控制由直线电机 PLC 控制实现。此外，配套的感应开关、直线电机传感器、仪表设备、散热系统也是不可缺少的部分。

美国 "福特"级航母上将安装 4 部电磁弹射装置，相应有 4 套直线电机，每套直线电机由 4 个初级（3+1 冗余）叠加组成，如图 1-38 所示，且在长度方向上分为多段。电磁弹射装置直线电机的次级如图 1-39 所示。

图 1-38　通用原子公司电磁弹射装置直线电机布置最终方案

2. 储能装置

电磁弹射装置在弹射过程中的峰值功率可达 100MW 甚至更高，按照美国海军设计要求，"福特"级航母发电机组总功率将达到 160～192MW（2.5～3 倍于"尼米兹"级的发电量）[①]，100MW 将

---

① Selected Acquisition Report. CVN 78 Class.31 December 2011.

占据其发电机组总功率中相当大的一部分。因此，必须采用储能装置，电磁弹射装置的工作才不至于影响其他系统的工作。

图 1-39 通用原子公司电磁弹射装置直线电机的次级

美国海军为电磁弹射装置研制的储能系统为飞轮储能系统（见图 1-40～图 1-42），该系统是一种双定子永磁发电/电动机，它储存的能量通过航母电源总线获取。充电时，飞轮储能系统作为电动机使用，将航母电力系统提供的电能转换为飞轮高速旋转的动能；放电时，飞轮储能系统作为发电机使用，通过电力电子变换系统向直线电机输出电能，转子转速下降。

飞轮储能系统包括储能驱动系统、储能电机、调节控制系统。它利用飞轮的加、减速实现电能与机械能的相互转换，即：从电网获取能量，以机械飞轮的转动机械能的形式存储，每个电机转

速最高可达 6400r/min，能量约 121MJ，释放能量后可在 45s 内得到快速补充[1]。

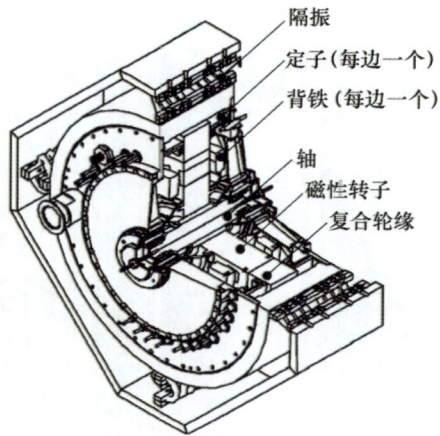

图 1-40　飞轮电力模块的结构

图 1-41　完成验收试验的电磁弹射装置储能系统发电部件

---

[1] Schweber, Bill. "How It Works" (PDF). EDN Magazine. Retrieved 2014-11-07.

图 1-42 美国的军用飞轮储能模块

3. 电力电子变换装置

储能装置将机械能转化生成的电能无法直接驱动电磁弹射装置的执行机构——直线电机，必须采用整流器和特种逆变装置将其变为幅值、频率、相位及相关指标符合要求的二次电能，以满足直线电机的供电需求，有大容量、高密度、短时脉冲间歇工作等特性。

电力电子变换装置从储能系统获取电能，将其转化为电流大小受控的交流电，其频率和电压不断升高[①]，以驱动往复车沿轨道加速。电力电子变换装置能够在特定时间仅接通对弹射起作用的线圈，而不是把整个直线电机一起接通，从而使整个系统有效运转，如图 1-43 所示。电力电子变换装置还能通过改变供电的电压、频率，使电磁弹射装置在各种速度上都以最高效率运转。

---

① 由于反电动势的存在，为了维持恒定的电流，电压必须不断升高。

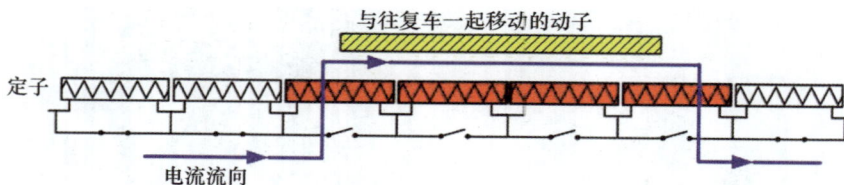

图 1-43　电力电子变换装置控制部分线圈的原理示意图

电力电子变换装置（图1-44）主要由整流器和逆变器构成。整流器是采用可控硅构成的桥接电路，接受来自储能装置的交流电，将其转换为直流电。逆变器的主要核心器件是绝缘栅双极晶体管(IGBT)，其主要功能是将来自整流器的直流电转变成频率和电压受控的交流电，给直线电机供电。

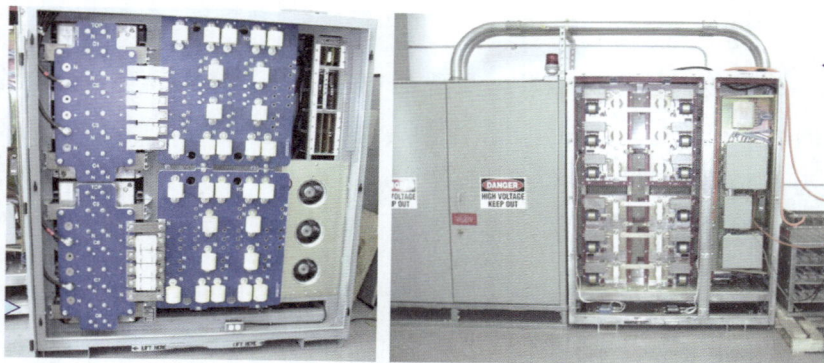

图 1-44　电力电子变换装置实物图

4. 控制与状态监测系统[1]

控制与状态监测系统在整个弹射过程中不间断地监视着全系

---

[1] D Patterson, A Monti, C Brice, R Dougal, R Pettus, D Srinivas, K Dilipchandra. Design and Simulation of an Electromagnetic Aircraft Launch System. Department of Electrical Engineering University of South Carolina, Swearingen Center Columbia, SC 29208 USA.

统的运行状态，根据舰载机、环境和弹射系统的参数改变进行调控，按照要求改变末速度，同时还担负整个电磁弹射装置系统的报警任务。

电磁弹射装置的控制系统主要完成以下工作：

（1）控制整个弹射过程，包括储能装置从航母电力系统获取电力，储能装置通过电力电子变换系统向直线电机提供电力等。

（2）根据往复车的位置判断每个线圈是否需要加电，往复车位置由安装直线电机上的位置传感器提供。

（3）根据输入参数（包括舰载机重量、起飞速度等），确定并实时调节每个线圈的电流（包括电流大小、电压、频率等）。

（4）往复车到达弹射冲程的端部，控制初级电流反相，产生制动力，使动子停止。弹射后，控制往复车在反方向行波磁场的作用下，以低速回复到初始弹射站位上。

（5）监测系统状态，当系统出现故障或损坏时，能够进行控制并报警。

总之，电磁弹射控制与状态监测系统总体负责弹射不同工况间调度、工作模式之间转换、设备的安全管控、规范操作和故障处理等过程控制。主要实现途径有多种多个异构设备间互联和互操作，控制和处理的冗余设计以及数据上传存储分析等。

（三）工作过程

1. 弹射前准备

舰载机到达弹射站位，做好弹射准备。弹射军官操纵控制与状态监测系统发出供电指令，舰上电力设备向储能装置供电，此时储能装置的飞轮高速旋转，把电能转换成动能。当储能装置储存足够能量后，向控制与状态监测系统发出信号，指示具备弹射条件。

2．弹射

弹射指挥官通过控制与状态监测系统发出弹射指令，储能装置进入放电状态，通过电力电子变换系统将电能供向电磁弹射装置的直线电机。直线电机初级得到电能后，产生磁场，驱动次级运动，次级带动往复车拖动舰载机在弹射冲程内加速到起飞速度。

3．制动

往复车拖动舰载机到达弹射冲程的末端，初级电流反向，产生反向磁场，进而产生制动力，往复车制动，舰载机弹射起飞。

4．复位

往复车在反向磁场的作用下，完全停止运动，反向磁场继续对往复车施加反向作用力，驱动往复车以低速回复到初始弹射站位上，准备进行下次弹射。

（四）其他国家电磁弹射装置研制情况

1．英国

英国科孚德公司 2001 年开始研发用于弹射陆军无人机的小型电磁弹射装置"电磁动力综合技术"（EMKIT）样机，如图 1-45（a）所示，2005 年 4 月正式获得英国国防部的合同开始样机研发，2007 年成功完成试验。这种弹射装置轨道长 15m，峰值功率 3MW，最大弹射质量仅 524kg[①]，如图 1-45（b）所示。

在研发小型弹射装置基础上，科孚德公司 2009 年获得英国国防部授予的合同，用于研发全尺寸电磁弹射装置（EMCAT）的高能电力系统，该工作已完成。EMCAT 项目的后续工作是进一步验证直线感应电机，并进行全功能演示验证，但由于缺乏经费支持，进展缓慢。

---

① EMKIT-Electro Magnetic Kinetic Integrated Technology. Converteam，The power conversion company.

（a）

（b）

图 1-45 EMKIT 样机（a）及弹射轨道（b）

EMCAT 全长 100m，弹射能量为 60～80MJ（美国电磁弹射装置为 122MJ）[1]。

---

[1] Tim fish. Converteam readies EMCAT for new UK Royal Navy aircraft carrier launch trials. JANE'S INTERNATIONAL DEFENCE REVIEW，NOVEMBER 2010.

2. 俄罗斯

2014 年 4 月，据俄罗斯涅瓦设计局主管披露，俄罗斯已开始研发用于新一代航母的电磁弹射装置。电磁弹射装置的试验工作将在俄罗斯新建的叶伊斯克舰载机训练中心或克里米亚半岛的"尼特卡"训练中心进行。

此外，还有一些国家表达了拥有电磁弹射装置的意向，但由于技术上的原因，打算从美国购买。例如，印度有意向引进美国电磁弹射装置安装于本国航母[①]。

---

① Defence secretary to visit India in May to push aircraft carrier technologies.The Times of India, 5 April 2015.

第二章　滑跃起飞系统

　　滑跃起飞是指舰载机仅依靠自身动力,在航母飞行甲板跑道上加速滑跑,并经舰艏滑跃甲板离舰起飞。至 2015 年,在世界各国现役航母中,俄罗斯"库兹涅佐夫"号航母、意大利"加里博迪"号和"加富尔"号航母、印度"维拉特"号和"维克拉玛蒂亚"号航母、泰国"查克里王朝"号航母均采用滑跃起飞方式。

第一节　发展过程

（一）用于垂直/短距起降型舰载机的起飞

　　滑跃起飞技术由英国海军军官道格拉斯·泰勒首先发明,在 20 世纪 70 年代中期发展起来。当时,该技术仅用于垂直/短距起降型舰载机,用于提高舰载机的起飞重量。最先运用该技术的是"无敌"级航母,该航母服役时采用平直飞行甲板,后来加装了滑跃甲板,采用滑跃起飞方式,使"海鹞"垂直/短距起降型舰载机的载弹量、作战半径均得到较大提高,从而提升了作战能力。

（二）用于常规起降型舰载机的起飞

20 世纪 70 年代末期，苏联在设计"库兹涅佐夫"号航母时，原计划装备两部弹射装置，但由于在弹射技术研发上一直未取得突破，因此，苏联转而试验利用滑跃甲板起飞常规起降型舰载机（非垂直起降型）。经过多次试验和改进，1982 年 8 月，苏联在"尼特卡"试验基地验证了"苏"-27K 和"米格"-29 通过滑跃甲板起飞的可能，从而创造出与英国不同的滑跃起飞方式。如图 2-1 所示，"苏"-33 舰载机在"库兹涅佐夫"号航母上滑跃起飞，该航母飞行甲板前部采用了约 60m 长、14° 上翘角的滑跃甲板。

图 2-1　"苏"-33 舰载机滑跃起飞

第二节　技术特点

滑跃起飞利用航母滑跃甲板使舰载机依靠自身发动机推力加速获得一定的离舰迎角和速度，使舰载机能以足够的升力和速度实现起飞。

采用滑跃起飞的航母具有如下技术特点：

（1）采用滑跃起飞方式的航母上不需安装结构复杂的弹射装置，减少了使用和维护工作量。

（2）对于常规起降型舰载机而言，滑跃起飞能大幅缩短舰载机起飞滑跑距离；对于垂直/短距起降型舰载机而言，滑跃起飞可增加舰载机有效载荷。

舰载机利用滑跃甲板滑跑起飞，在同样起飞重量条件下可比平直跑道缩短一半起飞滑跑距离。如，"苏"-33 滑跃起飞时所需跑道长度不足平直跑道的 3/10。在各种条件均相同的情况下，AV-8B"海鹞"舰载机滑跃起飞要比平甲板起飞增加 53%有效载荷。

（3）对飞行员而言，滑跃起飞可增加安全性、减轻负担。由于舰载机离舰后有一个垂直方向的分速度，爬升率始终为正值，可使驾驶员有额外的高度来处理可能遇到的紧急情况，避免发生事故。

第三节 关键技术

（一）航母滑跃甲板型线设计技术

滑跃甲板具有一定的"上翘角"，能够提高舰载机离舰后的迎角，增加升力。在滑跃甲板设计之初，甲板一般与水平面呈 6°～20°上翘角，随着舰载机滑跃起飞技术的不断优化，目前上翘角一般选取 10°～16°。英国"无敌"号航母的滑跃甲板上翘角最初为 7°，后改为 13°。"皇家方舟"号航母滑跃甲板上翘角由 12°提

高到 15°①。俄罗斯"库兹涅佐夫"号航母滑跃甲板上翘角为 14°。

（二）舰载机发动机大推重比②技术

推重比大的舰载机，能够增加升力和垂直速度分量，提供足够的升力保障安全起飞。"米格"-29K 飞机的推重比达 1.1。"苏"-33 飞机推重比为 0.86②。

第四节　相关设备

（一）飞机止动装置

飞机止动装置又称止动轮挡，只用于采用滑跃起飞方式的航母，其作用是当舰载机发动机达到最大推力之后，快速同步释放挡住舰载机左、右主轮的轮挡，使舰载机顺利实现滑跃起飞，如图 2-2 和图 2-3 所示。

止动装置

图 2-2　俄罗斯"库兹涅佐夫"号航母上的飞机止动装置

---

① 国外舰载机技术发展——气动、起降、材料、反潜、直升机预警，航空工业出版社.
② 即发动机推力与舰载机自身重力的比值。

图 2-3　俄罗斯"库兹涅佐夫"号航母上的飞机止动装置（放大图）

飞机止动装置主要由轮挡止动系统、止动同步释放系统、液压系统、电气控制系统以及辅助系统等组成。

（二）喷气偏流板

喷气偏流板装置是航母上保障舰载机安全连续起飞的关键设备之一，无论美国、法国航母的弹射起飞方式，还是俄罗斯、英国、印度的滑跃起飞方式，均需要配置喷气偏流板。

喷气偏流板装置的作用是在航母的起飞站位将舰载机起飞时由喷气发动机喷射出的高温高速气流向上、向外偏流，以保证在舰载机后方飞行甲板上的人员、飞机和设备的安全。

1. 海水冷却式喷气偏流板

美国现役航母采用海水冷却式喷气偏流板装置，该装置由偏流板组件、运动执行机构、海水冷却系统、液压系统、电气控制系统和辅助系统组成。

美国现役每艘航母上均装有 4 部 Mk7 型海水冷却式喷气偏流板，分别对应 4 个舰载机起飞站位，如图 2-4 所示。

图 2-4　美国航母上的海水冷却喷气偏流板

　　舰载机位于起飞站位时，喷气偏流板液压系统驱动运动执行机构动作，升起喷气偏流板组件。升起到位后，舰载机发动机开始加力喷出尾焰。由于尾焰气流温度很高，喷气偏流板内部配置了海水冷却管道，通过高速连续流动的海水将冷却面板热量带走，避免高温对冷却面板造成损害。在完成舰载机起飞作业后，在运动执行机构的作用下，喷气偏流板降下，与甲板平齐，同时在短时间内将板面温度降至飞机轮胎可承受的温度范围内，以备下一架舰载机顺利通过，如图 2-5 所示。

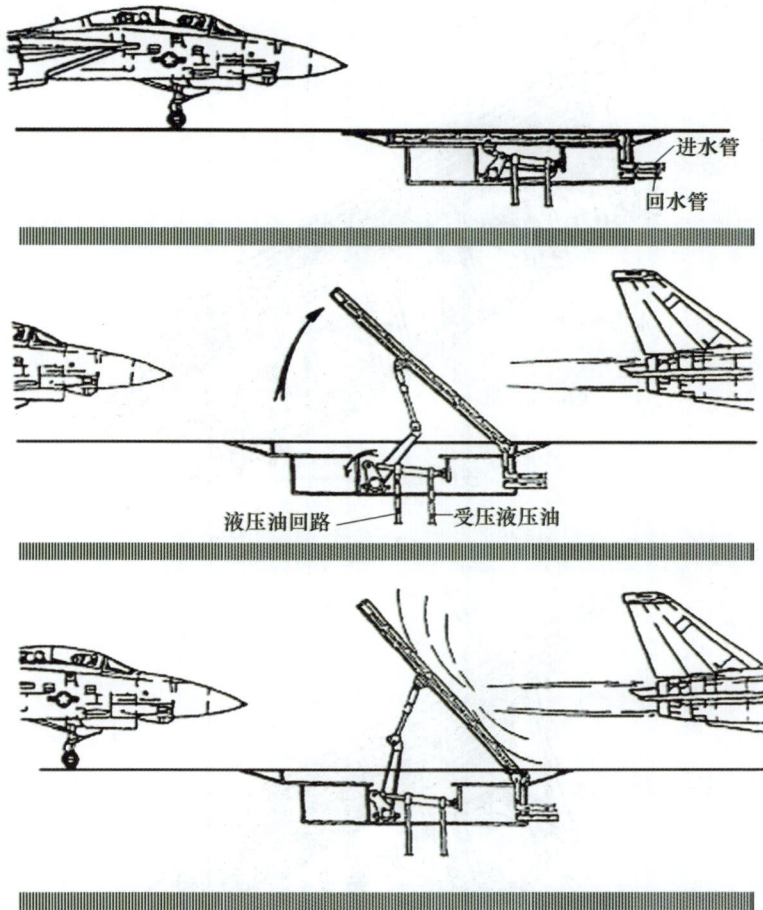

图 2-5　喷气偏流板的工作原理

标注：进水管、回水管、液压油回路、受压液压油

1）偏流板组件

偏流板组件（图 2-6）由一系列冷却面板和底板组件组成。Mk7 Mod0 和 Mk7 Mod2 型喷气偏流板由 6 组偏流板组件构成（2 块为一组），而 Mk7 Mod1 型喷气偏流板由 4 组偏流板组件构成。

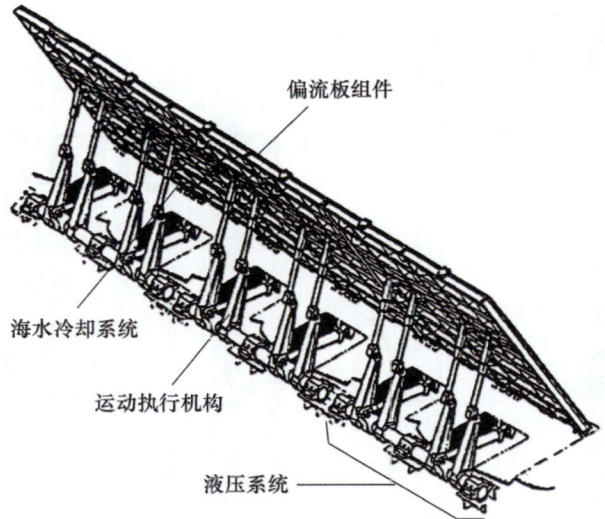

偏流板组件

海水冷却系统

运动执行机构

液压系统

（a）

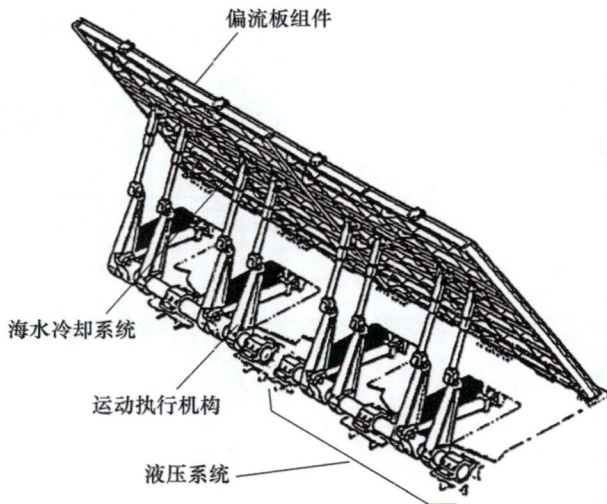

偏流板组件

海水冷却系统

运动执行机构

液压系统

（b）

图 2-6　喷气偏流板组件

（a）Mk7 Mod0/2 型喷气偏流板结构组成；（b）Mk7 Mod1 型喷气偏流板结构组成。

　国外航母航空保障系统

　　偏流板组件能单独升起，或与其他偏流板组件同时升起。各偏流板组件分开作动。

　　冷却面板是一个以加强筋为基础的铝合金结构，内含进、排水管，如图2-7所示。每块冷却面板组件包含多条通水管路，这些管路最终与总进水管和出水管相连，由航母主消防系统供应的海水将舰载机发动机尾流产生的热量带走。

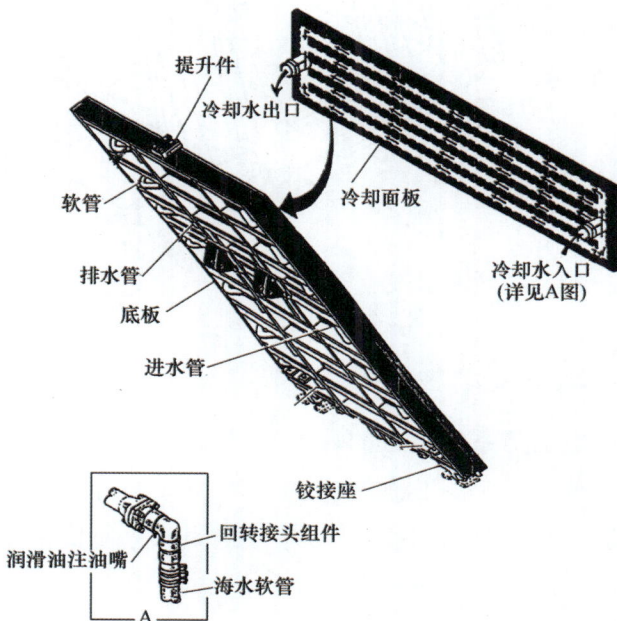

图 2-7　偏流板组件

　　2）运动执行机构

　　运动执行机构（图2-8）由液压缸、曲柄和连杆机构组成。两组喷气偏流板组件的连杆连接到一个轴上，这种连接方法允许偏流板组件成对升起和放下。液压缸活塞杆移动使轴转动，从而使连杆机构伸展或回缩，带动偏流板组件升起或放下。

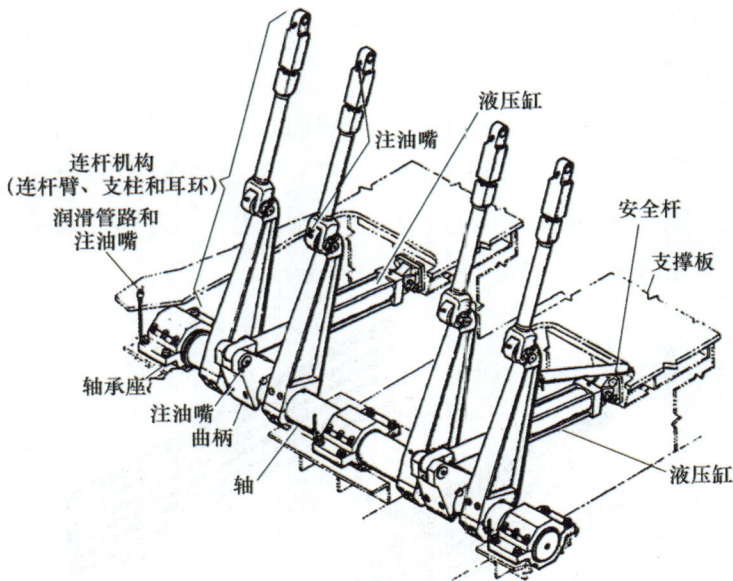

图 2-8　运动执行机构

3）海水冷却系统

由航母主消防系统供应的海水通过海水冷却管路（图 2-9）进入偏流板组件，然后排出舷外。海水冷却管路由滤器、回转接头组件、节流孔板、温度开关、压力开关、压力表和有关的管路及连接件组成。

4）液压系统

液压系统的作用是将液压油引入喷气偏流板液压缸（图 2-10），由四通控制阀、节流阀组件、软管连接件及相关的管路和配件组成。

流入管路分为 3 路（Mk7 Mod0/2 型）或 2 路（Mk7 Mod1 型）支管，每路支管连接一个四通控制阀。四通控制阀控制液压油流入或流出液压缸。

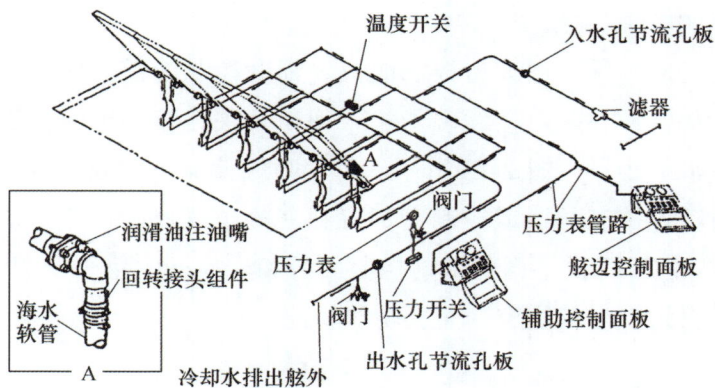

图 2-9 海水冷却系统

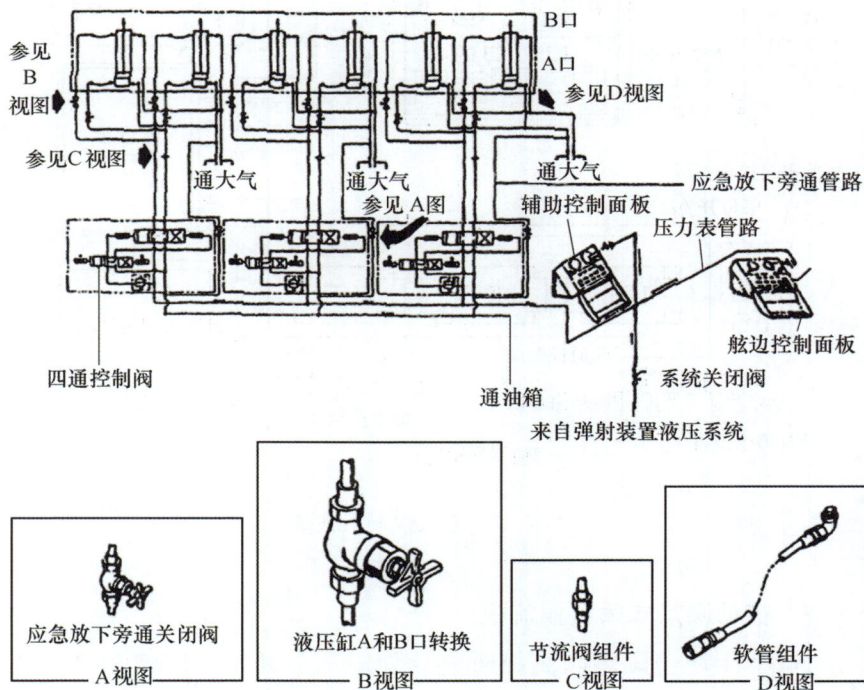

图 2-10 液压系统

5）电气控制系统

电气控制系统由舷边控制面板、辅助控制面板、便携式控制箱，以及转换开关、接线端子箱、切断开关、相关电线和连接器组成，如图 2-11～图 2-13 所示。每套喷气偏流板由独立的控制面板控制。各控制面板或控制箱都有独立的电气控制按钮，能够独立操作。位于甲板下面的辅助控制面板和转换开关用于应急操作。辅助控制面板与舷边控制面板功能相同。

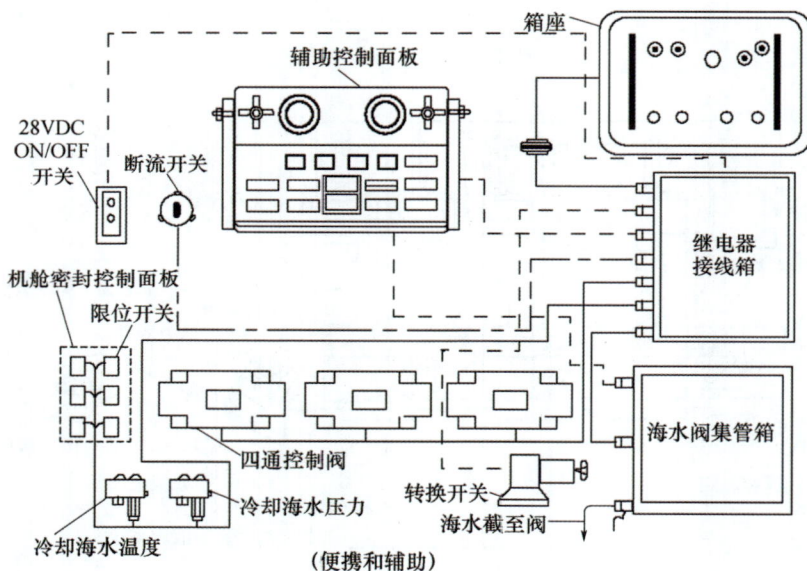

图 2-11　电气控制组件

2. 被动隔热式喷气偏流板

2005 年，美国国防高级研究计划局牵头开始研制被动隔热式喷气偏流板。

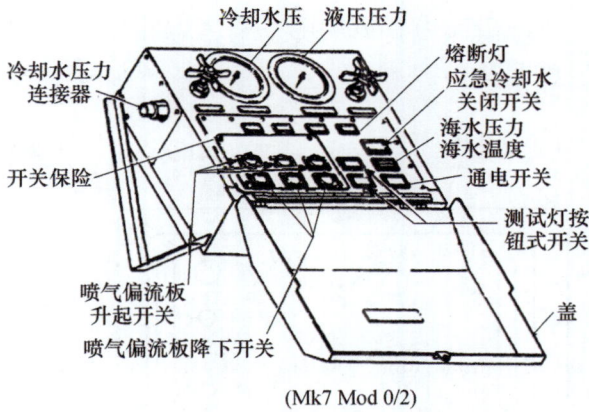

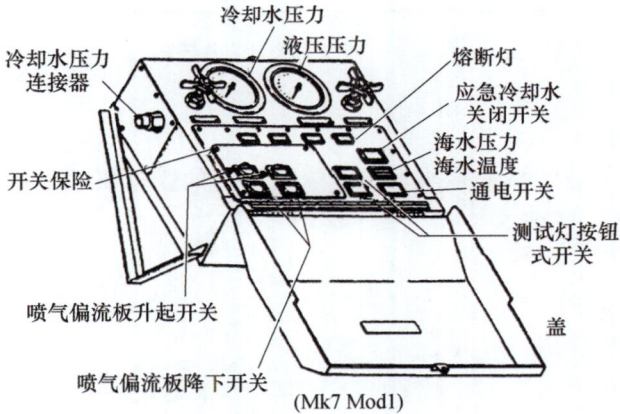

图 2-12 舷边和辅助控制面板

1）设计要求

美国海军航空系统司令部对被动隔热喷气偏流板的设计要求是：第一，与现有喷气偏流板外形尺寸一致；第二，重量小于海水冷却喷气偏流板；第三，满足防污要求，耐润滑油、JP-5 航空燃油、泡沫灭火剂、清洁剂等污染；第四，表面摩擦系数要满足要求，能为舰载机轮胎、拖车和人等提供足够的摩擦力；第五，

具有很强的抗热冲击能力。被动隔热喷气偏流板所要承受的舰载机喷气推力参数见表2-1。

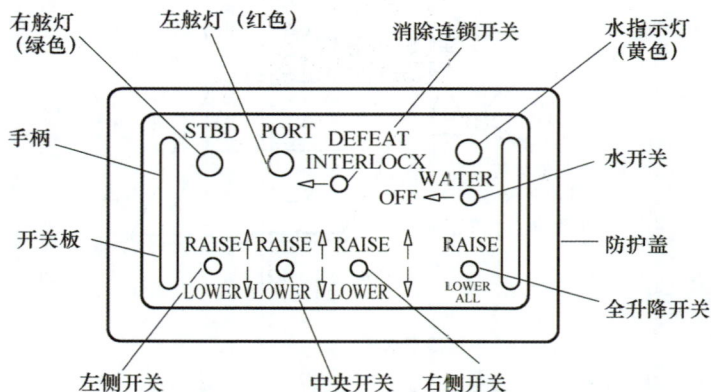

图 2-13　便携式控制箱组件

表 2-1　被动隔热喷气偏流板承载的舰载机喷气推力

类型	时间/s	温度/℃	速度/（m/s）
空转推力	60	316	152.4
战斗额定推力	60	1221	567
加力燃烧推力	30	1649	914.4

2）关键技术

被动隔热喷气偏流板的关键技术包括：一是被动隔热技术，二是表面抗高载荷、腐蚀和污染技术，三是执行机构部分改为电动，实现执行机构的机电混合。

（1）被动隔热技术。

在被动隔热喷气偏流板研发过程中，曾提出多种被动隔热方案，但这些方案的技术成熟度还没有达到能转入型号研制的门槛要求。

① 热管冷却的被动喷气偏流板。

弗吉尼亚大学、泡沫材料公司和诺斯罗普·格鲁曼公司纽波特纽斯船厂提出热管冷却的喷气偏流板方案，如图 2-14 所示。偏流板整体采用热管冷却技术，受热面与非受热面均采用双层板设计，双层板间布置多排热管，将受热面的热量迅速传向喷气偏流板的内部。喷气偏流板内部采用十字形结构的夹芯结构，内布置多排热管，使内部热量迅速向喷气偏流板的非受热面及上下两端传递，达到快速降温的目的。

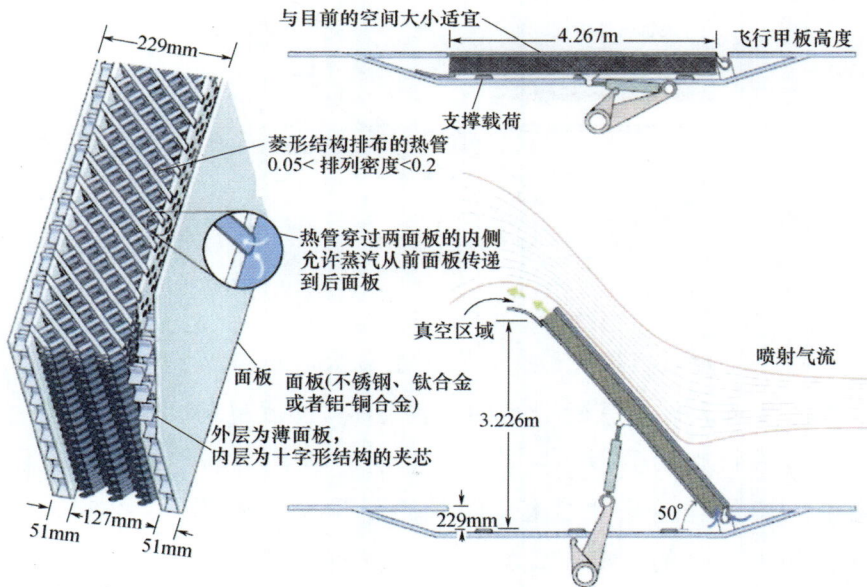

图 2-14　弗吉尼亚大学被动喷气偏流板的热管冷却初步设计

② 受热表面为航天飞机耐热陶瓷材料的被动喷气偏流板。

罗文大学的研究小组提出利用陶瓷和金属基片双层贴合结构传热的喷气偏流板方案，采用耐热陶瓷材料将舰载机尾部喷气的

热量隔绝，防止热量传输至下一层的金属铝基片，如图 2-15 所示。在洛克希德·马丁公司赞助下，罗文大学的研究小组选用该公司开发的航天飞机耐热瓷砖（AETB-8 型、LI-900 型和 HTP-16 型）作为受热面的陶瓷材料进行实验。实验结果表明，在使用温度约为 1260℃的喷灯对 LI-900 型瓷砖表面喷射约 1h45min 后，此种喷气偏流板的背面铝板温度不超过 32.2℃。但洛克希德·马丁公司的航天瓷砖仍存在许多问题，如表面光滑，摩擦力不足；不耐外来碎片的撞击等。这些问题仍需研究解决。

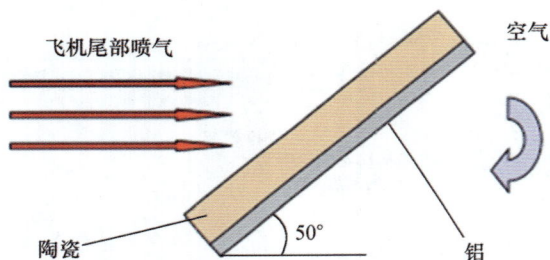

图 2-15　罗文大学被动喷气偏流板的基本原理图

（2）表面抗高载荷、腐蚀和污染技术。

喷气偏流板需承受一定的结构载荷，包括舰载机喷气的推力以及舰载机轮胎碾压和降落的冲击力，因此，喷气偏流板表面要有一定的结构强度要求。同时，还要耐盐雾腐蚀及油污、清洁剂和灭火剂的污染。此外，选择表面材料时还要考虑材料的可加工性。

（3）机电混合执行机构技术。

机电混合执行机构的特点是用电力执行机构替代液压执行机构，转用泵或伺服电机将电力输入转化成液压，并利用液压驱动执行机构。机电混合执行机构取消了中央液压执行机构，降低执行机构的重量，消除了液压执行机构上泵、阀、蓄压器、管路等的机械故障。

3）发展情况

根据美国国防高级研究计划局与海上系统司令部航母项目办公室达成的协议，被动隔热喷气偏流板研制成功后将在美国所有航母上使用。但实际上，截至 2015 年底，被动喷气偏流板尚未在航母上使用。

（1）被动隔热喷气偏流板曾计划用于"布什"号（CVN 77），尚未装备。

美国在 1997 年"布什"号航母概念设计时，曾设想要在"布什"号上首次采用被动喷气偏流板，但"布什"号航母最终采用的是 Mk7 Mod0 型海水冷却喷气偏流板。

（2）被动隔热喷气偏流板曾计划用于"福特"号（CVN 78），但"福特"级航母前 2 艘仍将使用海水冷却喷气偏流板。

CVN 78"福特"号航母曾计划采用被动喷气偏流板，但在实际设计和建造中，却采用了 Mk7 Mod2 型海水冷却喷气偏流板。而且在"福特"级航母第二艘"肯尼迪"号（CVN 79）喷气偏流板的采办预算中，也计划采购 Mk7 Mod2 型海水冷却喷气偏流板。

降落篇

舰载机在航母上降落需要克服两大技术难题。一是在茫茫大海上如何发现并持续追踪航母的位置，使飞行员可以操纵舰载机保持着舰的姿态逐渐接近航母，并精确地降落在航母飞行甲板上。二是怎样才能使舰载机在长度十分有限的飞行甲板上停下来，而又保证飞行员的安全。前者通过着舰引导系统来实现，后者则依靠阻拦回收系统来完成。

舰载机在执行完任务后，需经过返航、进场、进近、着舰才能降落到航母上。航母对舰载机控制区域的划分具体如下。

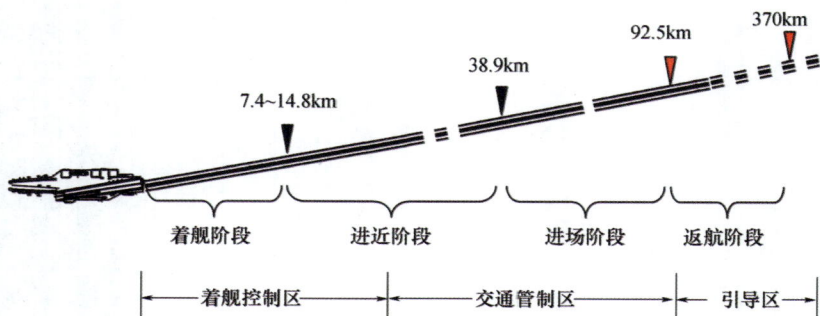

舰载机从交通管制区的起始进近点（约 38.9km[①]）飞至雷达捕获窗口（7.4～14.8km[②]）的过程称为舰载机的进近阶段，从雷达捕获窗口飞至触舰点的过程是着舰阶段。舰载机进近和着舰阶段由航母着舰引导系统进行引导。

阻拦回收系统的主要作用是在有限距离内将触舰舰载机的动能全部吸收，使舰载机迅速减速并停在航母飞行甲板上。阻拦回收系统的发展经历了早期多道横向和纵向阻拦索交错排布、多道横向阻拦索、4 道阻拦索和 1 部阻拦网、3 道阻拦索和 1 部阻拦网布置的发展历程。

---

① 此处为美军数据。

② 此处为美军数据。

第三章　着舰引导系统

第一节　着舰引导系统的发展

着舰引导系统根据引导方式的不同可分为 4 个阶段：人工着舰引导阶段、半自动着舰引导阶段、全自动着舰引导阶段以及多手段融合全自动着舰引导阶段。

（一）人工着舰引导阶段

20 世纪 50 年代以前，航母搭载螺旋桨式舰载机，速度慢，着舰过程可直接由着舰指挥官在舰载机即将触舰的最后阶段通过人工引导方式实现。

着舰指挥官通过手势作为信号，引导舰载机着舰。为了让飞行员更清楚地看见信号，将人工手势改为手持彩色信号旗，以此来提高信号的能见度。为消除信号旗易受风向变化影响的缺点，后又改用球拍状彩色信号板。为了适应战时夜间着舰作业的要求，着舰指挥官通过手持 60～90cm 长的霓虹管发光棒或闪光灯，取代白天使用的信号板，以便飞行员能看清信号。

该阶段引导舰载机着舰的着舰指挥官站在舰艉左舷位置，在此设置了着舰指挥官工作台。为便于飞行员看清楚着舰指挥官手势，着舰指挥官工作台采用开放式设计，如图3-1所示。

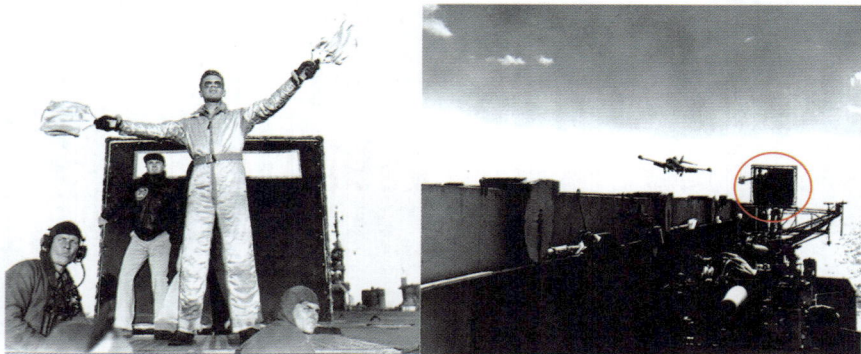

（a）

（b）

图 3-1 第二次世界大战（a）和朝鲜战争（b）期间美国航母着舰指挥官工作台

（二）半自动着舰引导阶段

20 世纪 50 年代后期至 80 年代初，喷气式舰载机上舰，飞行员观察和判断时间大幅缩短，加剧了航母着舰作业的危险性。该阶段出现了光学着舰引导系统和雷达着舰引导系统，辅助飞行员进行着舰决策。光学着舰引导系统先后出现了镜面光学助降系统和菲涅尔透镜系统，能确保舰载机在着舰前处于正确的下滑道内。雷达着舰引导系统能够为舰载机的着舰提供下滑道偏差信息，以便舰载机尽早调整着舰姿态。在该阶段，雷达着舰引导系统的核心为 AN/SPN-10 型雷达、AN/SPN-42 型雷达、以及当时还处于研发试验阶段的 AN/SPN-46 型雷达。此外，仪表着舰系统也上舰使用，它通过发出无线电波束，为飞行员提供独立的下滑航线和中线对准核对信息。

1. 镜面光学助降系统

英国海军中校格特哈特设计了早期的光学助降装置——镜面光学助降系统（Mirror Optical Landing System, MOLS），即通常意义上的光学助降镜，如图 3-2 所示。它通过发射 3 种不同颜色的光线，经过大曲率镜面反射给舰载机飞行员，提供下滑道。但航母舰体随海浪起伏摇摆会影响装置的正常使用。同时，镜面的搬运和清洗都非常不便。随着舰载机飞行速度提升，反射式助降镜越发难以适应舰载机着舰精度的需求。

图 3-2　镜面光学助降系统

航母镜面光学助降系统的发明

1952 年某天，英国海军中校格特哈特走进女秘书房间时，女秘书正手拿镜子涂口红。这个动作激起了格特哈特的灵感，他掉头回到自己的办公室，找来一面镜子，并在镜子上做好标记，然后把镜子放在办公桌上，对着镜子中的影像用下颚接触办公桌的桌面模拟舰载机触舰……以此为基础，他成功设计了第一代航母助降镜——光学助降镜。

2. 菲涅尔透镜光学助降系统

20 世纪 60 年代，美国控制仪器（Control Instrument）公司发明了菲涅尔透镜光学助降系统（FLOLS）以取代镜面光学助降系统，并首次在美国海军"罗斯福"号航母（CV 42）上安装使用，如图 3-3 所示。它的基本功能与镜面光学助降系统相似，均通过光学效应，在空中提供一个下滑道辅助舰载机降落，但原理复杂得多。菲涅尔透镜光学助降系统可以发出 5 层光束，分别和海平面形成不同角度，更利于飞行员判断高低，修正误差。该系统安装在航母飞行甲板中部靠左舷，具备随动控制功能（伺服控制），能够对指示光球进行稳定补偿，补偿航母的纵摇、横摇和升沉运动，以保证系统发出的光束相对稳定，不受航母摇摆的影响。菲涅尔透镜光学助降系统简单可靠，目视直观，且不存在电磁干扰问题，一经问世便被美英等国航空母舰普遍使用。

图 3-3　菲涅尔透镜光学助降系统

3. AN/SPN-10 雷达

1953 年贝尔航空系统公司赢得竞标，为美国海军研制航母舰载机自动着舰系统，其核心部件即为 AN/SPN-10 雷达。1957 年，

F-3D 舰载机在"安提坦"号航母（CV 36）上首次使用 AN/SPN-10 雷达系统实现自动着舰[①]。

在"安提坦"号航母上完成海上试验后，贝尔航空系统公司对 AN/SPN-10 系统进行了改进，提高了耐受冲击、振动、电磁干扰等性能，以满足舰上服役要求。1960 年，贝尔航空系统公司开始批量生产 AN/SPN-10 雷达全天候航母着舰系统，并于 1962 年首次在"中途岛"号航母（CV 41）及"独立"号航母（CV 62）上安装使用。

AN/SPN-10 雷达系统虽然开创了舰载机自动着舰系统先河，但存在以下缺点：①雷达系统体积庞大，其组成单元多达 30 多个，由成百上千的真空电子管组成；②受制于计算机的发展，AN/SPN-10 雷达计算能力有限，虽然可实现自动引导着舰，但可靠性及稳定性差。

因此，AN/SPN-10 雷达系统并不能称为一型成功的助降系统。基于该系统的上述缺点，美国海军要求对系统进行全面改进，由贝尔航空系统公司完成 AN/SPN-10 雷达的"数字化"，研制成为新一代雷达系统，即 AN/SPN-42 雷达系统。

4．AN/SPN-42 雷达

贝尔航空系统公司从 1966 年开始研制以 AN/SPN-42 雷达为核心的新一代航母舰载机雷达助降系统，使得飞行员能够有效地完成航母舰载机着舰任务[②]。

随后，贝尔航空系统公司将 X 波段（9.3GHz）接收器改装整合进雷达子系统，以提高强降水环境下雷达系统自动引导着舰的性能，而设计成为随后在航母上广泛使用的 AN/SPN-42A 雷达系统。

[①] Don Femiano, Automatic carrier landing system.

[②] GAO report, Carrier landing systems: replacement of the navy's automatic landing system may be premature, 1986.

1968 年，AN/SPN-42A 雷达在"萨拉托加"号航母上（CV 60）成功完成作战评估试验（OPEVAL）。在此后的 10 年中，贝尔航空系统公司将 AN/SPN-42A 雷达系统安装到新服役的航母上，并改进当时在役航母上的 AN/SPN-10 系统。20 世纪 60 年代中叶至越南战争结束，AN/SPN-42A 及 AN/SPN-10 雷达系统在航母作战中扮演了重要角色。

与 AN/SPN-10 雷达相比，AN/SPN-42 雷达有诸多优点[1]：① AN/SPN-42 雷达的电子元件数量仅为 AN/SPN-10 雷达的一半，使用数字计算机和固态电子技术，其体积和重量大幅减小；② AN/SPN-42 雷达使用新型数字计算机，稳定性和可靠性大幅提高。

5. 仪表着舰系统

仪表着舰设备是一个脉冲编码扫描波束发射器，通过使用 AN/SPN-41 雷达来指示舰载机进近和着舰时的方位角和俯仰角，并将数据传输到舰载机上的仪表、显示器，为飞行员提供独立的下滑航线和中线对准核对信息。

（三）全自动着舰引导阶段

20 世纪 80 年代初到 90 年代中期，AN/SPN-46 型雷达成功上舰使用，标志着全自动着舰方式的成熟运用，舰载机可不需要飞行员操控而能够自动着舰，该着舰引导系统称为精确进近着舰系统（PALS）。根据引导模式不同，该系统可以单独引导舰载机着舰，也可与光学着舰引导系统配合使用。

20 世纪 80 年代初，AN/SPN-46 型雷达的研制和使用，使全自动着舰引导系统的使用更加成熟。全自动着舰引导系统以

---

[1] 微观航母之光学助降系统，http://www.cos.org.cn.

AN/SPN-46 型着舰引导雷达为主，以仪表着舰系统的 AN/SPN-41 型雷达为辅，构成相互独立、相互融合、相互监视的全自动着舰引导体制，整个着舰引导系统的结构组成如图 3-4 所示。

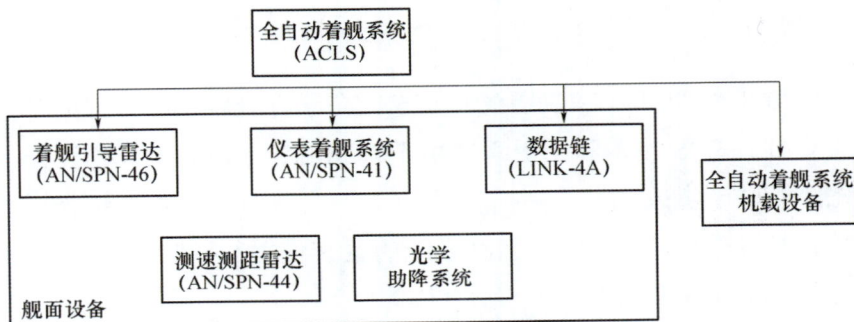

图 3-4　全自动着舰引导系统的结构组成示意图

全自动着舰引导系统可提供 5 种模式进行着舰，供飞行员或着舰指挥官选择、切换。

（1）模式 I 是全自动着舰引导模式，它利用数据链连接航母与准备着舰的舰载机，舰载机的飞控系统根据前者传递来的信息进行着舰轨迹和姿态的修正来完成全自动着舰。

（2）模式 IA 在远距离由全自动着舰系统引导舰载机，到光学助降引导窗口区域后，舰载机通过光学助降系统的引导来完成最后的着舰。

（3）模式 II 是仪表着舰模式，即所谓的半自动着舰，在这种模式下自动着舰系统与舰载机的飞控系统并不交联，而是通过仪表或者显示器向飞行员显示相关误差及修正数据，由飞行员根据这些信息来操控舰载机下滑着舰。

（4）模式 II D 是改进的模式 II，除了 AN/SPN-46 雷达测量的信息外，飞行员还可以看到航母的纵摇和横摇信息。

（5）模式Ⅲ由舰上控制人员以语音的方式提供 AN/SPN-46 雷达测量的下滑航线和对中信息，飞行员据此手动驾驶舰载机进行着舰。

（四）多手段融合全自动着舰引导阶段

20 世纪 90 年代中期至今，舰载机在原有着舰引导方式的基础上增加了 GPS 技术和光电系统用于着舰引导；原有的光学助降系统性能进一步改进，先后研发并使用了改进型菲涅尔透镜光学助降系统和激光着舰系统。多种系统的融合使用，降低了着舰风险，提高了着舰的准确性。

1. GPS 技术

以 GPS 技术为核心的联合精确进近着舰系统，在离舰 370km 即开始对 100 架舰载机进行空中交通管制。离舰 37km 时，联合精确进近着舰系统将融合 AN/SPN-46 雷达为舰载机提供进近与着舰服务。离舰 18.5km 范围内，可继续采用光学着舰引导系统辅助调整下滑航线。在电磁管制条件下，着舰指挥官仅在紧急情况下直接命令飞行员复飞。随着以 GPS 技术为核心的联合精确进近着舰系统的正式使用和性能提升，舰载机的着舰引导将通过联合精确进近着舰系统完成。

2. 电视监视系统

电视监视系统集电子图像和声音记录功能于一体，主要作用是在回收作业期间为着舰指挥官提供舰载机下滑道参考信息，并能够昼夜监视舰载机起降作业，为飞行评估、飞行后讲评提供影像资料。

3. 改进型菲涅尔透镜光学助降系统

此阶段使用改进型菲涅尔透镜光学助降系统替代了原有的菲

涅尔透镜光学助降系统。改进型菲涅尔透镜光学助降系统的原理与菲涅尔透镜光学助降系统相似，但增加了灯箱的数量，达到了细分下滑道的目的。

4. 激光助降系统

激光助降系统于 20 世纪 90 年代末研制成功并使用。它在不依靠无线电或雷达时的可用性达到了 99%，是电磁管制时辅助舰载机着舰的重要装置之一。对于光学助降系统而言，大气的散射作用会优先滤掉光谱中的蓝光部分，从而使灯光颜色随远近变化，增加飞行员判别的难度。而激光具备空间定向性好和颜色纯度高两个特性，使得激光助降系统与透镜光学助降系统相比，具有透光性强、聚焦性强、适应低能见度环境等优点。

简单来说，激光助降系统就是让飞行员看到不同颜色的激光，提示飞行员相对于正确下滑航线的偏移量。由于衍射非常少，激光束形成的进近航线边缘非常清晰，利于飞行员辨认。

第二节 着舰指挥官

（一）着舰指挥官的诞生

20 世纪 20 年代航母刚诞生时，使用的主要是双翼舰载机，其机翼面积较大，在进近时速度可以非常低，约为 74km/h。加之当时舰载机的结构并不复杂，操控相对容易，只需利用尾翼升降舵调整高度，就能将舰载机平缓地降落到航母甲板上。但飞行员也会因机翼立柱的遮挡，导致前向视野不佳，不易掌握自身与甲板的相对位置，所以当时能在航母上驾机起降的仍只是少数技能高

超的飞行员。美国首艘航母"兰利"号的副舰长肯尼斯·惠廷中校在航行过程中，站在"兰利"号舰艉飞行甲板左舷的角落，可以非常清楚地观察到飞行员从驾驶舱中无法看到的舰载机离舰高度，有时他会以肢体动作向进近中的飞行员们发出信号，提醒他们飞得过高或过低。飞行员发现，甲板上惠廷中校以肢体动作发出的信号，对于他们修正舰载机进近轨迹十分有帮助。这种做法进一步发展为由着舰指挥官专司此职，最终成为美国海军航母舰载机降落程序中的重要部分。

最初着舰指挥官只通过手势发出信号，后来为了让飞行员能更清楚地看见信号，改以手持彩色信号旗来提高信号的可见性。由于信号旗容易被风势影响到可见性，后来改用球拍状的彩色信号板，如图3-5所示。

图 3-5　早期的着舰指挥官

（二）着舰指挥官的改进

随着舰载机飞行性能的提升，第二次世界大战中美国海军着舰指挥官的作业装备有所改进。圆球拍状信号板换成了挂着横布条的新型球拍状信号板。布条可以提高可视度，还可以在强风吹佛下顺着风摆动，保证着舰指挥官仍能有效握持。着舰指挥官的身后还增设了帆布制挡风板，不仅可以抵消强风对着舰指挥造成的不便，也可让身着明亮颜色制服的着舰指挥官与深色背景形成反差，更为醒目地突出指挥引导动作，如图3-6所示。

图 3-6　着舰指挥官的改进

而随着战时舰载机夜间降落频率的增加，美国海军发展了针对夜间降落的着舰指挥官着舰引导作业模式。着舰指挥官改持 60～90cm 长的霓虹管发光棒或闪光灯，取代白天使用的信号板，以便飞行员能看清信号。着舰指挥官通过观察舰载机机翼上的红、黄（白）、绿三色航行信号灯来判断进近舰载机的迎角。如图 3-7 所示。

图 3-7　着舰指挥官持闪光灯或霓虹管发光棒来引导

第三节　透镜光学助降系统

透镜光学助降系统是现代航母舰载机着舰的必备设备。在能见度好的条件下，飞行员可依靠透镜光学助降系统着舰。在电磁管制情况下，透镜光学助降系统也能够为飞行员提供着舰指示信号。它能为返航着舰的舰载机提供一个稳定的光学下滑道，在飞行员对准航母甲板跑道中心线后，帮助飞行员及时纠正高低偏差，完成着舰动作直至钩住阻拦索。现代美军航母上使用较广的是改进型菲涅尔透镜光学助降系统。改进型菲涅尔透镜光学助降系统的原理与菲涅尔透镜光学助降系统相似，但增加了灯箱的数量，达到了细分下滑道的目的。

（一）改进型菲涅尔透镜光学助降系统的发明

改进型菲涅尔透镜光学助降系统由美国研制，用于替代美国海军航母上的菲涅尔透镜光学助降系统。1997年样机安装在"华盛顿"号航母上进行试验，2001年形成初始作战能力，正式开始在美国海军各航母上安装使用。

（二）改进型菲涅尔透镜光学助降系统的发展与性能指标

1. 美国海军装备改进型菲涅尔透镜光学助降系统的情况

2001年前，美军订购了10套用于航母的舰载改进型菲涅尔透镜光学助降系统。2003年底，美军又订购了20套用于海军航空站训练的岸基改进型菲涅尔透镜光学助降系统[1]。从2001年开始到2004年，美国航母换装了改进型菲涅尔透镜光学助降系统，各航母具体的换装时间如表3-1所列。

2. 改进型菲涅尔透镜光学助降系统的性能指标

1）改进型菲涅尔透镜光学助降系统的高度指标

改进型菲涅尔透镜光学助降系统高1.8m，露出飞行甲板面约0.9m，避免舰载机起降时机翼撞上透镜，如图3-8所示。

---

[1] John D. Ellis, A Review and Analysis of Precision Approach and Landing System (PALS) Certification Procedures.

表 3-1   改进型菲涅尔透镜光学助降系统在航母上的应用

航母	安装时间	航母	安装时间
小鹰（CV 63）	2001.02	卡尔·文森（CVN 70）	2002.08
斯坦尼斯（CVN 74）	2001.04	企业（CVN 65）	2002.11
尼米兹（CVN 68）	2001.05	罗斯福（CVN 71）	2002.11
华盛顿（CVN 73）	2001.08	里根（CVN 76）	2003.03
林肯（CVN 72）	2001.09	肯尼迪（CV 67）	2003.10
杜鲁门（CVN 75）	2001.09	艾森豪威尔（CVN 69）	2004.02

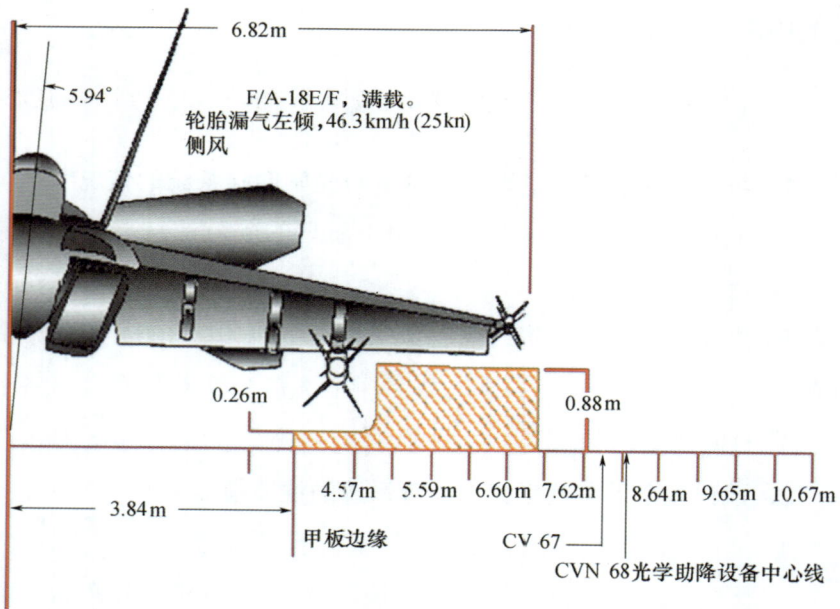

图 3-8   针对 F/A-18E/F 舰载机的改进型菲涅尔
透镜光学助降系统高度设计要求

2）改进型菲涅尔透镜光学助降系统的垂直方向覆盖范围

改进型菲涅尔透镜光学助降系统有 12 个灯箱，垂直方向覆盖角度约 1.7°。其中 10 个主光源灯箱，每个灯箱照射角度为 0.13°，发黄光；2 个低位灯箱每个灯箱照射角度为 0.20°，发红光，向飞行员指示飞机的高度过低（图 3-9）。

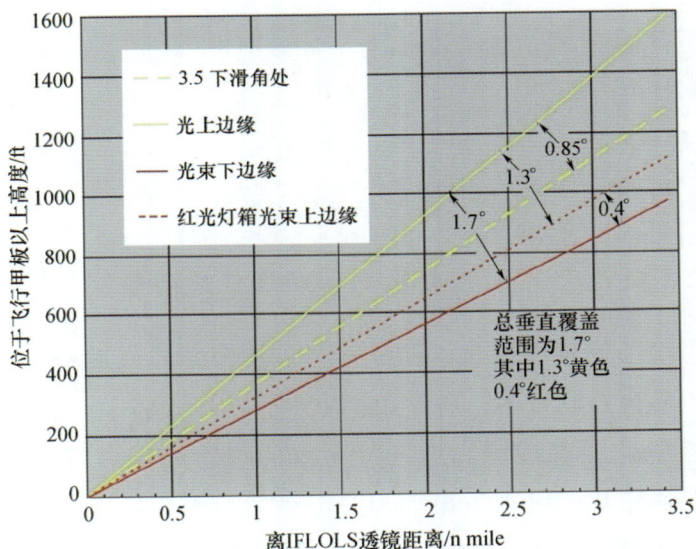

图 3-9　改进型菲涅尔透镜光学助降系统光束垂直方向覆盖范围

离透镜不同距离处每个灯箱光束的高度和垂直方向的视场角度如表 3-2 所列，离触舰点越近，在相同角度偏差情况下，飞行员所需的下滑航线修正幅度越小。若透镜光线太亮或太暗，舰载机离透镜较近时光球清晰度会下降，从而引起难以察觉的下滑航线偏差。另外，飞行员的视觉敏锐度，以及天气、透镜上的盐粒等外界环境影响也可能引起下滑航线偏差。

表 3-2　改进型菲涅尔透镜光学助降系统垂直方向视场角度表

离触舰点距离	12 个灯箱光束总高度/m	每个黄光灯箱光束高度/m	每个红光灯箱光束高度/m
触舰点	4.1	0.3	0.4
舰艉（70m）	6.2	0.5	0.7
463m（1/4n mile）	17.9	1.4	2.0
926m（1/2n mile）	31.6	2.4	3.7
1389m（3/4n mile）	45.3	3.5	5.3
1852m（1n mile）	59.1	4.5	6.9
3704m（2n mile）	114	8.7	13.4

（三）改进型菲涅尔透镜光学助降系统的组成

改进型菲涅尔透镜光学助降系统包括灯光阵列系统、舱室控制设备、塔台控制设备、着舰指挥官平台控制设备。

改进型菲涅尔透镜光学助降系统的指示光球进行了稳定补偿，可补偿航母的纵摇、横摇和升沉运动。舰载机进近时，若处于最优下滑航线，飞行员可看到中央的光球与两侧的水平基准灯（绿色）成一直线。若舰载机偏离最佳下滑航线，则光球将高于或低于基准灯，表明所处下滑航线过高或过低。

改进型菲涅尔透镜光学助降系统两侧各安装了 10 盏基准灯，其中 5 盏固定基准灯（绿色）、5 盏条件基准灯（绿色）。固定基准灯始终发亮，而条件基准灯在复飞灯开启时关闭。低位灯箱（红光灯箱）的亮度是独立调整的。该灯还可以实现每分钟 45 次的频率闪烁，控制低位灯箱闪烁的接触式"按钮"位于平面显示器上，该平面显示器位于舱室和主飞行控制室（塔台）。

改进型菲涅尔透镜光学助降系统两侧均安装了 3 盏复飞灯（红色外侧）和 4 盏辅助复飞灯（红色内侧），如图 3-10 所示。当着舰指挥官按下复飞灯按钮时，复飞灯首先以全亮度闪烁，然后降到预先设定的亮度。辅助复飞灯采用独立的电路，是正常复飞灯的备用系统。在背景光较亮的情况下，设置较亮；夜间则设置较暗。

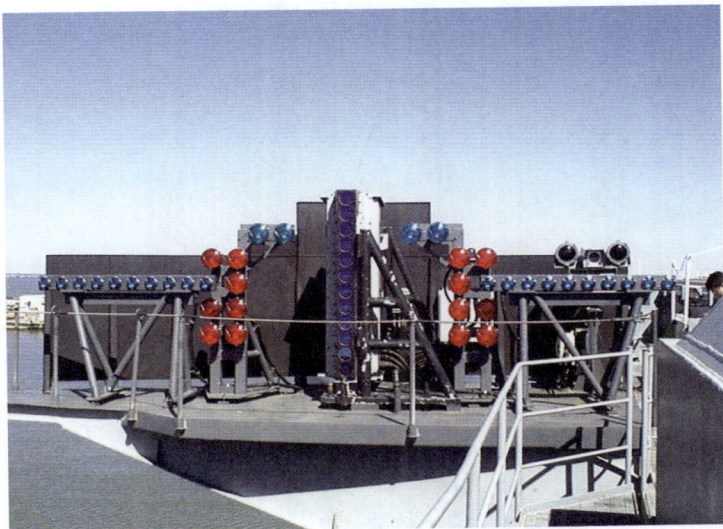

图 3-10　改进型菲涅尔透镜光学助降系统（IFLOLS Mk13）

4 盏关机灯（绿色），每侧 2 盏，位于基准灯上方。参见图 3-11。关机灯通过着舰指挥官平台的"皮克勒"（Pickle）开关按钮打开，也可通过着舰指挥官平台的平显触摸屏打开。按钮按多长时间关机灯就亮多长时间，一旦按钮放开，关机灯立刻熄灭。在无线电静默或无线电限制情况下，着舰指挥官通过关机灯发出一个持续时间为 3s 的稳定闪光信号，在舰载机进近最后阶段确认对舰载机的控制。通过这样的方式，着舰指挥官还可以确认飞行员能否看到助降设备光

球。着舰指挥官还可以继续让关机灯发出闪光，即命令飞行员加大发动机功率，闪光信号持续长短对应着加大功率的多少。

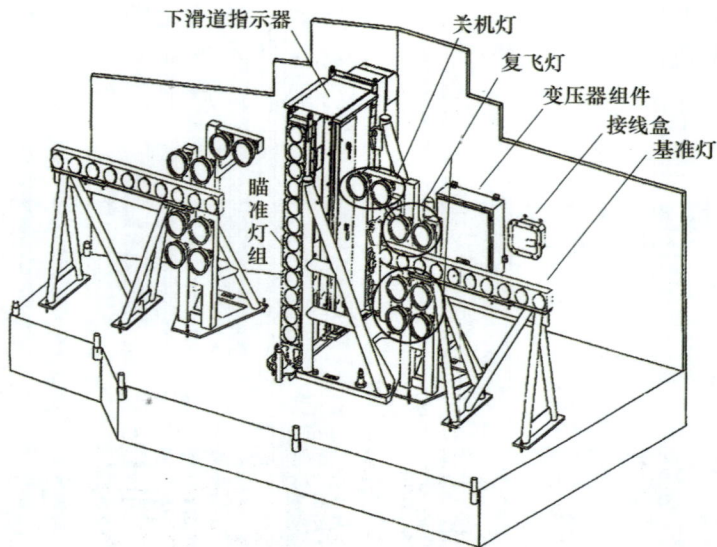

图 3-11　改进型菲涅尔透镜光学助降系统（灯光阵列系统）

第四节　仪表着舰系统

（一）仪表着舰系统的发明

仪表着舰系统在 20 世纪 70 年代开始研制并使用在航母上，是一个精确的进近和着舰辅助电子系统。仪表着舰系统是一个脉冲编码扫描波束发射器，其核心设备是 AN/SPN-41 雷达，它测量舰载机进近和着舰时的方位角和仰角，并且传送数据到舰载机上的仪表、显示器等，为飞行员提供独立的下滑航线和中线对准核对信息。

（二）仪表着舰系统的性能指标

AN/SPN-41 雷达发射纵向和侧向两路编码无线电波束覆盖整个进近范围。波束的信号范围大约是对中线两边各 20°，水平线上方 0°～10°。

AN/SPN-41 雷达的最新型号 AN/SPN-41A 采用无线电定向扫描天线，发射 Ku 波段（15.4～15.7GHz）舰对空信号。

（三）仪表着舰系统的组成

仪表着舰系统也可分为舰载系统和机载系统两部分。

1. 舰载系统

舰载系统主要是两部发射机，用于发射高低和方位信息（见图 3-12）。下滑航线和方位信息是由窄扇形波束穿过覆盖区扫描产生的。方位发射装置在舰的横摇和艏艉摇轴上稳定，而高低发射装置在纵摇和横摇轴上稳定。方位发射装置布置在航母中线的尾端。高低发射装置既可以布置在左舷侧透镜后约 38.1m 处，也可以在右舷侧的舰岛后。

2. 机载系统

机载系统主要是 AN/ARA-63 接收机，它包括无线电接收器、脉冲解码器、接收天线和波导管。无线电接收器对导航信号进行解调、检测与放大和解码。AN/SPN-41 系列雷达并不是真正意义上的雷达，它只提供单向的舰对空脉冲信号。机载 AN/ARA-63 接收机接收它发射的信号，并将角度信息显示在舰载机座舱内的飞行航线十字指示器上。其中垂向指针用来指示方位信息，水平指针用来指示高低信息。当两个指针都在中心位置上时，舰载机就能按照标准的中线和下滑航线着舰。AN/ARA-63 接收机可以设定在 15.4～15.7GHz 频段内 20 个通道的任何一个通道。

AN/SPN-41扫描界限

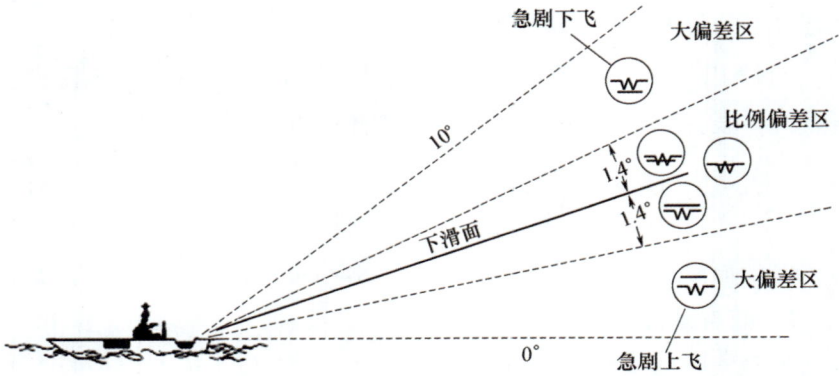

急剧下飞　　大偏差区

10°

比例偏差区

1.4°

1.4°

下滑面

大偏差区

0°

急剧上飞

急剧右飞　　急剧左飞

20°　　　　20°

6°　6°

大偏差区　　中心线　　大偏差区

比例偏差区

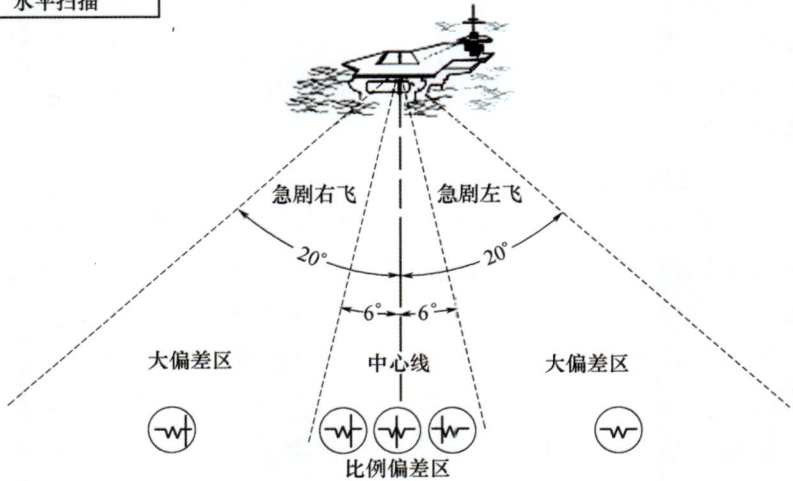

图 3-12　AN/SPN-41 扫描界限

第五节　精确进近着舰系统（PALS）

（一）精确进近着舰系统的发明

美国海军从 1980 年开始着手研制核心系统为 AN/SPN-46 的新一代航母自动化降落系统——精确进近着舰系统（PALS）。SPN-46 雷达是 SPN-42 雷达的升级换代产品，主要改进之处是提高了系统可靠性。新的双波段天线采用 X 波段单极化接收机，能识别旁瓣，并控制天线向机载信标发送问询信息；改变了舰载机要涂表层识别漆的情况，从而提高了雨天捕获距离和捕获概率；采用了更标准的固态电子板，改进了系统的可维修性和可靠性；采用了 Mk16 环形激光陀螺，从而提高了稳定性。与自动着舰系统相比，雷达着舰引导系统使得舰载机实现更可靠、更安全和更精确的进近着舰。

（二）精确进近着舰系统的发展与性能指标

1. 精确进近着舰系统的发展

第一部 AN/SPN-46(V)1 雷达系统于 1985 年在"肯尼迪"号航母上安装，并于 1986 年和 1987 年使用 F-14"雄猫"战斗机进行海上作战评估试验，1987 年开始生产。此后 AN/SPN-46 雷达系统开始替代 AN/SPN-42A 安装在新服役的航母上。

1998 年，海军空战中心飞机分部（NAWCAD）着力研发新的自动化航母着舰雷达，即 AN/SPN-46(V)3 雷达系统，并成功通过了一系列试验。

美国海军对 AN/SPN-46 着舰雷达的改进将一直持续到 2025年，重点是不断提高系统的实用性和可靠性。改进工作包括各种工程变更和延寿计划，即利用民用技术重新构建雷达控制体系结构，更换计算机处理硬件，以及把系统软件编程语言从 CMS-2 升级到更为通用的 C/C++语言。

2．精确进近着舰系统的性能指标

美国航母对舰载机的控制范围大体划分为三层。最后一层（或称着舰控制区）即约 10km 以内通过精确进近着舰系统和仪表着舰系统控制。精确进近着舰系统的性能指标如表 3-3 所列。

表 3-3　精确进近着舰系统性能指标

波长	作用距离	使用条件	模式
8～12GHz（X 波段）；27～40GHz（Ka 波段）	0～10km	进入雷达捕获窗口后（7.4～14.8km）	模式 I、IA——全自动着舰模式；模式 II、II D——半自动模式；模式 III——完全手动模式。

（三）精确进近着舰系统的组成

从安装平台角度来看，美国现役航母舰载机自动进近着舰系统主要分舰载系统和机载系统两大部分。航母舰载系统主要为精确进近着舰系统；机载系统包括：AN/ASW-42 自动化驾驶仪、AN/ASW-25B 数字数据通信设备、AN/ARA-63 信号接收与译码组件、APN-154 雷达信标、AN/ASN-54 进近功率补偿装置、ID-1791/A 姿态基准指示器、128AV66836 离散信息指示器、报警分度器面板、1284V653-1 进近分度器[1]。

---

[1] J.B. Hornbuckle, Joint Precision and Approach Landing System (JPALS) Program Overview, 2008.

1．舰载系统

在舰载机进入降落阶段后，精确进近着舰系统是舰载机着舰的主要手段。典型的 PALS 由 5 个舰载子系统组成，如图 3-13 所示[1]。

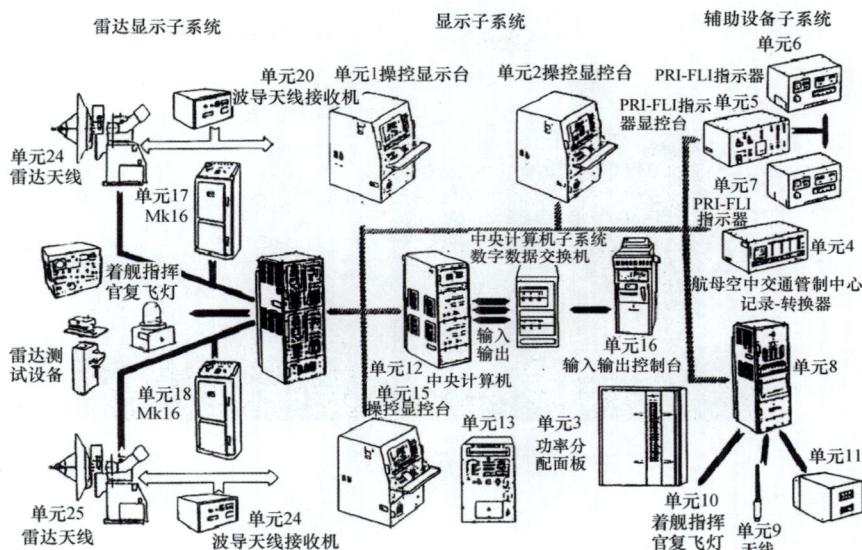

图 3-13　精确进近着舰系统组成

1）Ka 波段跟踪脉冲雷达系统

Ka 波段跟踪脉冲雷达系统即 AN/SPN-46A 雷达（图 3-14），是整个系统的中枢，采用圆锥扫描天线，工作在 Ka 波段，用于对舰载机最后进近和着舰过程进行控制。

AN/SPN-46A 有两个操作通道（A 和 B），每条通道能控制返回舰载机进近和着舰的过程。与舰上其他自动着舰设备联合操作，每个通道都能在 1min 内处理一架舰载机着舰，整个系统的着舰率是每分钟 2 架舰载机。每条通道都有多种操作模式：模式 I——

---

[1] 郝飞(译)，适应全球作战需求的美军联合精密进近着陆系统（JPALS）。

进近着舰雷达SPN-46

仪表着舰雷达
SPN-41

图 3-14　AN/SPN-46 雷达

全自动引导直至触舰；模式 IA——全自动引导至高度 61m（200ft）、距离 926m（0.5n mile）；模式 II——半自动（手动）利用 SPN-46A 雷达给舰载机提供下滑航线和对中信息以及着舰指挥官的指挥信息进近；模式 III——语音降落，只利用航母控制进近指挥员提供的信息手动进近。

AN/SPN-46A 的双波段天线采用 X 波段单极化接收机，能识别旁瓣，并控制天线向机载信标发送问询信息，改变了舰载机需要涂覆表层识别漆的要求，并大幅提高了雨天捕获距离和捕获概率。

2）显控台系统

显控台系统有两台相同的小而紧凑的操控显控台（OCC）（1，2 单元），具有冗余备份能力，能够协助对 AN/SPN-46 系统进行控制和监视。系统包括一个雷达显示器、数据发生器和嵌入式计算机。另外，安装在操控显控台内的 OJ-314 系统能够为舰载机操控员提供通信服务。

3）辅助设备子系统

辅助设备子系统包括供航母空中交通管制中心（CATCC）和主飞行控制室使用的舰载机控制指示器（4，6，7 单元）、记录转换器和着舰指挥官复飞灯。指示器（6，7 单元）用于显示操控显控台所需的飞行信息和系统状态。记录转换器（8 单元）用于记录选定的系统数据。着舰指挥官复飞灯（10 单元）能够为着舰指挥官提供舰载机降落的指示。

4）中央计算机（CCS）系统

中央计算机系统由两台相同的 AN/AYK-14（V）计算机设备组成，接收来自雷达/舰船运动传感器以及操控显控台的数据。系统还能对 Link 4A 数据链发送过程进行连续监视以核对系统错误。如果核对信息有误，则监视系统将系统转换为模式Ⅱ或模式Ⅲ，或发出禁降信号。

5）稳定系统

稳定系统又称雷达/舰船运动传感器子系统，主要功能是将雷达获得的舰载机位置矢量转换到以触舰点为参考点的稳定的甲板坐标系中。系统将来自雷达的舰载机航迹信息与来自 Mk16 陀螺仪的舰船稳定数据进行融合，并传给中央计算机系统进行处理。

2. 机载系统

美国海军自动着舰系统由航母上的精确进近着舰系统与机载系统共同组成，协同完成任务。机载系统的主要设备包括：

（1）AN/ASW-42 自动飞行控制系统（AFCS）。AN/ASW-42 能够实现着舰数据链与舰载机飞行控制系统之间连接，帮助飞行

员完成对自动着舰系统的选择。该系统能提供飞行控制系统的开关和信号调节，并装有失效保险联锁用于连接和处理传向AN/ASW-42的纵摇和横摇通道的数据链信号，以保证舰载机在3轴方向与下滑中心线自动同步对准。

（2）AN/ASW-25B数字数据通信设备（DDCS）。AN/ASW-25B用于接收来自数据链的信息和信号，滤除无效信息，然后向AN/ASW-42发送信号。

（3）AN/ARA-63信号接收与译码组件。AN/ARA-63用于确定航母的仪表着舰系统雷达给出的舰载机下滑航线偏差信息，并将偏差数据转换为有用信号发送出去。该设备主要用于模式I进近及模式II的机上监视。

（4）AN/APN-154B雷达信标。AN/APN-154B雷达信标安装在舰载机上，用于接收来自AN/SPN-46雷达的询问信号，然后向航母返回表征舰载机位置数据的应答信号。

（5）AN/ASN-54进近功率补偿装置（APC）。AN/ASN-54用于对舰载机油门进行自动、精确地调整，以控制舰载机攻角和着舰过程中的飞行速度，主要用于模式I类型的航母舰载机进近过程。系统通过使用攻角传感转换器、标准加速度计的数据和杠杆/稳定器的位置信息来控制舰载机的电机伺服传动机构。该电机伺服传动机构与发动机燃油控制器上的油门连杆机构相互耦合。

（6）ID-1791/A姿态基准指示器。ID-1791/A用于显示数据链或十字指示器上的飞行下滑航线偏差信息。该指示器的垂向指针用来指示方位信息，水平指针用来指示高低信息。当两个指针都在中心位置上时，舰载机就能按照标准的中线和下滑航线着舰。此外，该指示器还可用来确定和显示舰载机的俯仰和横摇姿态，显示侧滑和旋转率。

（7）128AV66836 离散信息指示器。该指示器安装在舰载机上，用于显示来自单向链路系统、自动驾驶仪和雷达信标的 9 项状态指示。

（8）报警分度器面板。在报警分度器面板上有 3 盏报警灯，用于向飞行员传达进近功率补偿装置、AFCS 的状态信息，确定是否已启动了禁降。这 3 个指示器分别为 APC STBY、AFCS OUT 及 WAVEOFF。当 APC 处于备用状态时，APC STBY 指示器点亮；当自动驾驶仪系统非正常工作时，AFCS OUT 指示器点亮；当禁降已启动时，WAVEOFF 指示器点亮；当系统工作在模式 I，并且 AFCS OUT 和 WAVEOFF 指示器有一个点亮时，飞行员必须快速对舰载机进行控制。

（四）精确进近着舰系统的优缺点

1. 精确进近着舰系统的优点

（1）全天候能力强。由于 AN/SPN-46 雷达改进了技术，因此，在恶劣的天气条件下，该系统仍能引导舰载机安全着舰；

（2）作用距离远。当舰载机进入雷达捕获窗口时（通常在距航母 7.4～14.8km 处），该雷达装置立即锁定舰载机，随后一直在距离、方位和俯仰面跟踪舰载机，直到舰载机触舰或复飞为止。

（3）自动化程度高，能够自动向舰载机提供其下滑航线和对中信息。

2. 精确进近着舰系统的缺点

（1）抗干扰，特别是电子战能力差，在无线电静默状态下不能工作。

（2）相比于联合精确进近着舰系统，舰载雷达系统体积庞大，装舰要求高。

第六节　电视监视系统

　　电视监视系统集电子图像和声音记录功能于一体，主要作用是在回收作业期间为着舰指挥官提供舰载机下滑道参考信息，并能够昼夜监视舰载机起降作业，为飞行评估、飞行后讲评提供影像资料。图3-15示意了"福莱斯特"号航母电视监视系统的布置。

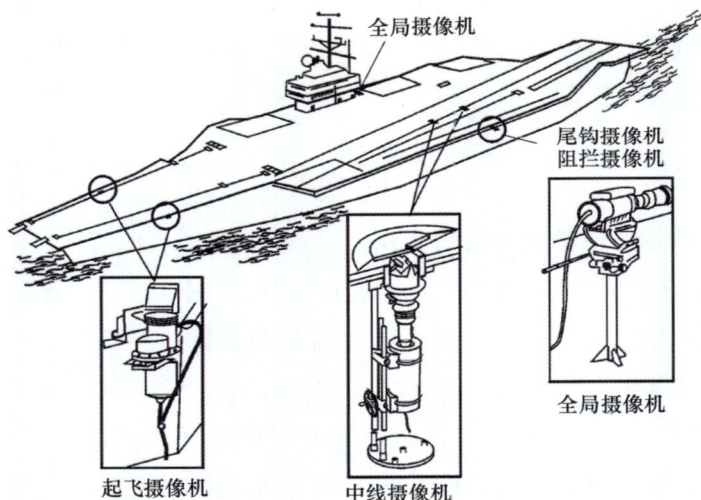

图 3-15　"福莱斯特"号航母电视监视系统安装位置

（一）甲板中线摄像系统

　　该系统由带辅助电源的电视摄像机、操作监视设备、控制同步和分配设备、存储单元等组成，核心部分是高动态范围成像系统和适用于夜间作业的高分辨率电视系统。这些系统综合采用了微光场景探测以及视频采集转换技术。系统设置有两部无人看守的摄像机，位于飞行甲板中心线的安装筒内，间隔约12.2m，每部摄像机安装有摆镜光学组件。这两部摄像机均安装在第4道阻拦索的前方。其中一部摄像机作为主摄像机，供正常作业使用，一旦主摄像机出现模糊不清或不能正常使用时，另一部摄像机可代替主摄像机使用。

（二）中线摄像机的稳定与十字基准线

中线摄像机（图3-16）装有电子十字基准线稳定系统（ECSS），该系统生成电子十字基准线，供确定下滑航线和对中参考。十字基准线的垂线和水平线分别对应斜角甲板中线和舰载机下滑航线。十字基准线的交点稳定在摄像机向舰艉方向，其俯仰角与选定的飞机下滑角一致。十字基准线的颜色是可选的：一般情况下昼间为黑色，夜间为白色，如图3-17所示。

图 3-16　中线摄像机

飞机稍高于下滑道

飞机稍低于下滑道

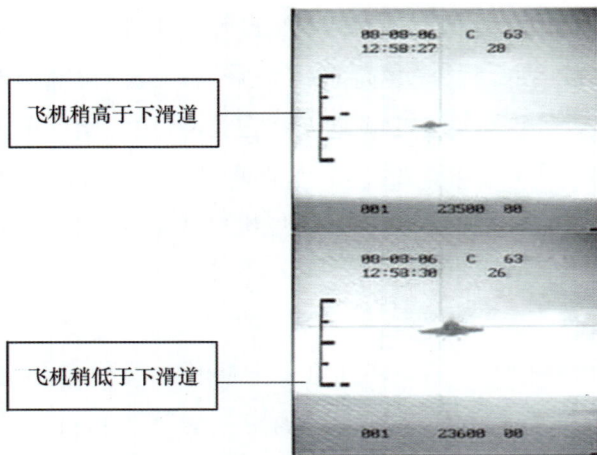

图 3-17　中线摄像机的电子十字基准线

电子十字基准线稳定系统（ECSS）接收来自舰艏、舰艉陀螺，或着舰辅助稳定系统（CLASS）陀螺的稳定信息，利用这些信息进行十字基准线计算。在正常模式下，着舰舰载机和十字基准线一起随着航母的纵摇/横摇而移动。中线摄像机正常工作时，要求航母的纵摇不大于6°、横摇不大于12°。在图像运动补偿（IMC）模式中，着舰舰载机和十字基准线随航母的纵摇/横摇运动基本保持在电视监视器显示器的中心。

（三）全局摄像机

航母舰岛上安装有人工控制的增强型微光电视（LLLTS）摄像机，当舰载机从中线摄像机视野经过后，可对其进行摄像，对舰载机的阻拦情况以及阻拦索归位情况做进一步观察，确定使用了哪一根阻拦索。如果发生灾难、逃逸或复飞，舰岛上的全局摄像机将连续记录这些重要信息，如图3-18所示。

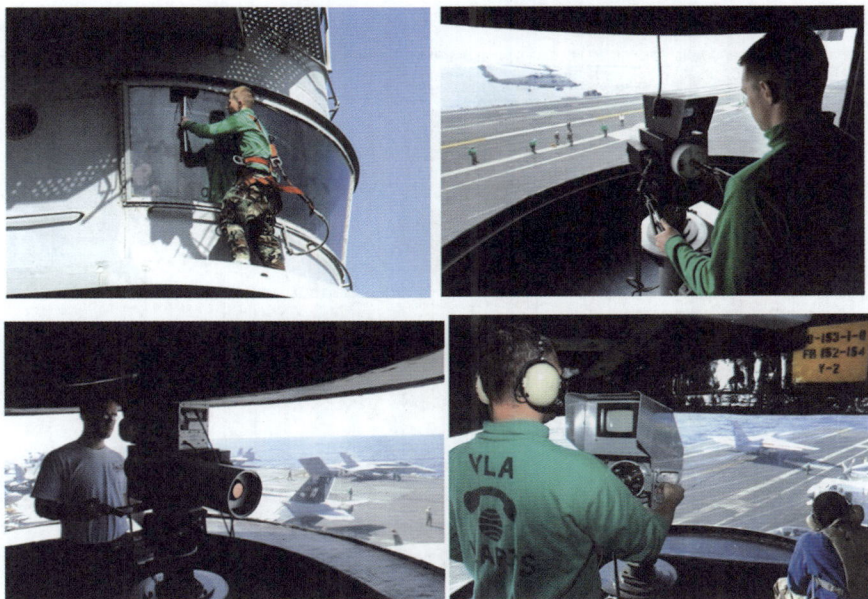

图 3-18　美国"尼米兹"级航母舰岛上的全局摄像机

（四）数据发生器

电视监视系统数据发生器能够增加航母认证信息、数显时间（精确至0.001s）、风速、SPN-42/46雷达测量的舰载机实际空速、关机灯或复飞灯的初始状态、监视器上部空旷背景的甲板状态等信息。中线摄像机或舰岛的全局摄像机也能提供甲板状态的信息。

（五）存储单元

存储单元用于记录摄像机拍摄的视频和音频信号。电视监视系统能向全部飞行预备室、着舰指挥官控制台、主飞行控制室（塔台）、飞行甲板控制室、司令舰桥、舰长舰桥、航空作战室和其他远处站点提供连线和回放观看，如图3-19和图3-20所示。

图 3-19　"小鹰"号航母上的电视监视系统控制台

图 3-20　"林肯"号航母上的电视监视系统控制台

第七节 激光远程对中系统

与透镜光学助降系统比，激光远程对中系统具有透光性强、聚焦性强、引导距离远等优点，它从 20 世纪 90 年代末研制成功到现在，已在美国海军航母上使用 10 多年。它在不依靠无线电或雷达时的可用性达到了 99%，是电磁管制时辅助舰载机着舰的重要装置之一。

简单来说，激光远程对中系统就是用飞行员看到的不同颜色的激光，表示飞行员相对于正确下滑航线的偏移量。激光具备两个特性：空间定向性和颜色纯度。由于衍射非常少，激光束形成的进近航线边缘非常清晰，有利于飞行员辨认。因此，选用激光作为助降设备的光源具有显著优点，使得飞行员可以很容易并迅速地判别是否偏离下滑航线。

（一）激光远程对中系统的发明

1986 年，美国汉堡马丁研究实验室开始研制用于航母的激光助降设备。1993 年美国成立了激光引导有限公司，开始制造激光助降设备，同年在美国海军各陆基训练机场进行了示范论证，航母着舰指挥官认为在航母上应用该系统是重要的安全措施之一。

1994 年，激光远程对中系统安装到"星座"号航母上试用，用于第 2 航母航空联队（CVW2）训练。该设备经过试验后，获得了舰载机飞行员的广泛认同和接受。美国航母上许多飞行员在短期内就建立了对该设备的高度信任。在雷达助降系统出现故障的情

况下，激光远程对中系统成为在较远距离上唯一的着舰引导设备。据舰载机飞行员表示，激光远程对中系统能显著改善飞行员空间感知，减少不确定性。

美国激光引导有限公司开发的激光远程对中系统从1986年开始研制到1994年上舰试用成功，花费约8年时间。该设备还可用于民用机场，具备军民通用性。

（二）激光远程对中系统的发展与性能指标

美国研制的航母激光远程对中系统原计划于1998年第3季度开始小批量生产，但由于其稳定补偿平台技术遇到困难，以及系统遇到的电磁干扰问题，直到1999年才正式获得生产证书，并于1999年第3季度开始小批量生产，随后在美军航母上推广应用。2001年前美国海军订购了10套用于航母的激光助降设备，此外还订购了4套用于海航站训练的岸基型激光助降设备。

1. 美国航母装备激光远程对中系统的情况

在2001年到2003年间，美国各型航母先后列装了激光远程对中系统，如表3-4所列。

表3-4　美国各航母激光远程对中系统安装时间

航母	安装时间	航母	安装时间
小鹰（CV 63）	2001.02	卡尔·文森（CVN 70）	2002.08
斯坦尼斯（CVN 74）	2001.06	企业（CVN 65）	2002.11
尼米兹（CVN 68）	2001.09	罗斯福（CVN 71）	2002.11
华盛顿（CVN 73）	2001.09	里根（CVN 76）	2002.12
林肯（CVN 72）	2001.09	艾森豪威尔（CVN 69）	2003.06
杜鲁门（CVN 75）	2001.09	肯尼迪（CV 67）	2003.10

2．激光远程对中系统的性能指标

激光远程对中系统中的重要组成部分激光中线定位器的性能由激光器、透镜组和稳定补偿系统的性能指标决定，另外还要考虑其他设备的电磁干扰问题。

激光中线定位器的激光器产生 10 道激光，分别为：4 道红，1 道黄，5 道绿。激光经滤光器后形成 7 道指示光路，分别为：3 道红色，1 道琥珀色，3 道绿色，用于指示舰载机相对于飞行甲板中线的位置，如图 3-21 所示。其中，红光束是波长为 633nm 的氦氖激光，琥珀色光束是波长为 594nm 的氦氖激光，绿色光束是波长为 514nm 的氩离子激光。激光中线定位器使用的激光器系统平均亮度为 500cd[①]。

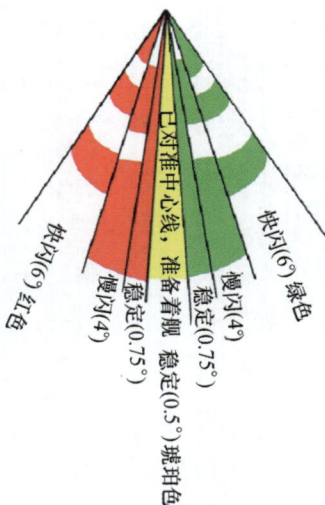

图 3-21　激光中线定位器信号显示与演示图

[①] 坎德拉，发光强度的国际制单位，定义为在标准大气压和铂凝固温度(约 1773℃)下垂直于黑体的 $\frac{1}{60} \times 10^{-4} \, m^2$ 的表面上的发光强度。

每种光束用透镜组扩束，使其在远距离传播时不失真，并用柱面透镜散焦整形，以产生预期的扇形场。此外还用机械斩波器产生时间调制。各光束通道角为：快闪红光 6.0°，慢闪红光 4.0°；稳定红光 0.75°；稳定琥珀光 0.5°；稳定绿光 0.75°；慢闪绿光 4.0° 和快闪绿光 6.0°。

（三）激光远程对中系统的系统组成

激光远程对中系统是位于甲板下方的"光球"，为舰载机进近着舰提供精确的对中信息。开发过程中，曾考虑增设激光下滑航线指示器，但最终并未在服役航母激光远程对中系统配置。

激光中线定位器（图 3-22）安装在航母舰艉部飞行甲板下[①]，包括激光器、防护罩和滤光器，另外还有一个基座安装电源和纵摇/横摇稳定补偿系统。激光器产生的激光通过光缆传输，然后再由透镜组进行扩束，光束覆盖中线两侧各 11°，共 22°，对中精度为 0.25°。

激光中线定位器采用百瓦级的高可见度激光束提供进近引导信息，由安全（对眼睛不会构成伤害）的激光彩色脉冲信号组成，可使舰载机驾驶员得到定量的对中偏差信息，适时调整舰载机进近对中航线。

舰载机进近对准中心线时，飞行员看到的是稳定的琥珀色灯光；稍微偏离中心线时看到的是稳定的绿灯或红灯；偏离稍大时则看到以低频闪动的绿灯或红灯；若偏离更大则会看到高频闪动的绿灯或红灯。

---

① 倪树新. 航母载机着舰引导系统的体制研究. 电光系统，2000.

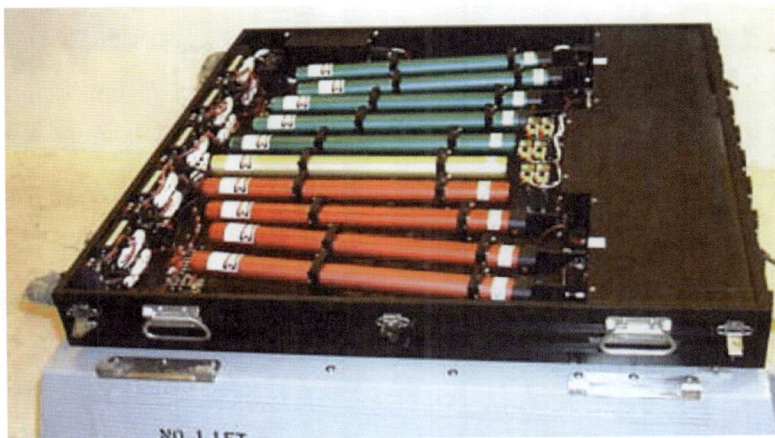

图 3-22　激光中线定位器内部

（四）激光远程对中系统的优势

1. 增加作用距离，提高舰载机着舰安全性和成功率

菲涅尔透镜光学助降系统的作用距离只有 1.3km，改进型菲涅尔透镜光学助降系统有效作用距离约为 2.3km，当得到这些系统的指示时，飞行员调整舰载机的时间较短，尤其在夜晚和能见度差的白天特别容易产生较大的下滑角偏差。

激光远程对中系统可提供远程精确目视进近引导，特别是夜间飞行时，可在距离航母 18.5km（10n mile）处、最远甚至可达 22.2km（12n mile）处开始为舰载机飞行员提供光学对中和下滑信息，使飞行员有充足的时间调整舰载机，大幅度提高了着舰安全性和成功率。该系统使用激光作为光源，激光束衍射非常少，形成的进近航线边缘非常清晰，有利于飞行员辨认，可以迅速判别舰载机是否偏离航道。

2. 有利于提高航母生存能力

从战术角度来说，激光远程对中系统还可提高航母的生存能力。一是舰载机可在18.5km（10n mile）之外就进入下滑航道，可直接进近与着舰，无需在航母上方盘旋等待着舰，避免暴露航母位置；二是该系统不会产生电磁辐射信号，降低被敌人发现的概率；三是当舰载机雷达助降系统出现故障时，可利用激光远程对中系统提供对中信息，实现着舰引导。

第八节　甲板进近与着舰激光系统（"达拉斯"系统）

（一）甲板进近与着舰激光系统的发明

甲板进近与着舰激光系统，简称"达拉斯"系统（Dispositif d'Aide à L'Appontage Laser，DALAS），由法国电气与信号公司（Compagnie des Signaux et d'Entreprises Electriques，CSEE）研制。该系统于1987年设计并制造成功，1988年5月在法国航母"福煦"号上安装并进行海试。在"福煦"号航母使用的基础上，法国电气与信号公司在1996年为法国"戴高乐"号航母提供改进型系统，即"达拉斯MK2"系统。"达拉斯"系统能够对舰载机的飞行姿态进行精确探测，并向飞行员和航母上的着舰指挥官提供精确的数字和图像信息，以对舰载机进近、着舰态势进行系统、实时的评定。"达拉斯"系统实际上是一种为航母着舰指挥官提供的、用于决定舰载机着舰或令其复飞的决策系统。

（二）系统组成与功能

完整的"达拉斯"系统由机载设备和舰载设备组成，如图 3-23 所示。舰载设备主要由甲板上的传感器设备、着舰指挥官控制台以及位于甲板下的处理计算机、伺服控制装置和综合图像发生器构成。机载设备是装在舰载机起落架上的激光反射器[①]。

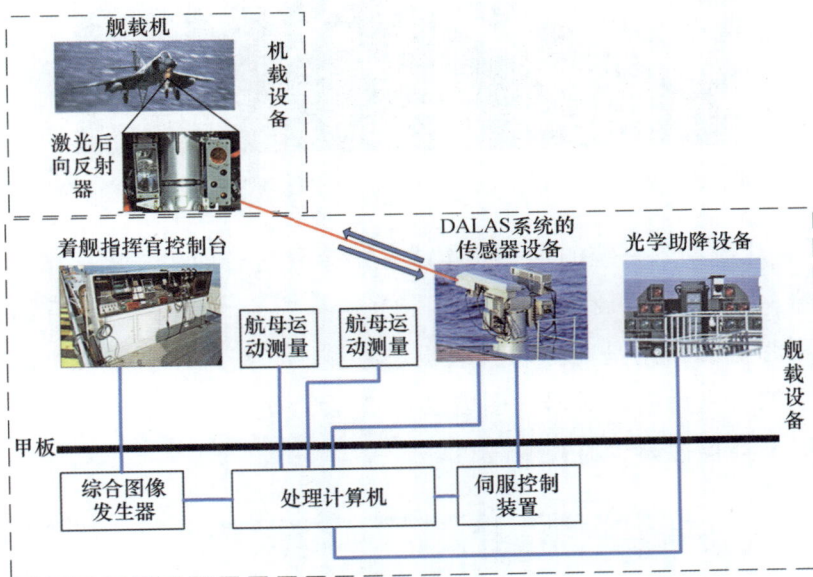

图 3-23　"达拉斯"系统组成

1. 传感器设备

如图 3-24 所示，"达拉斯"系统的传感器设备安装在航母舯部左舷的自稳平台上，位于光学助降镜旁[②]。

[①] http://www.aviation-francaise.com.
[②] Commande d'avions par asservissement visuel: application à l'appontage.

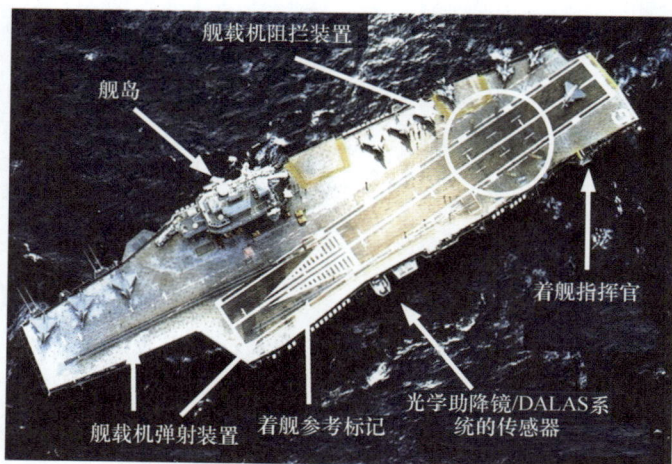

图 3-24 "达拉斯"系统的传感器在法国"戴高乐"号航母上的安装位置

"达拉斯"系统的传感器集成在一个稳定转台上，包括激光跟踪器、红外摄像机和电视摄像机（光电指向），如图 3-25 所示。激光跟踪器的作用是确保对舰载机进行测距和跟踪，与舰载机起落架上的激光后向反射器（图 3-26）配合。电视摄像机和红外摄像机用来昼夜搜索、监视舰载机。

图 3-25 "达拉斯"系统的传感器

图 3-26　舰载机起落架上的激光反射器

2. 着舰指挥官控制台

着舰指挥官控制台如图 3-27 所示,其人员配置如图 3-28 所示。着舰指挥官控制台包括了透镜光学助降系统控制面板、"达拉斯"系统显示屏以及方位和风速等信息显示器。图 3-28 中,对应红色数字"1"位置的是甲板着舰指挥官,对应红色数字"2"位置的是着舰对准官,对应红色数字"3"位置的为着舰观察员,对应红色数字"4"位置的为着舰区甲板观察员。甲板着舰指挥官负责为着舰舰载机飞行员提供指令,控制光学助降设备。着舰对准官负责处理控制台上显示的数据及综合图像信息,对各种功能进行管理。着舰观察员有两个,其中一个负责发信号提示着舰指挥官可以控制着舰,另一个负责用望远镜观察着舰舰载机是否已做好相应准备(如放下起落架等)。着舰区甲板观察员负责发信号提示着舰指挥官着舰区甲板是否已经开放。

图 3-27　着舰指挥官控制台

图 3-28　着舰指挥官控制台及人员配置

3．其他设备

位于甲板下面的"达拉斯"系统设备有处理计算机、伺服控制装置和综合图像发生器，由 1 人操作。图 3-29 为"达拉斯"系统获取的舰载机着舰图像。

图 3-29 "达拉斯"系统获取的舰载机着舰阶段监视图像

（三）系统的工作原理

1．搜索舰载机

搜索舰载机的方式有 3 种：自动方式、半自动方式和人工操作方式。

在舰载机进近期间，操作者可借助于红外、电视摄像机和激光跟踪器搜索舰载机，并给出舰载机的姿态。在应急情况下，还可给出舰载机的高度和方位数据。

在夜间或恶劣的天气条件下，当舰载机在 1.85～3.7km（1～2n mile）远处就能被搜索到。

2. 跟踪舰载机

激光跟踪器测得飞机的空间位置偏差，电视或红外传感器测得的角偏差被输入计算机，计算机可控制上述 3 个传感器一致对准舰载机，使观察窗口内的舰载机处于自动跟踪状态。激光跟踪器可以提供搜索、截获、跟踪，直到舰载机安全着舰。在目标丢失时，操作人员可以人工跟踪控制。

3. 数据处理

"达拉斯"系统可接收舰载机的有关数据，经处理后为飞行员提供进近、着舰必需的数据。系统接收舰载机的数据包括：姿态和方向、飞行航线等参数，经处理后，系统向飞行员提供舰载机的位置和抵达着舰点时的预计态势、理想的下滑航线、舰载机相对于理想下滑航线的瞬时位置和趋向、舰载机进近速度、舰载机相对于飞行甲板的高度、航母甲板运动量、舰载机与预定降落点之间的距离等。

4. 信息显示

在着舰指挥官控制台前工作的甲板着舰指挥官，可以通过"达拉斯"系统平视显示器中的综合图像信息包括综合图像信息、本舰及舰载机有关数据、用于评估舰载机姿态的红外图像、电视图像等，掌握舰载机的姿态和将要着舰的态势，指挥舰载机着舰。

着舰对准官综合处理上述信息，进行安全管控。

5. 主要性能参数

"达拉斯"系统在不良天气条件下对舰载机的搜索范围可达 1.9~9.3km（1~5n mile）。电视摄像机观测视场：高度±20mrad 度，方位±50mrad，扫描范围 75×30mrad，舰载机着舰间隔时间 60s。在航母飞行甲板纵摇±1°（最大 1.5°）、横摇±2°（最大 5°）、升沉 1m 的情况下，激光跟踪器测距方位精度±0.6mrad，俯仰精度

±0.3mrad，测距精度±5m。

第九节 联合精确进近着舰系统（JPALS）

美国国防部于 20 世纪末根据实战需要，基于 GPS 的卫星导航技术提出了支持陆军、海军、空军、海军陆战队多军兵种、民航、多国家之间可互操作的新一代联合精确进近着舰（着陆）系统（JPALS）。

JPALS 系统提升了态势感知能力，采用抗干扰 GPS 技术，可在恶劣气象和地形条件下运行，增强了飞行安全性，支持有人驾驶飞机和无人机进近着舰（陆）。JPALS 系统以 GPS 卫星为研发基础，由中地轨道 GPS、机载系统、地面站（海基/陆基）3 个部分组成，支持数据链通信。JPALS 的目标是替换现有陈旧的舰基、岸基战术系统，将海军（USN）、陆军（USA）、空军（USAF）、海军陆战队（USMC）的飞机着舰/着陆系统最终整合成为一个通用系统，同时还具备与民航系统和国际间的互操作能力[1]。JPALS 系统以增量的方式进行系统研发，目前正在进行 JPALS 增量 1，即海基联合精确进近着舰系统的研发。

（一）联合精确进近着舰系统的研制

海基联合精确进近着舰系统的研制分为三个阶段[2]：

---

[1] M. Deppe, Joint Precision Approach and Landing System: Program Overview for CNS ATM Conference, 2007.

[2] Joint Precision Approach and Landing System (JPALS) Increment 2 Land-Based System - Federal Business Opportunities, http://www.fbo.gov.

1. 概念与技术开发阶段（1998—2008.7）

该阶段，美国海军验证了联合精确进近着舰系统的技术可行性。在 2001 年 7 月，美国海军利用 F/A-18 飞机对联合精确进近着舰系统进行了首次自动着陆试验，试验表明该系统的某些性能方面已经赶上或者超过当时的精确进近着舰系统。

2. 系统开发与演示验证阶段（2008.7—2017.3）

2008 年 7 月，美国海军授予雷声公司合同，用于海基 JPALS 的系统开发和演示验证。该阶段的任务是完成舰载相对 GPS 系统的工程设计和制造研发，将系统技术推进到可生产阶段。

2009 年 12 月，美国海军完成 JPALS 初步设计审查，并转入详细设计工作。

2012 年 2 月，JPALS 工程试验样机安装在一架试验飞机上，在帕特克森特河海航站进行了试验。

2012 年 5 月，弗吉尼亚州诺福克作战试验与鉴定部队司令部进行了 JPALS 与舰上其他系统的综合集成试验，并进行了试飞。

2012 年 10 月，美国海军将该系统安装在"布什"号航母（CVN 77）上，并于 2012 年 12 月进行了系统海上试验。为了进行海上试验，雷声公司提前交付了 8 套舰载系统工程样机和 5 套机载系统工程样机。

2013 年 11 月，美国海军在"罗斯福"号航母（CVN 71）上进行了 JPALS 的系统功能演示验证。试验采用 2 架 F/A-18C 进行了约 30h 的飞行测试，共完成了 60 次自动着舰。

2014 年 1 月，美国海军宣布完成海基 JPALS 系统的工程技术研发。

从 2014 年 3 月开始，海基 JPALS 的后续研发主要集中于在 F-35C 上的集成以及改进对无人机的支持。

后续还将评估系统成熟度并重启初始设计审查和关键设计审查。

3．系统生产（2017.4—2019）

海基 JPALS 系统将于 2017 年 4 月完成技术开发，并于 2019 年形成初始作战能力。

（二）联合精确进近着舰系统的发展与性能指标

1．联合精确进近着舰系统的发展

美国原计划在"福特"级航母上使用 JPALS 系统，而不再装载 AN/SPN-46 雷达系统。但后来调整了计划，"福特"号（CVN 78）及"肯尼迪"号（CVN 79）航母在安装 JPALS 之外还将同时安装 AN/SPN-46 雷达系统。从 JPALS 系统的研制历程也可以看出，至 2015 年 JPALS 技术还不够成熟，特别是在 F-35C 和无人机上的集成仍处于起步阶段。因此，"福特"级前两艘舰（CVN78 和 CVN 79）上虽然将安装 JPALS 系统，但仍将先装载以 AN/SPN-46(V)3 为核心的 PALS 系统作为备用系统。

2．联合精确进近着舰系统的性能指标

联合精确进近着舰系统的性能指标如表 3-5 所列。

表 3-5　联合精确进近着舰系统的性能指标

性能指标	联合精确进近着舰系统
精度	0.4 m
完好性风险	10^{-6}/进近
VAL	1.1 m
TTA	2s
连续性风险	10^{-6}/15 s

性能指标	联合精确进近着舰系统
可用性	99.7 %
基本算法	宽巷浮点解，宽巷整数解，L1/L2 整数解，地面和机载设备都为双频
导航能力	支持零距离的最小决定高度，可进行零可视距离的自动着陆
军民互操作性	只支持配备舰载联合精确进近着舰系统机载设备的舰载机进行着舰
抗攻击和抗欺骗能力	系统在有电磁干扰环境下的可用性大于 95%；采用了适当的信息确认技术以减小欺骗的可能性
适用性	充分考虑了航母平台的运动特性（晃动、摇摆等）和来自海平面的多路径效应

（三）联合精确进近着舰系统的组成

联合精确进近着舰系统分为地面/舰载设备、机载设备和数据传输设备，如图 3-30 所示。地面/舰载设备接收 GPS 卫星定位系统的信息，并将自己的位置及状态信息通过数据传输设备传给飞机上的机载设备。机载设备也能够通过 GPS 系统获得自己的位置信息，并与地面/舰载设备传来的信息进行比较，得到自己与航母或陆上基地的相对位置；同时，机载设备也会将自己的位置以及状态信息通过数据传输设备传回舰载设备。地面设备使用单向甚高频信号（VHF）传输数据，而舰载设备使用双向特高频信号（UHF）传输数据。在地面设备中，民用机场使用的是 C/A 码 GPS 导航数据，执行战略或者特别任务时使用 Y/M 码[①]GPS 导航数据；而舰载设备

---

① Y 码是 P 码的加密码；M 码的信号采用 BOC 调制，其频谱和 C/A 码、P 码是分开的，可以通过提高其功率来达到抗干扰的目的，同时也不会对民用 C/A 码产生干扰。

使用 Y/M 码 GPS 导航数据①。

图 3-30　联合精确进近着舰系统的组成

（四）联合精确进近着舰系统的关键技术

1．GPS 舰机同步技术

舰机同步技术主要通过在舰载机系统中增加相对差分 GPS 技术来校正舰机相对运动带来的系统误差，确保着舰的稳定性和精确性。由于联合精确进近着舰系统工作环境特殊，为了保证系统正常工作、信息传输可靠，必须克服衰减、多径效应等异常对系统造成的严重干扰。

GPS系统由导航星座、地面台站和GPS接收机3部分组成。导航星座由21颗工作星和3颗备用星组成，分布在6条轨道上，如图

---

① G. Colby, K. Wallace, H. McGrath, Secure，Robust CNS Technologies for Naval Aviation via the Joint Precision Approach and Landing System.

3-31所示。工作星的轨道呈圆形，偏心率为0.01，轨道高度20200km，倾角55°，运行周期为12h；每颗星以1575.42Hz和1227.60Hz两种频率为军事用户播发加密的高精度导航数据（P码），定位精度可达10m，测速精度0.1m/s，授时精度为10ns，同时以1575.42Hz的频率为民用用户播发精度较低的导航数据(C/A码)，定位精度100m。

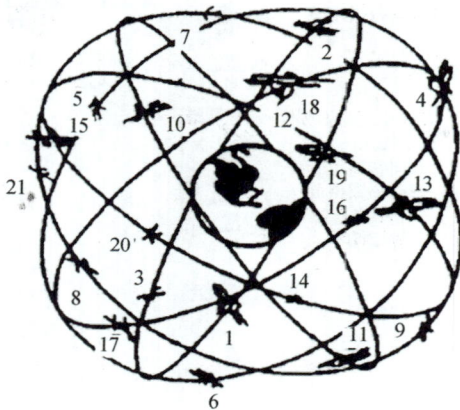

图 3-31　GPS 工作星星座

2．高速数据传输技术

　　由于联合精确进近着舰系统要时刻保证飞机和航母之间的信息交互，尤其在飞机进近的最后500m距离内，飞机需要向航母下传大量数据，因此，舰机之间必须具有高速传输数据链，保证对飞机实施必要的控制。该链路能够支持36km外的10架飞机和18km内的6架飞机进近。

　　数据链采用无线网络通信技术和应用协议，实现机载、陆基和舰载战术数据系统之间的数据信息交换，从而最大限度地发挥战术系统的效能。数据链可以形成点对点数据链路和网状数据链路，使作战区域内各种指挥控制系统和作战平台的计算机系统组成战术数据传输／交换和信息处理网络，为作战指挥人员和战斗人员提供有关的数据和完整的战场战术态势图。

3. SINS 捷联式惯性导航技术

JPALS 系统采用了先进的捷联式惯性导航技术，将陀螺仪和加速度计直接安装在飞机上，利用计算机软件建立数学平台以替代机电平台实体。在飞机运动过程中，陀螺仪测定飞机相对于惯性参考系的运动角速度，并由此计算飞机坐标系至导航坐标系的坐标变换矩阵，通过这个矩阵就可以将加速度信息变换至导航坐标系进行导航计算。捷联式惯性导航技术与 GPS 卫星定位系统结合，可以为飞机进近着舰提供准确的位置信息。

与传统机电平台系统比较，捷联惯导系统具有如下特点：

（1）捷联惯导系统没有平台框架及相连的伺服装置，简化了硬件，依靠强大的计算机系统和实时程序完成相应的功能。

（2）捷联惯导系统机械构件少，容易采用多敏感元件配置，可靠性比传统机电平台系统高。

（3）捷联惯导系统机械结构简单，算法复杂，制造成本低，可靠性高，加之模块设计简化了维修，因此捷联惯导系统的可维护性比传统机电平台系统大为提高。

（4）捷联惯导系统算法误差比平台系统大一些，且存在不可忽视的动态误差。捷联惯导系统的对敏感元件稳定性要求高，可在恶劣的动态环境下正常工作。

（5）捷联惯导系统可以采用共同的惯性元件执行多项任务，在姿态和加速度信息的精度和完整性上比传统机电平台系统优越。

第十节 航母甲板灯光系统

飞行甲板灯光系统是航母飞行作业安全的重要保障。甲板灯光系统由主飞行控制室或飞行甲板灯光管制站控制，灯光照度可以从全照度调到无光。美国航母甲板灯光系统主要包括甲板边线灯、甲板艏部正横灯、跑道中线灯、跑道边线灯、端线灯、艉垂灯和旋转信标信号系统等，如图 3-32 和图 3-33 所示。

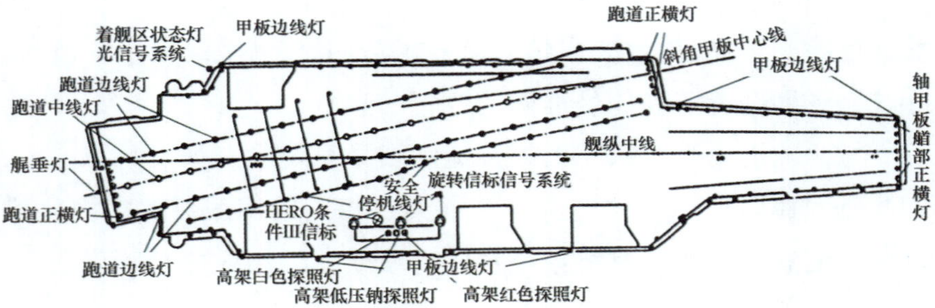

图 3-32 美国"尼米兹"级航母的甲板灯光系统

图 3-33 航母甲板灯光系统

118 | 国外航母航空保障系统

（一）甲板边线灯

甲板边线灯的作用是明晰飞行甲板的边缘。它沿飞行甲板四周边线安装，灯距为 12.2m，为蓝色低照度灯。

（二）甲板艉部正横灯

甲板艉部正横灯安装在飞行甲板艉部，垂直于飞行甲板中线。共 7 盏灯，灯光为白色的单向光。

（三）跑道中线灯

跑道中线灯的作用是为进近着舰的飞行员提供对准信息，安装在斜角甲板着舰跑道中线上，灯距约为 13.7m。在任何一道阻拦索后 3.0m 范围内不能设置中线灯，以防尾钩反弹钩不上阻拦索。灯光为白色、单向。

（四）跑道边线灯

跑道边线灯（图 3-34）的作用是确定跑道左右界线，分为两条，与跑道中线平行并等距，离跑道中线距离各为 10.7m。每个

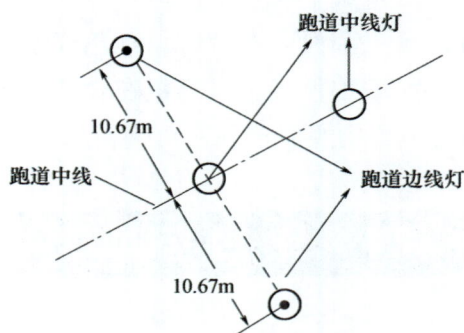

图 3-34　跑道边线灯的布置示意图

跑道中线灯两侧都各布置有一盏边线灯，连接这三盏灯的直线与跑道中线垂直。灯光为白色、单向。

（五）端线灯

端线灯的作用是确定跑道前后界限，分为两条，安装在跑道两端与跑道中线垂直。灯光为白色、单向。

（六）舰垂灯

舰垂灯由一组红灯组成，竖直安装在舰坡道下，与斜角甲板中线垂直。这些灯的作用是增加发现距离和改进对中标志的敏感度。当红色舰垂灯与白色跑道中线灯成一直线时，表面舰载机已对准。如果驾驶员没有对准跑道中线，那么跑道中线和舰垂灯之间就会出现弯曲，并且弯曲的方向指向舰载机偏离跑道中线一侧的方向。

（七）旋转信标信号系统

旋转信标信号系统的作用是为飞行甲板上进行飞行作业的人员指示飞行甲板各段(前，中，后)的准备状态。该系统由三套装置组成，每套装置由一部红色、一部绿色和一部琥珀色旋转信标组成。安放在舰岛上时，第一套装置面向前方弹射区，第二套面向舯部的弹射装置，第三套面向着舰区。红色表示甲板被占用，绿色表示甲板干净，而琥珀色表示直升机在作业。该系统由主飞行控制室控制，每套装置的照度都独立可调，从全照度可调到无光。

第十一节　手操助降灯

手操助降灯（MOVLAS）是一种备用目视助降系统，当设在航母左舷边的透镜光学助降系统出现故障、战损、或航母姿态角超过稳定极限时，就用该系统代替透镜光学助降系统进行应急着舰。手操助降灯与透镜光学助降系统不同，它不能直接向飞行员提供下滑道指示信息，而是靠着舰指挥官判断舰载机的下滑航线，然后手动调节灯光状态，向飞行员传递舰载机偏离下滑道的情况。该系统在舰上有3种安装模式，如图3-35和图3-36所示。

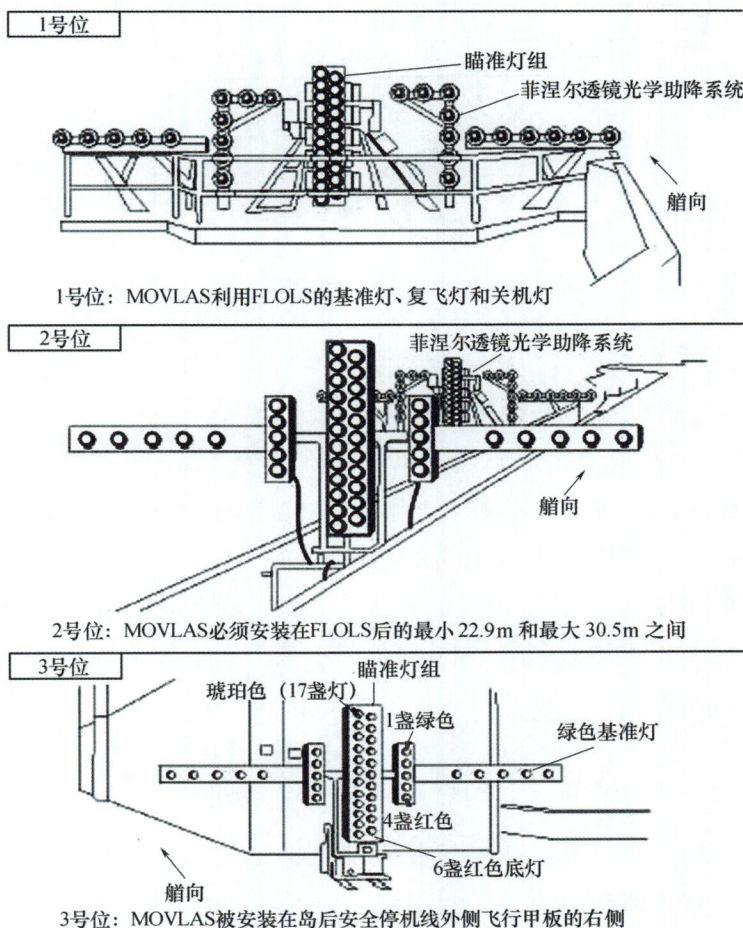

1号位：MOVLAS利用FLOLS的基准灯、复飞灯和关机灯

2号位：MOVLAS必须安装在FLOLS后的最小22.9m和最大30.5m之间

3号位：MOVLAS被安装在岛后安全停机线外侧飞行甲板的右侧

图3-35 Mk1 Mod2型手操助降灯的总布置（舰载型）

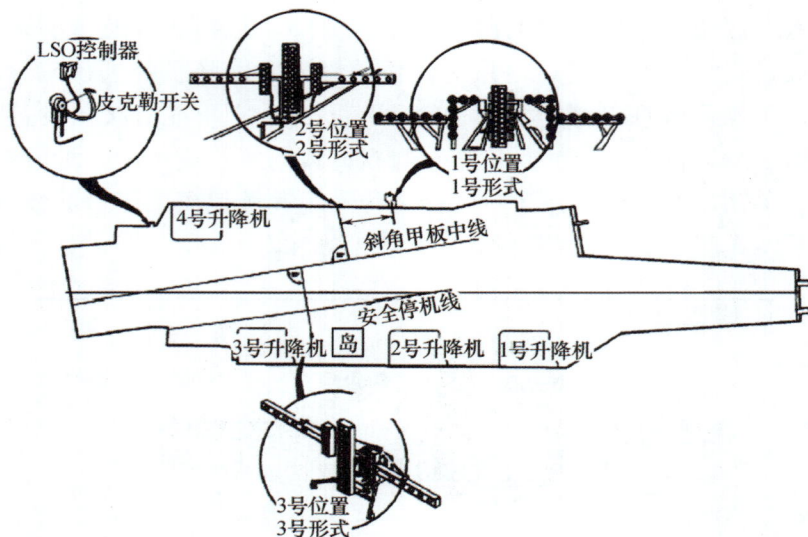

图 3-36　Mk1 Mod2 型手操助降灯的舰上安装（舰载型）

1号位：直接安装在透镜光学助降系统前面，并利用该系统的复飞灯、基准灯和关机灯显示。

2号位：完全独立于透镜光学助降系统安装。美军考虑电缆的电阻因素，一定要安装在左舷侧透镜光学助降系统组件后22.9～30.5m之间的位置上，如图3-37所示。

3号位：安装在飞行甲板右侧，位置大约在舰岛后和安全停机线外侧，如图3-38所示。图3-39为"小鹰"号航母航员安装手操助降灯的情景。

（一）手操助降灯的结构

图3-40为Mk2 Mod2型手操助降灯的结构示意图。

1．瞄准灯箱

光源灯箱包含23盏单灯，这些灯提供指示光球显示。灯箱底

图 3-37　"杜鲁门"号航母（CVN 75）在 2 号位安装测试手操助降灯

图 3-38　"企业"号航母（CVN 65）在 3 号位安装测试手操助降灯

图 3-39　"小鹰"号航母（CV 63）在安装手操助降灯

部的6盏灯是红色灯，灯箱上部17盏灯为琥珀色灯。在该灯箱前面有可以开闭的门，门上有开孔，当门关闭时，光强降低到开时的3.5%。这些孔增加了对光强的控制范围，保证能够根据昼间或夜间的使用要求，将光球调整到符合需要的强度。

2. 辅助灯箱

辅助灯箱装置安装在灯箱的两侧（2号和3号位），每侧有5盏基准灯：4盏复飞灯和1盏关机灯。用一个开孔门增加对复飞灯和关机灯光强的控制范围。

基准灯和瞄准灯光强采用单独控制，而关机灯和复飞灯光强采用联合控制，下达复飞命令后，复飞灯被打开，以90次/min频率闪烁。

3. 手操控制器

手操控制器位于着舰指挥官工作台。着舰指挥官可利用手柄选择指示光球的位置。当手操控制器上的手柄向上或向下运动时，就点亮了相邻的3盏灯，这样就提供了指示光球。

项目	名称
1	灯箱监视器
2	手操控制器
3	手操控制器支座
4	左辅助灯箱
5	瞄准灯箱
6	基准控制箱
7	变压器
8	右辅助灯箱
9	电源箱
10	基座组件
11	安装座
12	支撑杆

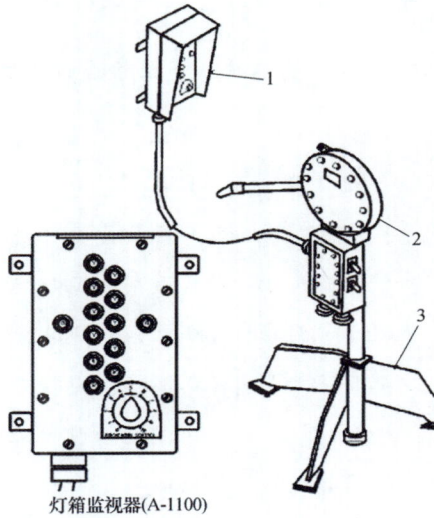

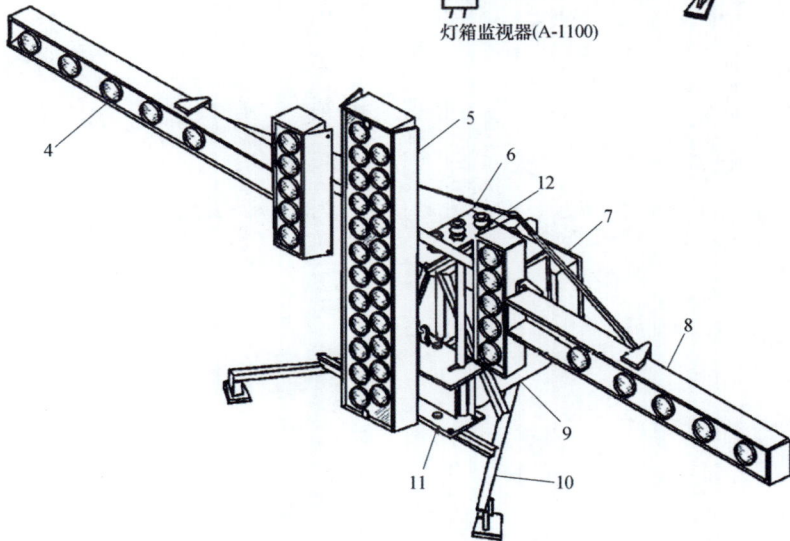

灯箱监视器(A-1100)

图 3-40　Mk2 Mod2 型手操助降灯的结构示意图（陆基型）

（二）手操助降灯性能指标

手操助降灯主要组成部分的尺寸和重量如表3-6所列。

表 3-6　手操助降灯主要组成部分的尺寸和质量

	高/m	宽/m	深/m	质量/kg	位置
瞄准灯箱	1.54	0.30	0.14	20.9	安装位置
手操控制器	1.55	0.16	0.43	11.3	LSO控制台
*电源箱	0.58	0.41	0.20	43.5	安装位置
左/右辅助灯箱	0.65	1.68	0.12	7.9	LSO平台
*基准控制箱	0.58	0.41	0.20	34	LSO平台
变压器	0.58	0.41	0.20	47.6	LSO平台
双联器箱	0.58	0.41	0.20	19.1	LSO平台
灯箱监视器	0.28	0.18	0.19	9.1	LSO平台
接线盒	0.41	0.30	0.18	18.1	主飞行控制室

注：电源箱所需的电力为115V、60Hz（1型）、单相、20A。

　　基准控制箱所需电力为115V、60Hz（1型）、单相、25A（最高值）

第四章　阻拦回收系统

在着舰引导系统的引导下，舰载机沿着着舰下滑线触舰时与航母的相对速度可超过 200km/h。舰载机以这样的高速在陆地机场降落，依靠自身制动装置减速停稳，需要滑行近千米。当今世界上最大的"尼米兹"级航母，飞行甲板全长也只有 333m[①]，显然无法满足这一要求。为了实现舰载机在航母上的降落，必须借助航母平台上的辅助"刹车"系统——阻拦回收系统。

阻拦回收系统的作用是在有限距离内将着舰舰载机的动能吸收掉，使舰载机迅即减速，安全拦停在航母飞行甲板上。从舰载机尾钩钩住阻拦索到舰载机停稳，整个过程只有短短 2～3s，如图 4-1～图 4-3 所示。

图 4-1　舰载机放下尾钩准备着舰

[①] 引自刘相春《国外航母与舰载机速查手册》，海潮出版社。

图 4-2　舰载机放下尾钩，准备钩挂阻拦索

图 4-3　舰载机通过阻拦回收系统减速后停在航母飞行甲板上

当遇到舰载机发动机损坏、尾钩无法放下、舰载机剩余燃油不足、飞行员受伤等紧急情况时，舰载机没有复飞、逃逸的机会，必须一次着舰成功，只能使用阻拦网进行应急回收。

第一节　阻拦回收系统的发展

（一）重力型阻拦装置

舰载型阻拦回收系统的出现可以追溯到人类首次驾机上舰。1911 年 1 月 18 日，当尤金·伊利首次驾机成功降落在美国"宾夕法尼亚"号巡洋舰上的时候，在舰艉部每隔 0.9m 就横向布置一条绳索，两端各系有重 22.7kg 的沙袋，每根绳索由几个支撑装置支撑离开甲板约 0.3m，共布置了 22 条绳索，这可以算作最早的重力型阻拦装置。当时在伊利驾驶的飞机上装有 3 对特制的尾钩，用于着舰时钩索。

美国"兰利"号（CV 1）是世界上第一艘安装重力型阻拦装置（Mk1 型）的航母。该航母在两舷各竖立一个支撑装置，阻拦索通过导向滑轮组连接到支撑装置的动滑轮组上，舰载机钩索后将阻拦索拖出，从而带动连接在阻拦索两端的重物沿支撑装置上升，将舰载机动能转化为重物势能。重物大小根据舰载机的重量和着舰速度确定，在每次舰载机阻拦降落前调整。

（二）液压型阻拦装置

阻拦装置从刚发明时的重力型开始，曾短暂出现过弹簧型和摩擦刹车型，很快出现了液压型，不断改进并一直发展至今。

1927 年，美国引进英国技术，开发出 Mk2 液压制动型阻拦装置。此后，液压阻拦装置一代代改进，性能不断提升，能够吸收

的能量越来越高，允许舰载机的着舰重量越来越大、着舰速度越来越快，对着舰过载的控制越来越平缓。

第二次世界大战后，喷气式舰载机的出现对阻拦装置提出了巨大挑战，Mk7 型液压缓冲式阻拦装置应运而生。Mk7 型阻拦装置的重要改进是增加了凸轮阀，加装了滑轮缓冲装置和钢索末端缓冲装置，能够适应不同类型、不同重量、不同速度舰载机的着舰阻拦需求，有效降低阻拦过程中的峰值张力[①]和过载。Mk7 型阻拦装置从最初的 Mk7 Mod1 型发展到 Mk7 Mod4 型，总共发展了 4 型。

（三）涡轮电力型阻拦装置

随着舰载机的更新换代，以及航母搭载无人机等轻型舰载机的需求日趋显现，美国发展了阻拦能力更强的涡轮电力阻拦装置。涡轮电力阻拦装置具有阻拦重量范围更宽、阻拦控制更精确、可靠性更高、维修更便捷等优势，将率先装备"福特"号航母。

（四）电磁型阻拦装置

美国曾试图研制一种电磁型阻拦装置，这种电磁型阻拦装置完全靠感应电机来吸收舰载机的着舰动能，而不用水力和摩擦制动等机械装置，因此能更加精确地控制阻拦过程。不过在技术评估中美军认为直接开发电磁型阻拦装置的技术风险较高，于是选择了技术更加成熟的涡轮电力阻拦装置作为新型阻拦装置的最终方案。

---

① 在整个阻拦过程中，阻拦索所受的张力并不是恒定不变的，其最大值即为峰值张力。

第二节　液压型阻拦装置

（一）发展过程

1924 年，英国人诺登和巴思设计出了液压制动型阻拦装置。1927 年，美国引进这一技术成果，发展成为 Mk2 液压制动型阻拦装置，也称"诺登装置"。该型阻拦装置主要由卷筒、制动系统、复位马达和弹簧缆索张紧器等组成。除张紧器外，Mk2 型阻拦装置在甲板上面的部分已与今天的液压型阻拦装置十分类似。

Mk2 型阻拦装置曾被安装到"列克星敦"号航母(CV 2)上。为避免舰载机着舰过程中产生较大横向偏移，在阻拦区遍布着由横向阻拦索支撑着的纵向索。随后的一些试验表明，纵向索实际上起不到作用，于是以后的航母都不再设置纵向索。早期的航母曾设有多道横向阻拦索，如图 4-4 所示。

图 4-4　早期的航母有多道甲板阻拦索

1930 年，美国海军在诺福克海军船厂设计并制造了一台试验用液压型阻拦装置，并进行了试验。与 Mk2 型阻拦装置一样，该装置由 2 套独立的液压制动机构组成，阻拦索两端各连接 1 套液压制动机构。试验中，2 套液压制动机构出现不能等量拉出钢索，甚至出现一端钢索已拉出，而另一端还没有动作的现象。虽然试验用阻拦装置后来未装舰使用，但是达到了研发液压型阻拦装置的目的。

美军在此基础上进行了改进开发。一是用柱塞代替了活塞，液体由液压缸内排出而不是吸入。二是将阻拦索的两端连接到一个液压缸上。这些改进综合后，就研制出了 Mk3 型阻拦装置，它基本上就是现代液压型阻拦装置的雏形。Mk3 型阻拦装置允许钢索等长拉出，而且还允许在蓄能器中设定压力，以实现阻拦索张紧和快速收回。与 Mk2 型装置相比，Mk3 型阻拦装置取消了复位马达。

Mk3 型阻拦装置能阻拦 3630kg、以 96.3km/h（52kn）的速度着舰的舰载机。

1934 年，首台 Mk3 型阻拦装置安装到正在建造的"突击者"号航母（CV 4）上。后来，该型装置又改装到"列克星敦"号（CV 2）和"萨拉托加"号（CV 3）上。

随后出现的 Mk4 型阻拦装置具有更大的能力，除将一个轴上串列 10 个滑轮改成双轴各串 5 个滑轮外，总体来说与 Mk3 型阻拦装置的结构类似。相比 Mk3 型阻拦装置，Mk4 型阻拦装置的主液压缸油压从 37.9MPa 增加到 68.9MPa。改进后的 Mk4 型阻拦装置能够阻拦 4990kg、速度 113km/h（61kn）的舰载机。

Mk4 型阻拦装置在第二次世界大战中大量使用，几乎用在美国当时所有的航母上。首先在"列克星敦"号、"萨拉托加"号、"突击者"号、"约克城"号、"企业"号、"黄蜂"号和"大黄蜂"号等航母上安装，而后又安装在早期的护航航母"博古埃"和"桑加门"级航母上。"独立"级轻型航母、用于训练的"貂熊"号和"黑貂"号训练舰、"埃塞克斯"级的前 10 艘航母、"卡萨布兰卡"级和"科芒什门特湾"级护航航母等也安装了该型阻拦装置。

经过第二次世界大战初期大量的作战实践，美军发现 Mk4 型阻拦装置的能力仍有明显不足，每天的正常着舰作业都要求该装置以最大额定能力工作。美海军在第二次世界大战后期建造的"埃塞克斯"级航母需要搭载当时最现代化的舰载机，因而需要比 Mk4 型阻拦能力更强的装置，这促使了 Mk5 型阻拦装置的出现。Mk5 型阻拦装置的能力是 Mk4 型能力的 3 倍，可阻拦 13600kg、以 144km/h（78kn）速度着舰的舰载机。

首套 Mk5 型阻拦装置于 1944 年 10 月安装到"本宁顿"号航母（CV 20）上。到第二次世界大战结束时，美军已有 7 艘"埃塞克斯"级航母安装了 Mk5 型阻拦装置。第二次世界大战后其余的"埃塞克斯"级航母也都相继装上了该型装置。

Mk6 型阻拦装置是美军打算为超级航母"美国"号航母（CVA 58）专门研制的一型阻拦装置，其设计能力甚至超过了现用的 Mk7 型，设计能够阻拦 45400kg、速度 167km/h（90kn），或 31800kg、速度 194km/h（105kn）的舰载机。随着"美国"号航母于 1949 年龙骨铺设仅 5 天后就被取消建造，Mk6 型阻拦装置也同时夭折，但型号名仍得以保留。

表 4-1 列出了历史上出现的部分阻拦装置的阻拦能力。

表 4-1　历史上多型阻拦装置的阻拦能力

阻拦装置型号	阻拦能力
Mk3	能阻拦 3630kg、以 96.3km/h（52kn）速度着舰的舰载机
Mk4	能阻拦 4990kg、以 113km/h（61kn）速度着舰的舰载机

（续）

阻拦装置型号	阻拦能力
Mk5	能阻拦 13600kg、以 144km/h（78kn）速度着舰的舰载机
Mk6	设计能阻拦 45400kg、以 167km/h（90kn）速度，或 31800kg、以 194km/h（105kn）速度着舰的舰载机

第二次世界大战后喷气式舰载机出现，逐渐替代螺旋桨舰载机。喷气式舰载机的着舰重量和速度相比螺旋桨舰载机有了显著提高，因此对阻拦装置的能力提出了更高要求。

美国现役的"尼米兹"级航母全部采用 Mk7 型液压缓冲式阻拦装置。从 20 世纪 50 年代以来，该型装置一直是美军航母上的标准阻拦装置，已经发展了 4 型（Mk7 Mod1～Mk7 Mod4），总的趋势是装置能够吸收的能量越来越高，允许的舰载机着舰重量越来越大、着舰速度越来越快，过载越来越平缓。图 4-5 为 Mk7 型阻拦装置阻拦舰载机的情景。

图 4-5　舰载机着舰时钩索的瞬间

美国现役航母上安装的阻拦装置如表 4-2 所列，Mk7 型阻拦装置性能参数比较如表 4-3 所列。

表 4-2　美国现役航母上安装的阻拦装置（2014 年）

航母	Mk 7 型阻拦装置				
	第 1 道阻拦索	第 2 道阻拦索	第 3 道阻拦索	第 4 道阻拦索	阻拦网
尼米兹（CVN 68）	Mod 3+	Mod 3+	Mod 3+	Mod 3+	Mod 3+
艾森豪威尔（CVN 69）	Mod 3+	Mod 3+	Mod 3+	Mod 3+	Mod 3+
卡尔·文森（CVN 70）	Mod 3	Mod 3	Mod 3	Mod 3	Mod 3
罗斯福（CVN 71）	Mod 3	Mod 3	Mod 3	Mod 3	Mod 3
林肯（CVN 72）	Mod 3	Mod 3	Mod 3	Mod 3	Mod 3
华盛顿（CVN 73）	Mod 3	Mod 3	Mod 3	Mod 3	Mod 3
斯坦尼斯（CVN 74）	Mod 3+	Mod 3+	Mod 3+	Mod 3+	Mod 3+
杜鲁门（CVN 75）	Mod 3	Mod 3	Mod 3	Mod 3	Mod 3
里根（CVN 76）	Mod 4	Mod 4	Mod 4	——	Mod 4
布什（CVN 77）	Mod 4	Mod 4	Mod 4	——	Mod 4

注：CVN 76，CVN 77 的 3 道索位置相比于之前航母 4 道索的前 3 道索位置有所调整

表 4-3　Mk7 型阻拦装置性能参数比较[①]

阻拦装置	Mod1	Mod2	Mod3	Mod4
最大吸收能量/MJ	39.7	52.0	64.4	64.4
最大吸收能量/（t·m）	4050	5300	6570	6570

---

① 海军训练系统计划 N88-NTSP-A-50-8509D/A。

（续）

阻拦装置	Mod1	Mod2	Mod3	Mod4
冲跑长度/m	69.5	94.5	103.6	103.6
穿绕比	18：1			
滑轮缓冲装置冲程/m	-	2.00	3.05	4.57
阻拦机				
长度/m	12.49	15.24	15.24	15.24
重量/t		37	43	43
阻拦机的油液	1，2-亚乙基二醇			
阻拦机的油液容量（不含冷却器）/L	946	1211.3	1438.5	1438.5
阻拦机的油液容量（含冷却器）/L	1628	1892.7	2119.8	2119.8
柱塞直径/mm	508	469.8	508	508
柱塞有效面积/cm^2	2026.8	1734.2	2026.8	2026.8
最大冲程长度/m	3.4	4.72	4.88	4.88
工作冲程长度/m	3.0	4.34	4.65	4.65
蓄能器工作介质	1，2-亚乙基二醇—空气			
冷却剂类型	海水			

1. 提升阻拦能力

Mk7 Mod1 型可阻拦 22700kg、着舰速度为 194km/h（105kn）的舰载机。该型装置在加装了滑轮缓冲装置后，着舰速度达 204km/h（110kn），阻拦距离为 69.5m。

Mk7 Mod2 型可阻拦 22700kg、着舰速度为 222km/h（120kn）

的舰载机，阻拦距离为 94.5m。该型装置安装在"福莱斯特"号（CV 59）到"美洲"号（CV 66）这些航母上。

Mk7 Mod3 型可阻拦 22700kg、着舰速度为 241km/h（130n）的舰载机，阻拦距离为 103.6m。该型装置安装在"中途岛"号（CV 41）、"肯尼迪"号（CV 67）及后续建造的航母上。

Mk7 Mod3+型在 Mk7 Mod3 型的基础上改进而成，主要改进包括：一是阻拦机的滑轮组使用滚珠推力轴承，并采用自动润滑系统和新型润滑油，能减少用于轴承组的润滑油量；二是使用高强度的阻拦索和滑轮组索替换原有阻拦索和滑轮组索，延长了使用寿命。

与 Mk7 Mod3+型相比，Mk7 Mod4 型阻拦装置主要增加了滑轮缓冲装置的冲程，进一步降低了舰载机阻拦着舰过程中阻拦索的振动和峰值张力。

2. 增强控制水平

2007 年，美国在"里根"号航母上安装了"先进回收控制系统"（ARC），该系统在 Mk7 Mod4 型阻拦装置的基础上加入了计算机控制。这是美国在航母上配备的第一套具有数字控制功能的舰载机阻拦回收系统。

该系统具备计算机反馈、增强图显、可编程阻拦控制功能，延长了阻拦装置的使用寿命，使得装置能够回收更重的舰载机，同时降低回收时对航母甲板风的要求。该系统大幅度降低了装置故障率，使回收过程更加安全可靠。另外，该系统还使阻拦装置具备了自我诊断能力，能检查系统状态，及时发现故障。

3. 改进峰值过载

过载用于表示人或物体所承受的加速度，其大小通常以重力加速度的倍数表示。受人体生理和舰载机结构限制，飞行员和舰载机所能承受的过载不能太大，否则会对人和舰载机造成损害。

Mk7 型阻拦装置通过加装并不断改进滑轮缓冲装置和钢索末端缓冲装置，增强系统的控制水平，来减小阻拦过程中峰值过载带来的影响。

为了评估 Mk7 型各型装置在阻拦时对舰载机施加的过载，这里选取 T-45、F/A-18A/B/C/D、EA-6B 和 F-14D 这 4 种曾经或正在美军航母上服役的舰载机，作为不同质量舰载机的代表，其典型质量分别对应 4.5t（10000lb）、13.6t（30000lb）、18.1t（40000lb）和 22.7t（50000lb）的舰载机。由于美军航母上没有搭载 9.1t（20000lb）的舰载机，因此这一档空缺。通过美军标 MIL-HDBK-2066(AS)《用于舰载机结构设计的弹射装置与阻拦装置作用力函数》中阻拦装置对舰载机阻拦力的计算公式，分别计算了不同质量舰载机通过 Mk7 Mod1、Mk7 Mod2 和 Mk7 Mod3 型阻拦装置阻拦着舰过程中所受到的峰值过载，如表 4-4 所列和图 4-6 所示。

表 4-4　Mk7 各型阻拦装置阻拦不同质量舰载机的
峰值过载(单位：重力加速度 g)

	Mk7 Mod1	Mk7 Mod2	Mk7 Mod3
4.5t/10000lb	7.28	5.41	4.30
13.6t/30000lb	5.05	3.50	3.23
18.1t/40000lb	4.92	3.59	3.20
22.7t/50000lb	4.25	3.16	2.73

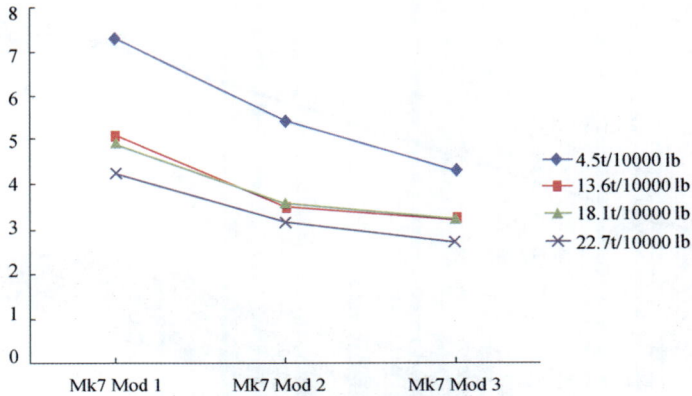

图 4-6　Mk7 各型阻拦装置阻拦不同质量舰载机的
峰值过载(单位：重力加速度 g)

经比较可以看出，各种质量的舰载机在较新型阻拦装置下的峰值过载，相比在早期阻拦装置下的峰值过载均有不同程度的降低，这说明随着 Mk7 型阻拦装置的不断改进，对舰载机着舰时的过载性能有比较明显的改善。

（二）系统组成

美国现役航母装备的Mk7型液压阻拦装置如图4-7所示，主要由四大系统构成，即阻拦机系统、钢索系统、甲板装置和阻拦网。

1. 阻拦机系统

阻拦机系统的功能是吸收和消耗着舰舰载机的动能。Mk7 型阻拦装置的阻拦机是一个由机械结构组成的液压气动系统，由机架、主液压缸和柱塞组件、动滑轮组、定滑轮组、凸轮阀组件、蓄能器、辅助气瓶等组成。

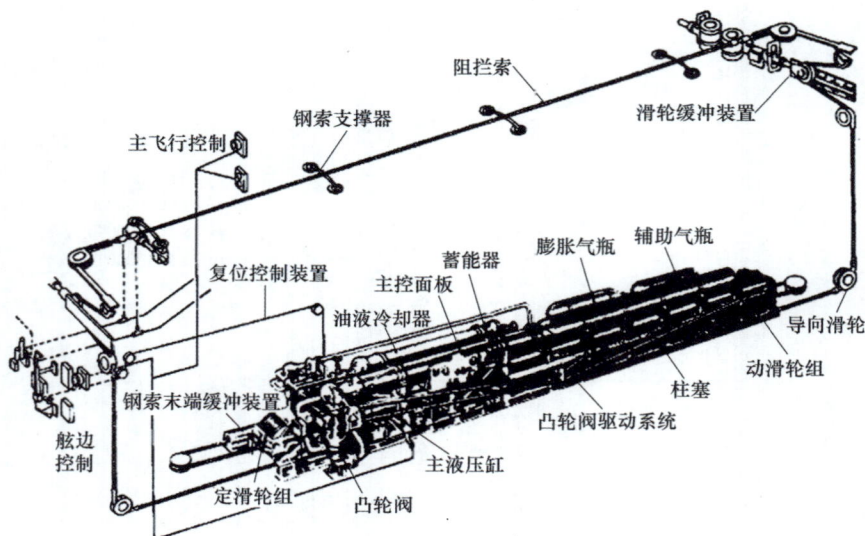

图 4-7　Mk7 型液压阻拦装置的整体构造

1）机架

机架是支撑阻拦机和大部分组成构件的框架，将整个装置固定在舰体上。它的主体是一个焊接的钢基座。该基座由两个长箱形构件组成，其上附有拉杆、板和其他结构件。两个长箱形构件在中心附近由螺栓连接。基座上装有两对座架，用于支撑主液压缸。这两对座架上焊有垂直支柱，用于支撑蓄能器座架。这两个座架之间是由槽钢、角钢和角撑板焊接而成的框架。

在焊接基座支撑板的动滑轮组端，腹板和角撑板支撑动滑轮组轨道。在基座的这一端焊接有蓄能器组件的纵向导架。

2）主液压缸和柱塞组件

主液压缸和柱塞组件组成了实际的阻拦机，并位于弯形流道体和动滑轮组之间的机架内（图4-8）。通过滑轮组索拖动阻拦机时，动滑轮组的运动将柱塞推入主液压缸（阻拦机待命时主液压缸内装满了油液），迫使油液通过凸轮阀的阀口流入蓄能器。主液压缸内油液和蓄能器内空气压力增加的同时吸收了阻拦能量。复位期间，油液重回主液压缸，并迫使柱塞推动阻拦机动滑轮组到待命位置。

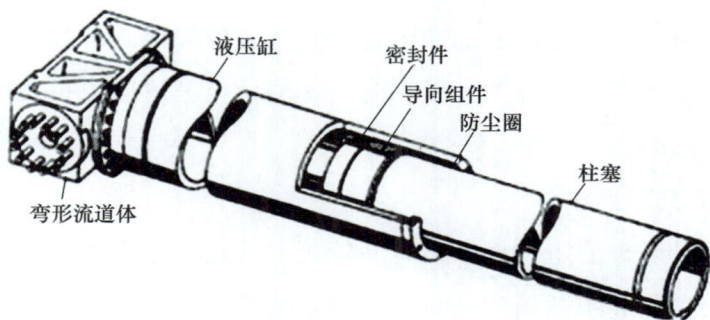

图 4-8　主液压缸和柱塞组件

阻拦机的主液压缸是柱塞的收容器和导向管，同时还是阻拦机油液储存器。主液压缸的固定滑轮端与阻拦机弯管出口连接。主液压缸的自由端装有一个防尘圈，在柱塞向主液压缸内运动时刮除柱塞上的污物。

3）动滑轮组和定滑轮组

定滑轮组固定在阻拦机机架上，由2套旋转滑轮组组成。每组滑轮有9个，每组滑轮安装在各自的轴上。外滑轮直径为0.838m，内滑轮直径为0.711m。滑轮直径差对于保证滑轮组索的间距是必要的。安装在固定滑轮本体上下的滑轮组索防护装置和导向管将滑轮组索保持在滑轮槽内，防止异物侵入。

动滑轮组通过与围绕柱塞端部的槽配合的环形体连接到阻拦

机柱塞的外端。动滑轮组滑轮的布置与定滑轮组相同。导索管安装在动滑轮组的柱塞端，以便滑轮组索绕到定滑轮组上。动滑轮组随柱塞组件运动，所以动滑轮组的每个角上都安装有滑块，并用黄铜护座支撑。滑块支撑在阻拦机机架侧面的轨道上。这些滑块支撑着动滑轮组的重量和在运行期间作为保持动滑轮组水平运动的导向管。当阻拦机的动滑轮组完全复位伸展到运行的一头，此时处在"待命"位置。阻拦时，动滑轮组被迫向阻拦机的定滑轮组一端运动。

4）凸轮阀组件

现役航母的阻拦机都装有凸轮阀，凸轮阀是阻拦机的重要部件。由于安装了凸轮阀，只要在规定的范围内，无论舰载机重量和速度大小如何，阻拦机都能使舰载机在大约相同的冲跑距离内停下来。

凸轮阀组件包括4大部分：控制系统、阻拦阀、舰载机重量选择器和驱动系统。阻拦阀是凸轮阀组件的心脏，是控制油液从阻拦机的主液压缸到蓄能器流量的主阀。当着舰舰载机钩索或触网后会将滑轮组索从阻拦机中拖出，这一作用将触发动滑轮组向阻拦机的定滑轮组端运动。除将油液从主液压缸中排出外，动滑轮组的运动会作用于驱动系统，通过驱动钢索，引起凸轮和顶杆组件中的凸轮做旋转运动。

舰载机重量选择器通过调节阀的开口来适应不同重量的舰载机。在阻拦较重的舰载机时，舰载机重量选择器阀开口设置较小；阻拦较轻舰载机时，阀开口设置较大，如图4-9和图4-10所示。

图 4-9　操作人员根据着舰舰载机重量设置阻拦参数

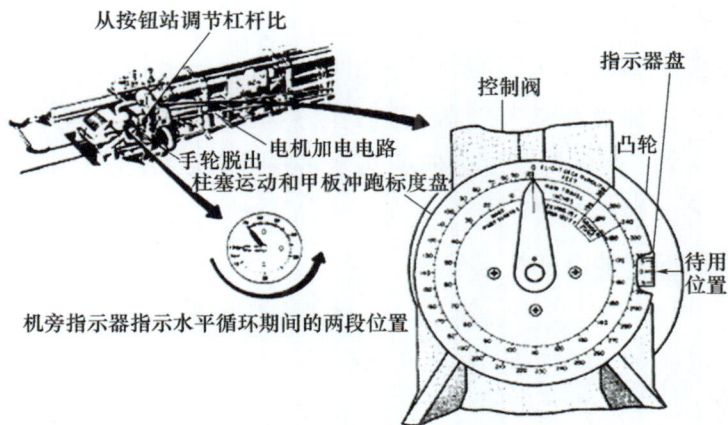

图 4-10　控制阀凸轮和舰载机重量选择器

5）蓄能器和膨胀气瓶

　　蓄能器和膨胀气瓶安装在阻拦机机架的座架上。蓄能器是接收阻拦机主液压缸阻拦期间被柱塞排出油液的容器。膨胀气瓶含

有高压空气，用于向蓄能器空气一侧充气。安装在舱壁上的两个辅助气瓶储存舰上供应的高压空气。辅助空气系统包括储气罐和膨胀气瓶。

阻拦过程中，蓄能器接收从凸轮阀通过油液管路而来的油液。这些油液迫使蓄能器活塞向蓄能器空气端移动，膨胀气瓶的压力从2.758×10^6Pa增加到4.585×10^6Pa。增加的空气压力用于阻拦装置复位作业时使油液返回到主液压缸中。

6）油液冷却器

在连续阻拦作业期间，阻拦机油液温度由于油液流过阻拦机、凸轮阀和管路产生摩擦导致其温度升高。为了保持索用阻拦机长期运行，需要通过油液冷却器降低油液的温度。阻拦机的最高运行温度是71.1℃。但不能在此温度下长期运行。为了长期运行，温度一定要保持在54.4℃以下。

油液冷却器只用在Mk7型索用阻拦机上。阻拦机复位作业期间，阻拦机油液在从蓄能器返回到阻拦机主液压缸过程中要流过油液冷却器。来自阻拦机油液的热量传递给以0.3785m³/min流量通过冷却器内管路的冷却水（海水）。油液冷却器安装在阻拦机机架顶部靠近蓄能器的安装座上。

7）钢索末端缓冲装置

日常使用和实验测试表明，Mk7 Mod2和Mk7 Mod3型阻拦机在阻拦开始时需要消除发生在阻拦机滑轮组和滑轮组索固定端之间的松弛，避免阻拦索突然被张紧时出现严重的钢索振动。钢索末端缓冲装置可以消除这种松弛，它是一种液压冲击吸收装置。

8）复位阀

完成阻拦后，复位阀组件使排出的阻拦机油液从阻拦机的蓄能器返回到阻拦机主液压缸中。油液在压缩空气的作用下从蓄能器流回阻拦机的主液压缸，迫使动滑轮组离开定滑轮组返回到待命位置。

2．钢索系统

钢索系统把阻拦舰载机产生的力传递给阻拦机。钢索系统由阻拦索、滑轮组索、滑轮缓冲装置和各种导向滑轮组成。

1）阻拦索

美国现役航母上的阻拦索（图4-11）采用高强度碳钢制造，有两种规格，即6×30扁平股顺捻大麻纤维芯和6×30扁平股顺捻聚酯芯阻拦索，直径分别为34.9mm和36.5mm，破断强度分别为836kN和912kN。每根阻拦索包括钢索和两端的接头。钢索由6股索绞捻而成，每股索又由12根主钢丝、12根中等直径钢丝和6根呈三角形布置的细钢丝绞捻而成，每股索之间还有细小的填充钢丝，6股索的中心是索芯，如图4-12所示。

图 4-11　阻拦索实物图

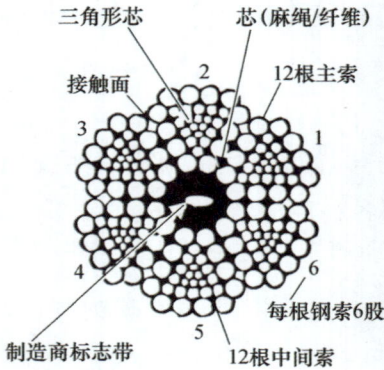

图 4-12 阻拦索横截面

2）滑轮组索

滑轮组索是航母阻拦装置中连接阻拦索与阻拦机的钢丝绳。当着舰舰载机的尾钩钩住阻拦索时，舰载机的前冲力通过滑轮组索传递到阻拦机，从而吸收着舰舰载机的能量，达到安全着舰的目的。

滑轮组索系统由两根钢索组成，每根钢索都是一头连接阻拦索（图4-13），另一头连接在阻拦机的钢索末端缓冲装置上，不同的是其中一根穿过阻拦机上的动定滑轮组的内滑轮上，另一根穿过阻拦机的动定滑轮组的外滑轮上，如图4-14所示。

美军多年来一直在对滑轮组索的结构和性能进行改进如表4-5所列。美军现役航母上采用的最新式滑轮组索是6×31（由6股索组成，每股索由31根钢丝组成）瓦灵顿·西鲁式（Warrington Seale）混合结构，长度为670.6m，直径为38.1mm，扁平股，顺捻，中间用聚酯芯，其最小破断强度为956kN，线质量为5.54kg/m。

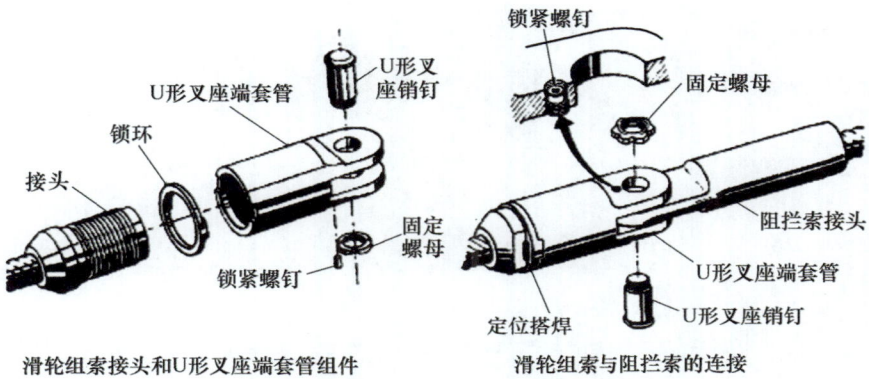

图 4-13　滑轮组索和阻拦索的连接

滑轮组索接头和U形叉座端套管组件

滑轮组索与阻拦索的连接

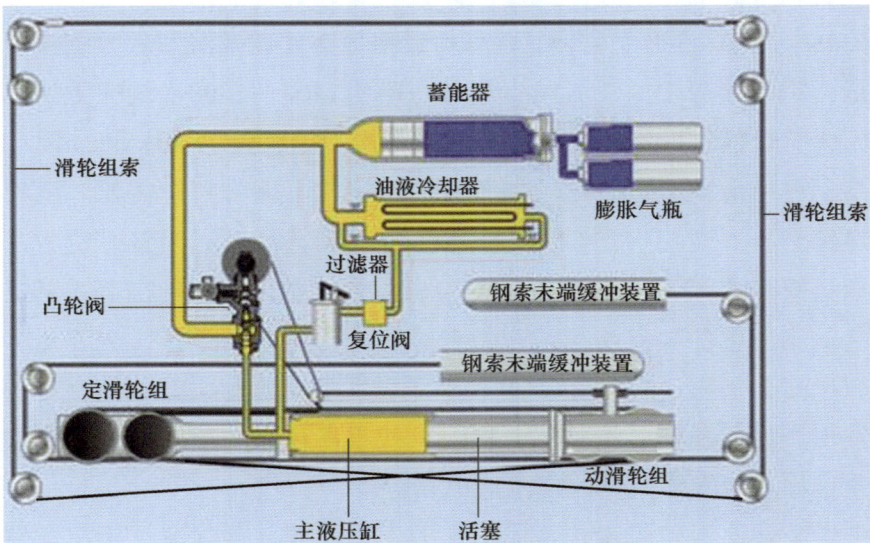

图 4-14　美国航母阻拦回收系统上的滑轮组索

表 4-5　不同年代滑轮组索的参数改进

年代	结构	直径	破断强度
1968 年	6×25	34.9mm	779kN
2001 年	6×25	36.5mm	868kN
	6×31	36.5mm	956kN
2008 年	6×31	38.1mm	956kN

　　美国航母在6个月左右的部署期内着舰次数约为8000～10000次，如"小鹰"号航母曾在6个月的部署期内完成了8660次着舰，平均每根滑轮组索需要完成2000次以上的阻拦着舰，3号阻拦装置中的滑轮组索完成着舰次数更是达到整个部署期着舰次数的45%。据美国海军官网，海军项目招标文件以及海军教学资料显示，美国航母上的滑轮组索通常每阻拦1400～2000次就应更换，因此航母部署期间需要在舰上完成多次滑轮组索更换作业。

　　更换滑轮组索是一项步骤繁琐的工作，因为穿绕需要，滑轮组索至少一端接头需要现场成形，这一工艺环节尤为费时费力，参见图4-15。目前美国现役航母滑轮组索接头采用锌锭浇铸成形工艺，该工艺的缺点明显：一是费时费力，更换一个接头需要几名舰员配合工作12h以上；二是浇铸的接头容易产生缺陷，检测后曾发现质量问题，若检验不合格，只能重新再来一遍；三是浇铸作业过程会对操作人员的健康造成损害。

　　为解决滑轮组索接头成形中的上述问题，美国海军正在开发一种适合于航母上使用的小型接头成形模锻机，如图4-16所示，目的是将滑轮组索接头成形工艺从浇铸改为锻压。图4-17为采用小型模锻机成形的滑轮组索接头。

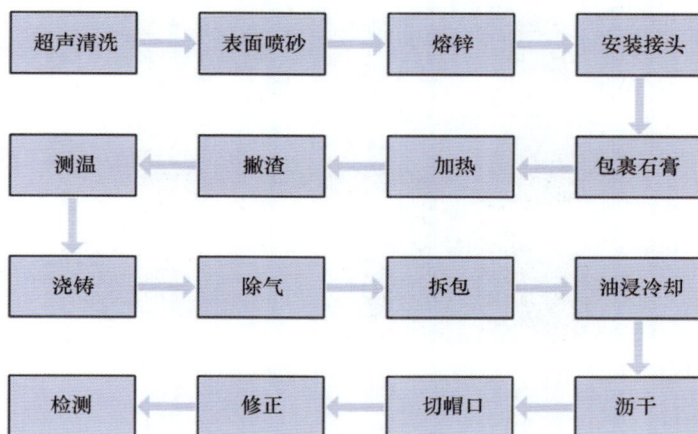

图 4-15　现用浇铸工艺制作滑轮组索接头工序

图 4-16　美军正在开发的滑轮组索接头模锻机

图 4-17　采用小型模锻机制造的滑轮组索接头

锻压是利用锻压机对金属坯料施加压力，使其产生塑性变形而获得一定形状、尺寸和性能锻件的加工方法。通过锻压能消除金属在冶炼过程中产生的铸态疏松等缺陷，优化微观组织结构，同时保存完整的金属流线，因此锻件的机械性能一般优于同样材料的铸件。锻压机需要通过施加压力使工件成型，故一般为重型设备，对于舰上环境下应用显得过于大型和笨重。采用滑轮组索接头锻造成型工艺的关键和难点在于开发一种适于舰上应用的小型锻压设备。为了实现锻压装置的小型、轻量化，该装置采用了三项主要关键技术，分别为超高压液压技术、高效的锻压工艺以及强化装置整体结构的新型设计方案。

据研制小型模锻机的Creare公司网站披露，小型模锻机开发成功后，只需一名舰员操作该设备，在1h内即可完成原来需要几名舰员合作12h的工作。美国海军航空系统司令部估计，使用设备后将在航母的一个部署期内为航空部门V2中队①节省500人工时的工作量，因此赞誉该技术为"近20年来对减轻V2中队舰员工作量起

---

① V2中队是航母航空部门中专门负责弹射与回收设备的中队。

到最大作用的单项技术"。

2014年，美军已经完成了小型模锻机样机的研制试验，包括滑轮组索模锻接头的加速寿命试验、环境试验、冲击试验和振动试验。在赫斯特湖阻拦试验场，利用航空发动机喷气推车和F-18战机完成了锻造接头的阻拦试验，证明接头质量合格。通过台架试验验证了接头和滑轮组索的使用寿命。2014年5月12日，美军在"里根"号航母（CVN 76）上成功完成第一次舰上接头成形试验，压制完成4个滑轮组索接头。

美国海军的目标是采用小型模锻机取代目前的锌锭合金浇铸。美国计划在2018年开始将小型模锻机在其他航母上推广使用。

3. 甲板装置

甲板装置是阻拦装置位于飞行甲板的部分。甲板装置由阻拦索、钢索支撑装置、导向和甲板滑轮以及阻拦网组成，如图4-18所示。

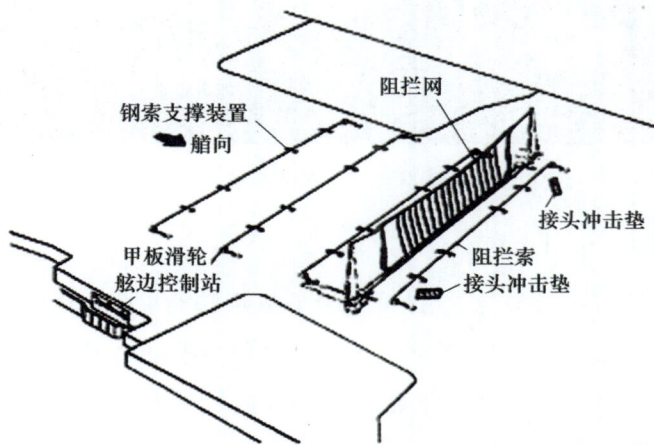

图 4-18　甲板装置的总布置

1）钢索支撑装置

钢索支撑装置的功能是使阻拦索按要求的高度升离飞行甲

板，使得着舰舰载机的尾钩容易挂住阻拦索。钢索支撑是一个弯曲的钢板弹簧，该弹簧基座牢固地嵌入飞行甲板内。钢板弹簧直接支撑阻拦索，使舰载机能够滑过阻拦索。每个弹簧的后枢轴端有一块向前和向后的止挡，它能够调节钢板弹簧的规定高度。钢板弹簧的最低高度为5.1cm，最大高度为14.0cm，如图4-19所示。

图4-19　工作人员通过钢索支撑装置调整阻拦索距甲板的高度

2）导向和甲板滑轮

Mk7型阻拦装置采用的导向和甲板滑轮有4型，分别为水平甲板滑轮、垂直穿越甲板滑轮、导向滑轮和甲板升降滑轮。导向滑轮为滑轮组索从阻拦机通过滑轮缓冲装置提供导向。甲板升降滑轮装置由垂直穿越甲板滑轮和甲板升降滑轮组成，如图4-20所示。

直径为6.3cm的导向管可安装在导向滑轮间的任何需要安装的地方，目的是保护滑轮组索，防止滑轮组索断裂。导向滑轮改变了滑轮组索的方向，将滑轮组索能从阻拦机引导到飞行甲板。

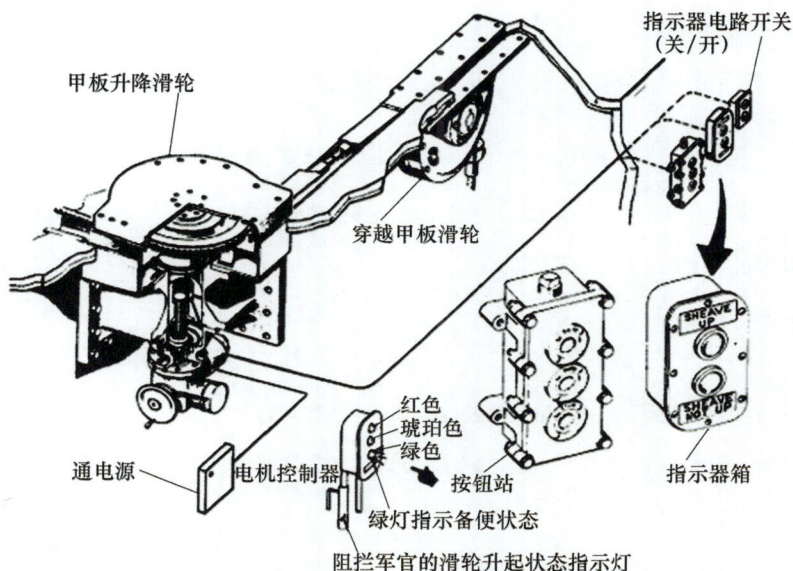

图 4-20　甲板滑轮装置

甲板升降滑轮可以降低至与甲板面齐平，从而避免干扰舰载机和甲板车辆通过。

通过甲板控制站控制电机对每个甲板升降滑轮进行操作。此外，靠近舷边控制站安装的指示器灯箱也显示滑轮的位置——滑轮全升起时绿灯亮，在全升起以外的其他位置红灯亮。应急时，甲板升降滑轮还可以通过手轮操纵，手轮位于飞行甲板以下的操作装置上。为了消除着舰作业期间不慎降低甲板升降滑轮的可能性，手轮在不用时必须从装置上拆除。

4．阻拦网

阻拦网是紧急情况下使用的应急装置，与阻拦机配合使用。详见本章第四节。

（三）性能指标

Mk7 型液压阻拦装置的主要性能参数如表 4-6 所列。

表 4-6 美国航母各型阻拦装置参数[①]

参数	Mk7 Mod2	Mk7 Mod3	Mk7 Mod4
最大吸收能量	52.0MJ	64.4MJ	64.4MJ
冲跑长度	95.4m	103.6m	103.6m
钢索			
阻拦索破断强度	85275kg	92986kg	92986kg
滑轮组索破断强度	88450kg	97522kg	97522kg
穿绕比	18∶1	18∶1	18∶1
阻拦索直径	34.9mm	36.5mm	36.5mm
滑轮组索直径	36.5mm	36.5mm	36.5mm
滑轮缓冲装置冲程	1993.9mm	3048mm	4572mm
阻拦机			
长度	15.2m	15.2m	15.2m
质量	37t	43t	43t
油液容量（无冷却器）	1211.3L	1438.5L	1438.5L
油液容量（含冷却器）	1892.7L	2119.8L	2119.8L
冷却剂类型	海水	海水	海水
柱塞直径	469.8mm	508mm	508mm

---

① 海军训练系统计划 N88-NTSP-A-50-8509D/A。

（续）

参数	Mk7 Mod2	Mk7 Mod3	Mk7 Mod4
柱塞有效面积	1734.2cm^2	2026.8cm^2	2026.8cm^2
索用阻拦机实际工作冲程	4343.4mm	4648.2mm	4648.2mm
网用阻拦机实际工作冲程	3810mm	4064.4mm	4064.4mm
蓄能器工作压力	28.1kg/cm^2	28.1kg/cm^2	28.1kg/cm^2
蓄能器最大压力	45.7kg/cm^2	45. kg/cm^2	45.7kg/cm^2
阻拦索拉出长度	97.8m（至尾钩）	105.2m（至尾钩）	105.2m（至尾钩）
阻拦网拉出长度	109.4m（至前轮）	118.4m（至前轮）	118.4m（至前轮）
滑轮缓冲装置活塞工作冲程	3048mm	4775.2mm	4775.2mm
滑轮缓冲装置活塞横截面积	39.4cm^2	50.6cm^2	50.6cm^2
网用阻拦机部分参数			
油液容量	473.2L	473.2L	473.2L
工作压力	105.5kg/cm^2	105.5kg/cm^2	105.5kg/cm^2
压力开关最小压力	87.9kg/cm^2	87.9kg/cm^2	87.9kg/cm^2
安全阀最大压力	123kg/cm^2	123kg/cm^2	123kg/cm^2

　　液压阻拦装置已在航母上应用了 80 多年，经过各国海军长期的探索和实践，其技术、使用和维护均已相当成熟。截至 2015 年底，世界各国现役航母中凡是通过阻拦着舰方式回收舰载机的航

母，均采用液压阻拦装置，包括美国"尼米兹"级、俄罗斯"库兹涅佐夫"号、法国"戴高乐"号、巴西"圣保罗"号。液压阻拦装置一统天下的格局将延续至美国"福特"号航母服役前。"福特"号服役后将采用全新的涡轮电力阻拦装置。

第三节　涡轮电力阻拦装置

美国在研究新一代"福特"级航母时，提出发展先进阻拦装置（AAG）的目标，并最终将该装置确定为涡轮电力阻拦装置。新装置将取代目前使用的Mk7型液压阻拦装置，用于"福特"级航母，并在现役"尼米兹"级航母的升级改造中逐步替换液压阻拦装置。

涡轮电力阻拦装置是利用水力涡轮机、感应电机以及摩擦制动装置吸收舰载机的动能，从而在较短距离内将舰载机拦停在航母飞行甲板上的装置。其中：水力涡轮机把舰载机的动能转变成水的热能；感应电机通过改变对旋转轴的作用力，进而改变阻拦索对舰载机的作用力；摩擦制动器起到备用的作用，当水力涡轮机或感应电机失效时，仍可以对舰载机进行阻拦。

（一）发展过程

涡轮电力阻拦装置研制历程大致分为技术开发、系统研发与演示验证和生产装舰三大阶段。截至2015年年底，第二阶段还未结束，第三阶段已经开始，研发与生产并行。

1. 技术开发阶段

2003年7月，美国航空系统司令部分别授予通用原子公司和诺斯罗普·格鲁曼公司概念与技术研发合同，在15个月内完成系统的技术开发工作。该阶段主要是完成技术发展趋势分析和系统初步设计，开展装置的动态验证，以及复合材料滑轮组索、水力涡轮评估。该阶段结束后，美国海军从两家公司中选出一家作为涡轮电力阻拦装置主承包商。经过审查，2005年2月，美国海军航空系统司令部空战中心舰载机分部选择了通用原子公司领导的工业小组，继续进行系统研制与演示验证阶段工作。

2. 系统研发与演示验证阶段

系统研发与演示验证阶段主要是完成系统详细设计和样机制造，进行航空发动机喷气推车①轨道试验，根据阻拦试验结果对系统设计进行改进，并完成生产样机研制，开展舰机适配性试验。按照美国海军2005年的计划，系统研发与演示验证阶段持续5年，于2010年完成，随后转入装置小批量生产阶段，如图4-21所示。

2008年以来，美国海军先后发现系统的5个主要部件和软件系统存在缺陷，于是对系统进行了数次重新设计。例如，美国海军及其承包商重新设计并制造了系统的主要吸能部件水力涡轮机，造成系统装舰推迟。此外，测试涡轮电力阻拦装置的喷气推车轨道试验站的硬件安装、系统检测和交付工作也没有按时完成。

至2015年8月，涡轮电力阻拦装置在赫斯特湖海航站已经进行了1046次航空发动机喷气推车阻拦试验，用于模拟F/A-18C/D"大黄蜂"、F/A-18E/F"超级大黄蜂"、EA-18G"咆哮者"、E-2C/D"鹰眼"、T-45C"苍鹰"舰载机和无人机。

涡轮电力阻拦装置的陆上阻拦舰载机试验几经推迟，至2015年12月仍未开展。

---

① 载有航空发动机的质量车。

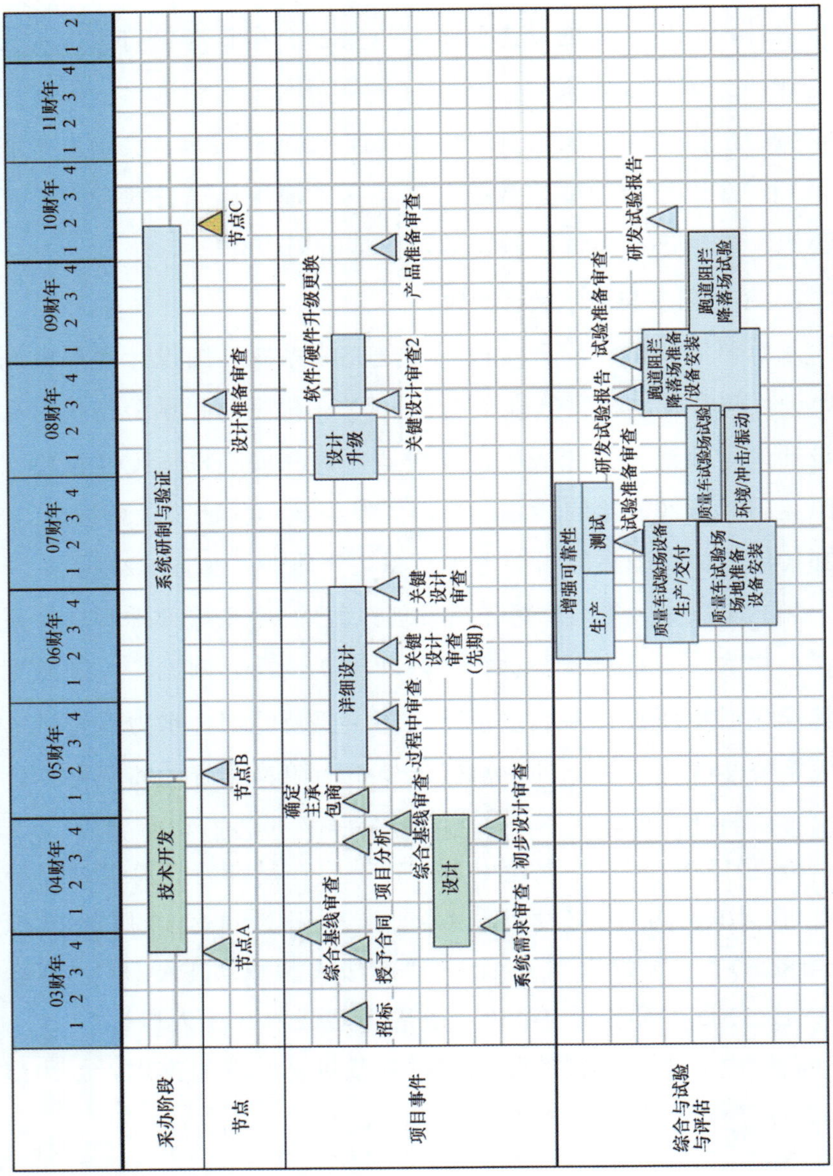

图4-21 2005年美国海军公布的涡轮电力阻拦装置研制进度安排

3. 生产装舰阶段

由于涡轮电力阻拦装置的系统研发与演示验证工作进度有所滞后，2008 年"福特"号航母的详细设计与建造合同授出时，尽管涡轮电力阻拦装置已通过早期试验验证了系统概念，并完成了一部分部套件试验，但装置的技术成熟度只有 5 级，低于原来预期。然而，美国海军认为能够按照原进度将该系统装舰，于是在涡轮电力阻拦装置尚处于研发过程中且大量陆上试验未完成的情况下，开始了首批装置的生产。

2009 年底，美国海军航空系统司令部授予通用原子公司电磁系统分部一份生产涡轮电力阻拦装置的固定价格合同，合同中限定了装置制造费用的增长上限，将部分采办费用风险从军方转移到承包商。尽管如此，美国政府问责署（GAO）评估后认为，鉴于"布什"号航母的建造经验，涡轮电力阻拦装置在后续研发、试验和装舰集成中，总体费用还将继续上涨。

首套涡轮电力阻拦装置组件已于 2012 年春交付航母建造船厂，但由于水力涡轮等组件出现问题，又对其进行重新设计，新的水力涡轮组件于 2013 年交付船厂，其他一些改进的系统组件也陆续交付，至 2015 年 10 月，所有新组件已全部交付。

（二）系统组成

涡轮电力阻拦装置的基本构成如图 4-22 和图 4-23 所示，主要由阻拦机、软件控制系统、电力调节系统、阻拦索及滑轮组索组成。其中阻拦机和软件控制系统是最重要的部件。阻拦机是涡轮电力阻拦装置的吸能部件，构成简单，包括水力涡轮、带有一定惯量的锥形鼓轮、机械制动装置、感应电机以及一根连接以上构

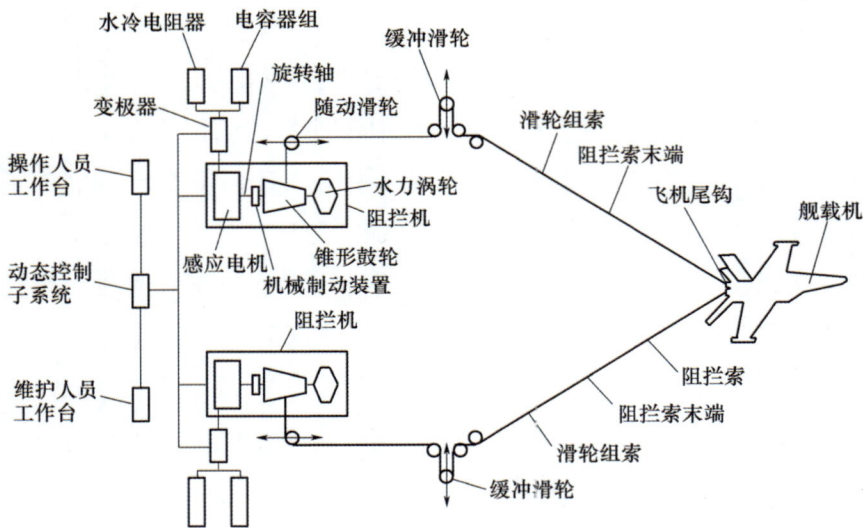

图 4-22　涡轮电力阻拦装置系统构成

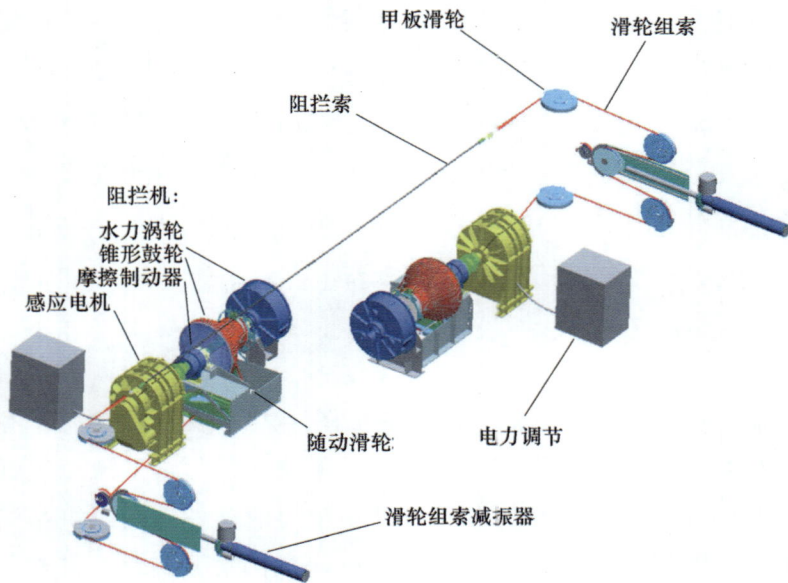

图 4-23　涡轮电力阻拦装置系统三维概念图

件的旋转轴；软件控制系统包括动态控制子系统、操作人员工作台以及维护人员工作台，该系统能够精确控制舰载机阻拦着舰的过程，并能控制舰载机在甲板上滑跑的距离；电力调节系统主要实现能量存储、电力分配与调节；阻拦索和滑轮组索采用了轻质复合材料，可以减少系统总惯性，降低结构载荷，并缩小滑轮减震器尺寸，阻拦索与滑轮组索相连，通过随动滑轮缠绕锥形鼓轮，最终固定在锥形鼓轮上。

1．阻拦机

阻拦机是涡轮电力阻拦装置的吸能部件，包括水力涡轮、带有一定惯量的锥形鼓轮、机械制动装置、感应电机以及一根连接以上构件的旋转轴。阻拦机的构造如图 4-24 所示。

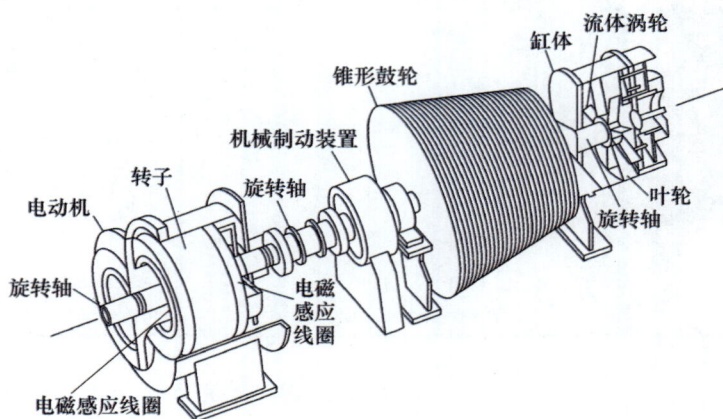

图 4-24　涡轮电力阻拦装置的阻拦机构造

1）水力涡轮

水力涡轮（图 4-25）是涡轮电力阻拦装置最主要的吸能部件。水力涡轮包括容纳流体的缸体和叶轮。叶轮固定在轴上，浸没在流体中，轴旋转时，将带动叶轮的叶片与流体相互作用，在轴上

产生减速扭矩，从而降低轴的旋转速度。两个叶片间安装缓冲器板，通过抬高这个缓冲器板来调节水阻力的大小，从而改变对轴作用的扭矩大小。

图 4-25　水力涡轮外观实物图

在最大能量阻拦状态下，水力涡轮可以输出 13968kg·m 的制动扭矩；在最小能量阻拦的状态下，能够输出 608.5kg·m 的制动扭矩。

2）感应电机

感应电机是涡轮电力阻拦装置的次要吸能部件，也是实现可控阻拦过程的执行机构。涡轮电力阻拦装置的感应电机是低惯量的三相感应电机，能够快速降低轴的转速。该电机包括一个固定在轴上并随轴转动的杯状转子。转子的圆柱部分放置在两个固定的电磁感应线圈之间。锥形鼓轮放在感应电机和水力涡轮之间，这样的布放方式可以平衡作用在轴上的扭矩。

感应电机电力直接来源于变极器。感应电机在阻拦之前收缩和张紧钢索，并在阻拦的动态阶段控制钢索的张力。在阻拦的制动阶段，感应电机起到发电机的作用，输出的电力通过变极器为电容器组充电，而多余的电量则输送到水冷电阻器。

在进行舰载机最大能量阻拦时，大约有 65%的舰载机动能由水力涡轮吸收，另外 35%由感应电机吸收。

3）摩擦（机械）制动装置

涡轮电力阻拦装置的阻拦机中还包括一个摩擦制动装置，这是一种盘式制动系统。从结构上看，盘式制动系统包括一个固定在轴上并可随之转动的圆盘，这个圆盘与一个或多个固定的卡钳相互作用。当舰载机拉动钢索时，摩擦制动装置启动后会对旋转轴施加一个减速扭矩。摩擦制动装置作为备用吸能部件，当某些部件失效时（如水力涡轮失效、感应电机失效或供电缆线失效）将发挥吸能作用。此外，在阻拦开始之前的准备状态下，摩擦制动装置可以保持钢索的张力。

4）锥形鼓轮

锥形鼓轮的作用主要是收、放滑轮组索。锥形鼓轮固定在旋转轴上，可以绕轴旋转。在阻拦初始状态，部分滑轮组索缠绕在鼓轮上，其末端也系在鼓轮上。通过随动滑轮可以使滑轮组索缠

绕或脱离鼓轮。当降落舰载机接触并拉动阻拦索时，鼓轮释放出滑轮组索，与此同时带动鼓轮和轴作旋转运动，如图 4-26 和图 4-27 所示。

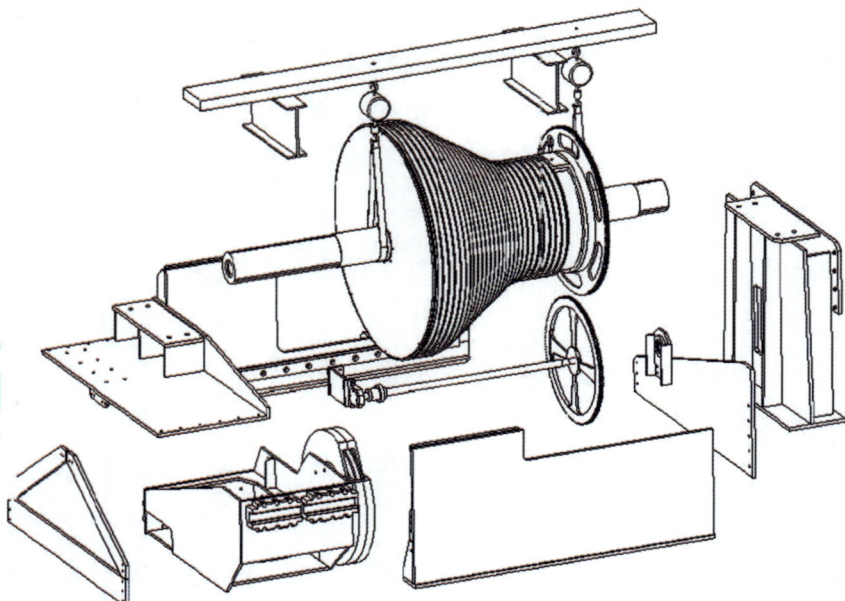

图 4-26　锥形鼓轮示意图

2. 软件控制系统

为了实现对阻拦降落过程的精确控制，涡轮电力阻拦装置配备了一套软件控制系统。该系统由动态控制子系统、操作人员工作台以及维护人员工作台组成。动态控制子系统能够实时获得感应电机的反馈，包括旋转和位置信息，控制变极器输送给感应电机的电力大小和方向，进而调节施加在轴上的扭矩，平衡感应电机、水力涡轮、摩擦制动器和锥形鼓轮对轴的作用，最终控制钢索从鼓轮以恒定的张力释放，并控制舰载机停止的位置。控制系

图 4-27　锥形鼓轮外观实物图

统利用变极器为感应电机供电，在舰载机拉动滑轮组索的初始阶段对旋转轴施加加速扭矩，以获得滑轮组索与舰载机的平稳接触。随后，感应电机向电容器组和电阻器输送电力，对轴施加减速扭矩，降低轴的转速。

　　软件控制系统是涡轮电力阻拦装置的技术难点之一。软件控制系统需要通过感应电机转子的转速和位置反馈，协调水力涡轮和感应电机对转旋轴的作用力，进而控制阻拦机整体的应力输出，这需要进行大量计算和试验。图 4-28 为软件控制系统的部分界面。

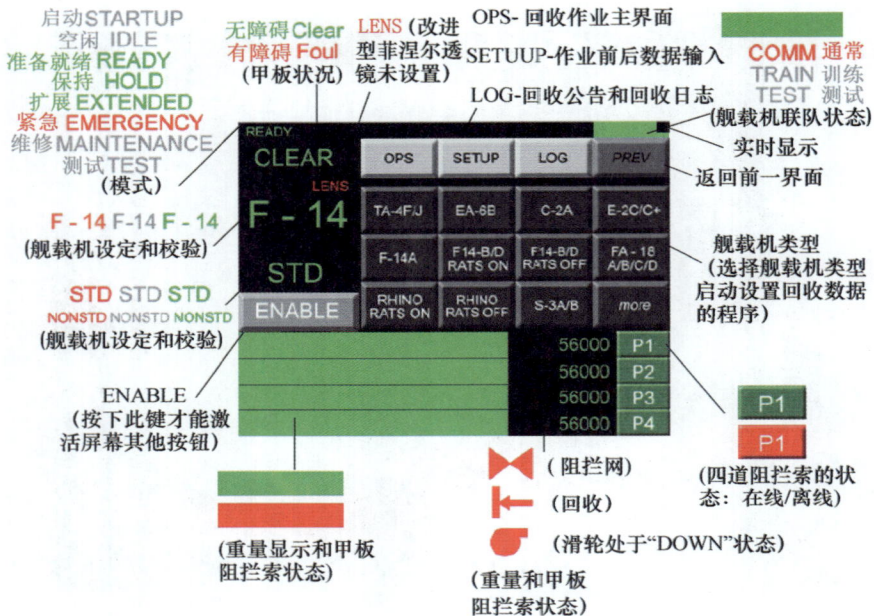

图 4-28　软件控制系统界面

3.电力调节系统

电力调节系统（图 4-29）主要是分配、调节和控制阻拦装置电机与控制器的作业和动力控制所需的电力，包括三个子系统，分别是主电力系统、能量存储系统和电力变换系统。

4.阻拦索及滑轮组索

涡轮电力阻拦装置的阻拦索和滑轮组索采用了一种轻质复合材料索，这可以减少系统总惯性，降低结构载荷，并缩小滑轮减震器尺寸。

图 4-29　电力调节系统

（三）研制难点

1. 系统集成

"福特"号航母弹射装置与阻拦装置项目经理认为，研制涡轮电力阻拦装置最大的难点在于系统集成。与电磁弹射装置不同，涡轮电力阻拦装置没有大量采用新技术，而是集成了许多在其他领域已经验证过的成熟技术，如阻拦机中的三大吸能部件水力涡轮机、感应电机和摩擦制动装置，都曾在民用或军用领域成功应用过。然而，将这些部件组合成一个新的系统用于阻拦舰载机则是个全新设想。系统集成需要考虑各部件之间的接口

问题，并且为了实现系统的整体功能最大化，各部件需要重新设计。

2．软件控制系统

涡轮电力阻拦装置的优势之一在于对阻拦过程的精确控制。因此，涡轮电力阻拦装置需要动态控制子系统，以实时获得感应电机的反馈，进而调节施加在轴上的扭矩，平衡感应电机、水力涡轮、摩擦制动器和锥形鼓轮对轴的作用，最终控制钢索从鼓轮以恒定的张力释放，并控制舰载机停止的位置。如何通过软件精确控制水力涡轮、摩擦制动器等机械部件的作用力，对软件控制系统提出了很高的要求。

3．水力涡轮机的设计

水力涡轮机为涡轮电力阻拦装置的主要吸能部件，能够通过摩擦将动能转化为热能耗散，大约有 65%的舰载机动能由水力涡轮机吸收。美国在研制涡轮电力阻拦装置的过程中，发现原始设计存在问题，不得不重新设计并制造水力涡轮机，结果造成装舰延迟。

4．锥形鼓轮

锥形鼓轮的主要作用是收、放滑轮组索。当降落舰载机接触并拉动阻拦索时，鼓轮释放出滑轮组索，与此同时带动鼓轮和轴做旋转运动。设计并确定锥形鼓轮的型线，需要开展大量的实验。

与现役航母上的液压阻拦装置相比，涡轮电力阻拦装置的优势包括：

（1）可靠性更高，有助于提高舰载机的安全性。

现役航母上使用的液压阻拦装置只有一种吸能部件，而涡轮电力阻拦装置有三种吸能部件，只要任何两个吸能部件可用，就可以保证舰载机的安全着舰。

（2）大大突破了液压阻拦装置的能力限制。

经过多年的发展，液压阻拦装置已经达到了开发的极限，不适合阻拦更重的舰载机和轻型无人机，但涡轮电力阻拦装置可以调节的阻拦力范围更宽，既可以回收携带更多弹药的舰载机，也适合阻拦轻型无人机。

（3）降低舰载机阻拦过程中受到的过载峰值及波动。

涡轮电力阻拦装置能够确保舰载机在阻拦过程中受到相对恒定的作用力，能减小峰值过载对舰载机的累积损伤。

（4）嵌入维修辅助系统，可以更及时、方便地实施维修。

涡轮电力阻拦装置嵌入健康和性能监测系统，可以通过仪器测量关键参数，分析数据确定系统的健康状态。利用这些技术，可以通过判定条件决定是否需要维修，而不是等到出现问题后才进行维修。

第四节　阻　拦　网

（一）使用条件

阻拦网是甲板上支起的一张纵横交错的尼龙网，让舰载机冲入阻拦网中实现减速。阻拦网只在紧急情况下使用：一是无法利用钩索完成着舰，如舰载机尾钩损坏；二是不具备复飞条件，如舰载机发动机失灵、剩余燃油不足、飞行员受伤等。以上情况下只能利用阻拦网完成应急阻拦，阻拦必须一次成功。采用阻拦网

完成舰载机着舰，会对舰载机造成损伤，因此是一种应急回收方式，如图4-30所示。

图 4-30　F/A-18E 撞上阻拦网

在应急回收时，首先要将飞行甲板上的阻拦索拆除，然后升起阻拦网支柱，将预先准备好的阻拦网架设起来。待舰载机完成撞网停稳后，要迅速将网带从舰载机上取下，并彻底清理飞行甲板。

表4-7为美国航母舰载机使用阻拦网紧急着舰的部分案例，"企业"号航母在1961—1996年的36年时间中就有7次使用阻拦网着舰[1]，平均5年出现1次阻拦网应急回收情况。

---

[1] 美国海军"企业"号航母日志。

表 4-7　美国航母舰载机使用阻拦网紧急着舰的部分案例

序号	时间	舰名	舷号	机类	使用阻拦网的原因
1	1967.11.20	奥里斯坎尼	CV 34	A-4E	舰载机飞行员双腿受伤
2	1967	珊瑚海	CV 43	A-4	舰载机被击中受损
3	1967	珊瑚海	CV 43	A-4	舰载机起落架故障
4	1968.8.16	好人理查德	CV 31	US-2C	不详
5	1971	珊瑚海	CV 43	A-7E	不详
6	1972.6	珊瑚海	CV 43	A-7E	不详
7	1972	汉科克	CV 19	A-4F	舰载机燃油不足
8	1975	企业	CVN 65	不详	不详
9	1979	珊瑚海	CV 43	A-7E	不详
10	1980	珊瑚海	CV 43	A-7E	不详
11	1984.06.30	小鹰	CV 63	F-14A	不详
12	1986	肯尼迪	CV 67	F-14	不详
13	1987.1.25	尼米兹	CVN 68	EA-3B	不详
14	1990.11.10	林肯	CVN 72	S-3A	起落架损坏
15	1991.1.24	肯尼迪	CV 67	A-7E	弹射时首轮受损
16	1996	企业	CVN 65	不详	不详
17	2003.04.01	星座	CV 64	不详	不详

数据来源：美国海军航母日志等，部分事件信息不详

美国在1961—2010年的50年间，平均每年有12艘以上航母在役，如果这些航母使用阻拦网的频率与"企业"号相近，则50年内有100多次使用阻拦网，避免经济损失近100亿美元（如美国F/A-18E/F舰载机在2006年的单架购置费用为9372万美元）。

战争期间，特别是在舰载机出现战损或飞行员受伤等情况时，使用阻拦网更为频繁。据不完全统计，1967年就有3起由于舰载机受损、飞行员受伤等原因导致的阻拦网着舰。在作战过程中，还容易出现舰载机燃油不足而需要使用阻拦网着舰的情况。

（二）系统组成

阻拦网包括网带、多重脱扣组件、延伸索、平行索和阻拦网支柱等组件。

1. 网带

阻拦网网带组件由3个主网带组件组成，如图4-31所示。每个主网带组件由5个单网带系统组成。每个单网带系统由上、下承载带通过连接组件在端部连接在一起。每个承载带等距离分段与一个连接带连接。5个垂直啮合带通过一个扣件与上、下承载带连接。每个单网带系统的垂直啮合带之间跨度为6.1m，组成主网带组件后，垂直啮合带之间跨度为1.2m。在舰载机阻拦过程中，垂直啮合带与机翼接触，各单元承受等载荷。

为了检查或晾干，有时需要从储藏室中移出网带组件，此时要特别注意。如果网带在甲板上横拖4次，网带的强度就要损失30%～35%。如果太阳光直接照射网带组件超过100h，该网带组件就不能再作为备用阻拦网使用。

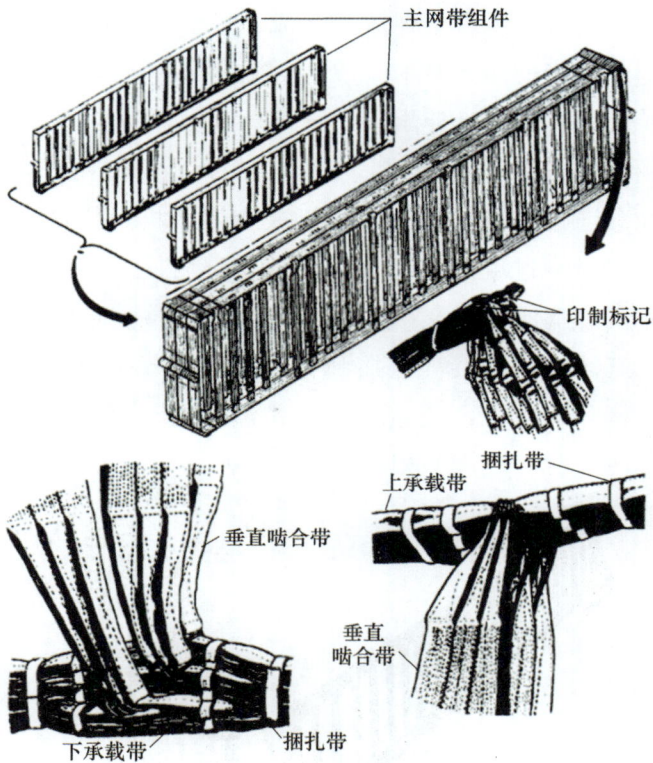

图 4-31　阻拦网网带组件示意图

　　水对网带组件的影响是暂时的。湿的网带组件重量会增加，同时强度要损失10%～15%，但网带组件干燥后可恢复以前的重量和强度。

　　阻拦网网带组件要存放在易于取用的区域，以备应急情况发生。该区域应保持干燥，免受太阳直射。

2. 多重脱扣组件

　　多重脱扣组件将阻拦网的上、下承载带与阻拦网支柱的延伸索相连。在舰载机触网后，多重脱扣组件用来释放网带。

多重脱扣组件由若干释放带组成。每个释放带通过"肚带结"连接一个承载带的延伸环和一个改进的释放组件，该组件通过一个快速释放销固定在延伸索上。

3．平行索

平行索连接在阻拦网上，用以减少舰载机阻拦过程中由阻拦机施加给阻拦网过度的载荷。采用连接环将网带组件和平行索连接到延伸索，延伸索再连接到滑轮组索。

采用延伸环将连接环连接到等间距的承载带上。延伸环的端部穿过连接环的大孔，连接环为网带组件的一部分。然后，将环套端部用连接器与连接件相连（图4-32）。

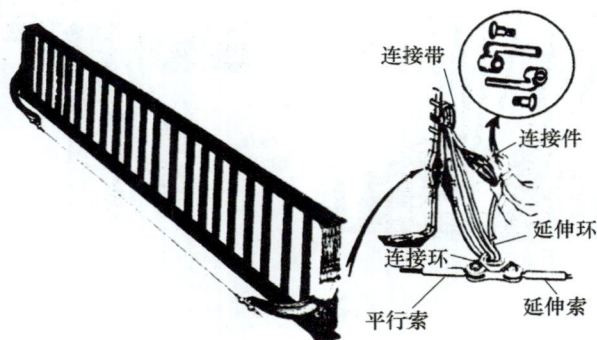

图 4-32　连接环装置

4．阻拦网支柱

阻拦网支柱通过动力机组供应的液压动力升起或放倒，如图4-33和图4-34所示。

1）支柱装置

阻拦网支柱容纳张紧和支撑阻拦网的绞车，可将阻拦网升起或放倒。阻拦网支柱是钢焊接槽形组件，该组件由铰接在构架上的基座构成。每个阻拦网构架包含用于张紧上承载带的绞车、

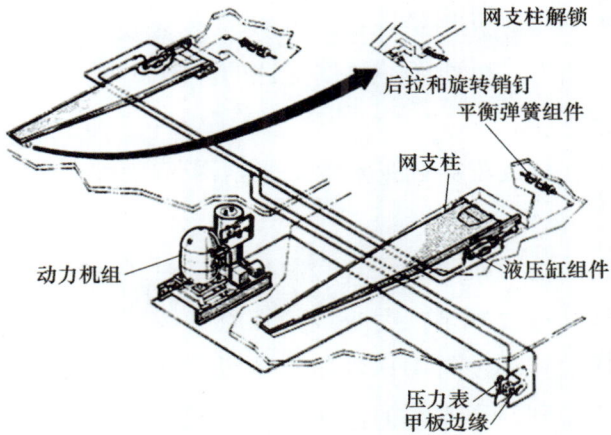

图 4-33　阻拦网动力机组及支柱示意图

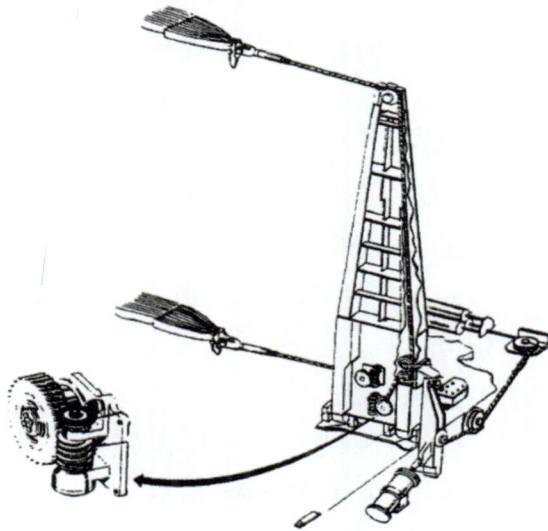

图 4-34　阻拦网支柱装置

滑轮和钢索。每个网支柱在内侧顶部有一个槽，上张紧索穿过该槽。构架随两个支柱轴上的铰链运动，铰链的圆柱是基座，而铰链枢轴是支柱构架的活动中心。两个轴起到铰链销轴作用。驱动

臂销接在外轴上，并用销连接到支柱的支座上。橡胶减振垫拴接在甲板的凹槽里，以便缓冲放倒支柱的冲击。

2）绞车

甲板和支柱绞车穿过张紧索供张紧网带的上、下承载带用。

3）动力机组

阻拦网的动力机组用于升起和放倒阻拦网支柱。为了升起支柱，手动解开甲板锁销，并将舷边控制杆转到"阻拦网升起"位置。控制杆的移动使得中压液压油从阻拦网蓄能器里经过阻拦网舷边凸轮阀流到两个支柱的液压缸中。液压油迫使活塞杆进入液压缸，在平衡弹簧辅助下使支柱升起到"升起"位置。活塞放倒端的低压液压油被迫从液压缸中流到储藏柜中。电机控制器驱动与阻拦网蓄能器压力开关连接的泵。选择器开关能使控制器设定在"关"、"自动"和"运行"的位置上。当控制器的选择器开关设定在"自动"位置，且蓄能器内压力降到8.619×10^6Pa以下时，电动泵自动通电。此时，液压油从储藏柜中进入蓄能器内，直到蓄能器内压力达到1.034×10^7Pa，泵自动关闭。

平衡弹簧在升起支柱时给液压缸一个辅助力，并在支柱与甲板接触时起减振作用。

5．改进型阻拦网（半覆层）

相比标准网，改进型半覆层阻拦网的设计更加可靠、更易于搬运和快速组装。改进型阻拦网的特征是：

（1）工厂安装好释放带代替安装时手工安装释放带。

（2）取消连接套和连接D型环。

（3）重新设计啮合带，提高抗剪切能力。

（4）取消啮合带的D型环。

（5）用开放式蛇型钩替换关闭型脱扣件和连接紧固件。

（6）取消延伸索。

（7）尼龙绑扎条代替橡胶束紧带。

（8）在承载带上用聚氨酯覆层"滚边"。

（9）用开嘴U形钩环代替闭嘴连接环。

（10）1个延伸环（延伸环与连接带合二为一）。

（11）取消承载带上的连接件。

（12）用聚酯平行索代替阻拦索型平行索。

（13）精制的微型皮套件代替金属拉链套件。

（14）9个全半覆层的网带系统相当于15个无覆层网带系统。

通用规程、检查和更换标准等基本上与标准网相同。

图4-35和图4-36显示了典型的改进型半覆层阻拦网。

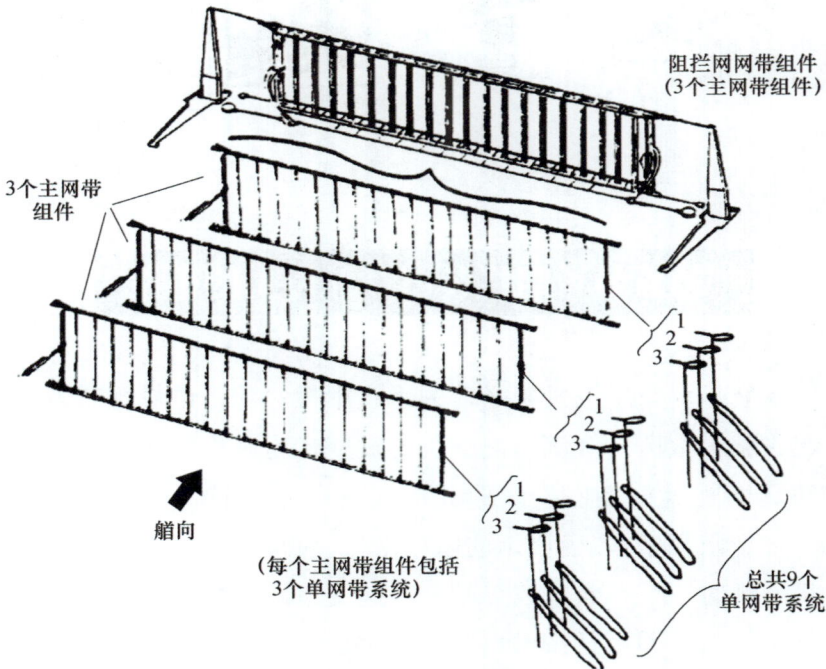

图 4-35　改进型（半覆层）阻拦网组件

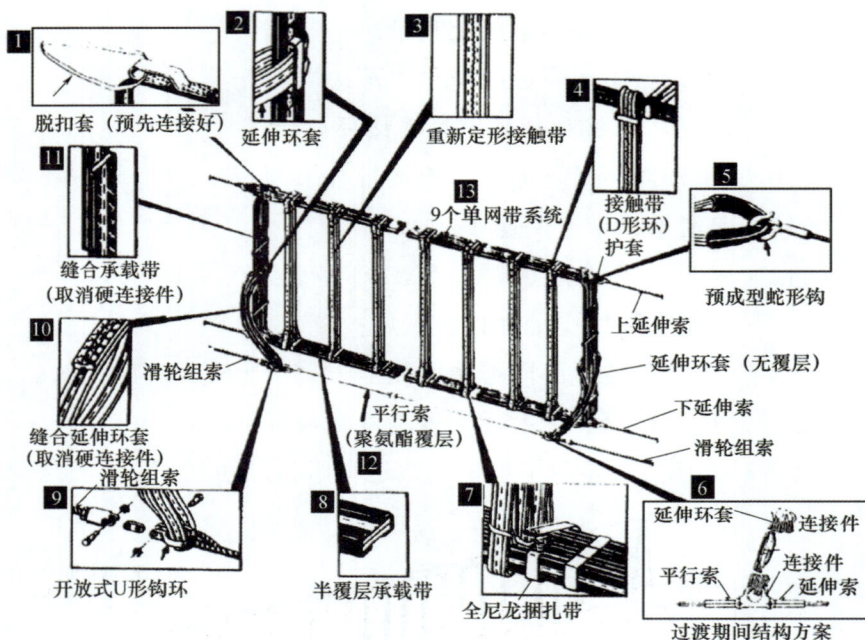

图 4-36　改进型舰上阻拦网

第五节　阻拦装置在航母上的布设

在航母斜角甲板发明之前的平直甲板时代，航母舰艏为舰载机起飞和停放区，舰艉为舰载机着舰区，为确保舰载机安全着舰并防止着舰时撞上停机区的其他舰载机，一般要在航母上设置10～15道阻拦索和2套以上的阻拦网[①]。航母斜角甲板出现后，舰载机着舰时一旦钩索失败可重新拉起复飞。此外，舰载机技术、着舰引导技术和阻拦技术也在不断发展，因此现代航母甲板上无

[①] 鸥汛. 航母的阻拦装置. 现代舰船，2005，9A.

需再设置过多的阻拦索和阻拦网。

（一）"4+1"配置方案

美国现役"尼米兹"级航母的前8艘（CVN 68～CVN 75）采用Mk7 Mod3型液压缓冲式阻拦装置，配置4道阻拦索和1套阻拦网（即"4+1"配置方案，见图4-37），共采用5部阻拦机，其中：4部为索用阻拦机，分别连接4道阻拦索；另1部为网用阻拦机，连接阻拦网。

图 4-37　阻拦装置"4+1"方案

最靠近舰艉方向的为1号阻拦索，该索距离舰艉约50m，相邻两道索之间间隔约12m[①]，各艘舰上的距离稍有不同。"尼米兹"号（CVN 68）甲板阻拦索的位置和间距如图4-38所示。

---

① 航母数据手册。

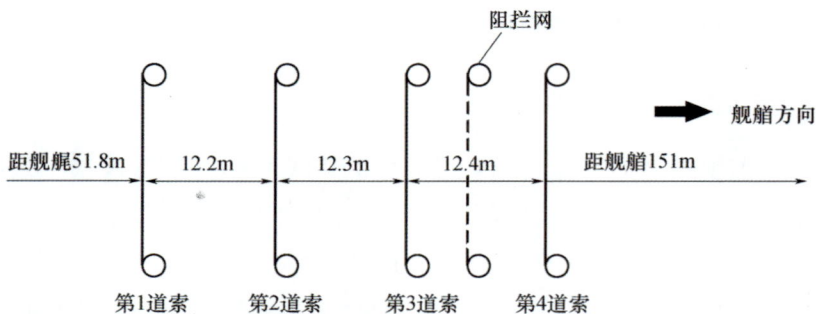

图 4-38　"4+1" 方案中阻拦索的位置和间距（"尼米兹"号）

（二）"3+1" 配置方案

　　"尼米兹"级航母的最后2艘（CVN 76和CVN 77）采用Mk7 Mod4型液压缓冲式阻拦装置，配置3道阻拦索和1套阻拦网（即"3+1" 配置方案，见图4-39），共采用4部阻拦机，其中：2部为索用阻拦机，

图 4-39　阻拦装置 "3+1" 方案

仅能连接阻拦索；另2部为索/网用阻拦机，既可连接阻拦索也可连接阻拦网。第3部阻拦机和第4部阻拦机的位置接近。一旦第3部阻拦机发生故障，可用第4部替代，反之亦然。这种配置方式提高了阻拦回收系统的的冗余性。

最靠近舰艉的1号阻拦索距离舰艉55m，1、2号索间距为12.2m，2、3号索间距为12.8m，如图4-40所示。

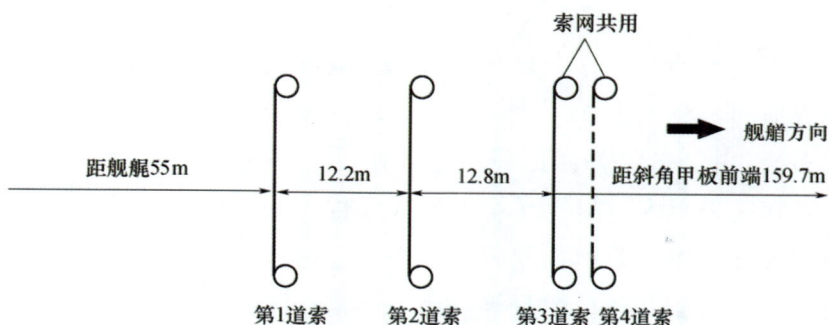

图 4-40　"3+1"方案中阻拦索的位置和间距（"里根"号和"布什"号）

（三）"3+0"配置方案

法国"戴高乐"号航母甲板上配置有3道阻拦索，最靠近舰艉的1号阻拦索距离舰艉约46m，1、2号索间距和2、3号索间距均为12.5m，如图4-41所示。该航母的阻拦网位于3号索前，与3号索共用一套阻拦机。

阻拦回收系统是航母的标志性系统，是实现舰载机安全着舰的关键，在一定程度上决定了航母回收舰载机的效率和航母的战斗力。从航母诞生起至2015年底，只有俄罗斯的"基辅"级、英国的"无敌"级、意大利的"加里博迪"号和"加富尔"号、西班牙的"阿斯图里亚斯亲王"号、印度的"维拉特"号、泰国的

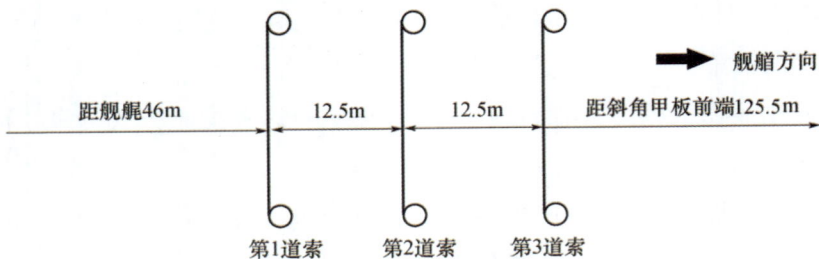

图 4-41 "戴高乐"号航母甲板阻拦索的位置和间距

"查克里王朝"号等少数只搭载垂直/短距起降固定翼舰载机（如俄罗斯的"雅克"-38 和英国的"鹞"）的航母没有采用过阻拦回收系统。由于垂直/短距起降固定翼舰载机本身具备垂直降落能力，没有在航母上安装阻拦回收系统的必要。需要指出的是，垂直/短距起降固定翼舰载机在起降过程中需要消耗大量燃料，因而在作战半径、续航力和挂弹量等方面，与常规起降舰载机相比有明显的差距。这种舰载机通过牺牲自身作战性能来换取起降方便，未能成为航母舰载机发展主流。绝大多数航母仍采用阻拦回收系统来完成固定翼舰载机的回收作业。

保障篇

航母作为海上浮动的机场，设置了大量配套系统和设施，主要包括完成舰载机安全高效转运和系留的舰载机调运系统，完成航空弹药贮存、转运、装配、挂载的航空弹药贮运系统，为舰载机提供航空作业所需的油、气、水、电供应和日常维护的舰面保障系统。这些系统和设施为舰载机顺利完成作战任务提供全方位保障。

第五章　舰载机调运系统

舰载机调运是影响舰载机出动回收效率的重要环节，该环节依据飞行计划，使用调度模型台对舰载机的转运和系留进行规划和协调，使用飞机升降机、飞机牵引车、系留设施等设备将舰载机高效、安全地送入起飞站位、保障点、停机位，以完成飞行任务或接受舰面保障。

第一节　调度模型台

调度模型台是制定、推演、验证舰载机调运方案的重要工具，有利于提高调运效率，保证调运安全，从而提高舰载机出动回收率和航母作战能力。

几十年来，航母上使用的都是基于缩比模型的实体调度模型台。2009 年以来，美国海军开始使用数字化调度模型台，逐渐取代传统的实体设备。这种数字化的调度模型台依托航空数据管理与控制系统，功能更加丰富，大幅提高了舰载机调运作业效率。

（一）传统的实体调度模型台

自第二次世界大战后，航母航空联队为了及时方便地了解飞行甲板和机库甲板上舰载机的位置和载荷等信息，利用基于飞行甲板、机库、舰载机小比例模型的调度模型台作为航母上进行舰载机调运规划的重要工具，如图 5-1 和图 5-2 所示。美国海军将这种设备形象地称作"显灵板"或"占灵板"（Ouijia Board），就好像巫师进行占卜的工具一样，调度人员可通过调度模型台对即将实施的舰载调运方案进行规划、验证和优化。

图 5-1 美国航母的实体飞行甲板调度模型台
调度人员在调度模型台上进行舰载机调度（舱壁上有飞行甲板状况监视屏幕）

调运作业过程中，调度模型台操作员通过甲板记录人员或飞行甲板监视视频获取甲板上舰载机的信息，如舰载机的位置、挂载的武器种类、燃油量等，在调度模型台上移动和摆放舰载机模型，表

示不同舰载机在飞行甲板上的位置，并使用专用配件表示舰载机的不同保障状态，从而实现对航母上所有舰载机的跟踪和监控。

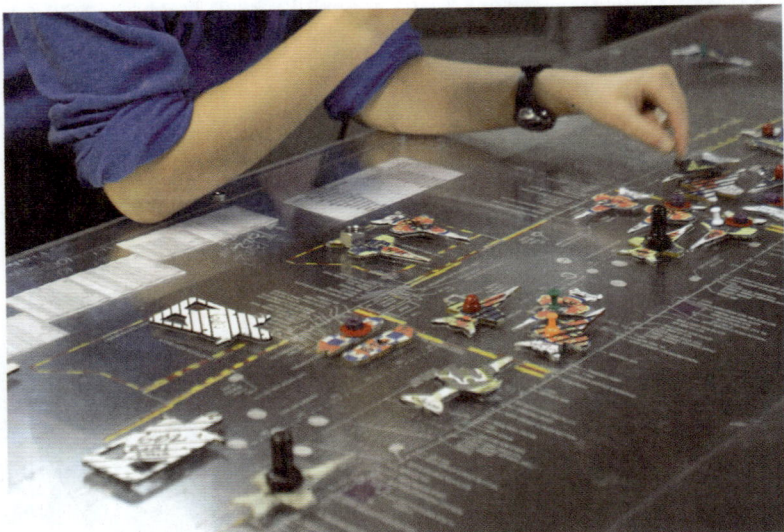

图 5-2　美国航母实体机库调度模型台

（二）数字化调度模型台

从 2009 年开始，一种新的全数字化调度模型台在美国海军航母上逐步使用，该系统被美国海军称为"电子显灵板"。至 2012 年，美国所有航母均配备了这种系统，如图 5-3 所示。

"电子显灵板"依托的是航空数据管理与控制系统（ADMACS），该系统是一种甲板作业的战术实时数据管理系统，拥有大量的软硬件，通过传感器、局域网、显示与控制设备，连接航空作业相关系统，包括弹射起飞系统、着舰引导系统、阻拦回收系统等，通过航空作业相关数据的融合、分发和控制，实现包括舰载机任务规划、航空弹药贮运、喷气燃料充填、航母维修、舰载机维修、舰载机调度、舰载机弹射与回收、飞行甲板管理等功能的集成。航空数据管理与控制系统还能够与航母作战系统、导航系统和气象系统相连。

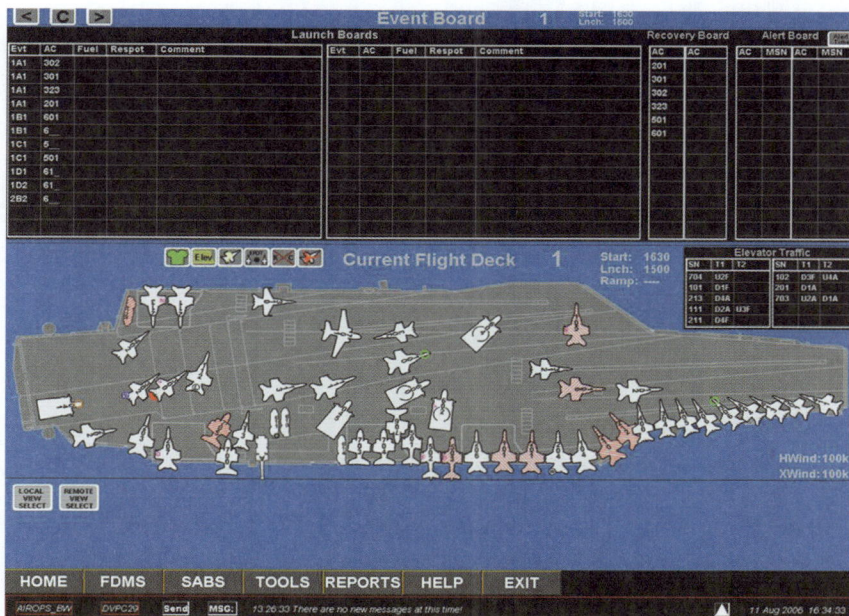

图 5-3 数字化调度模型台界面

"电子显灵板"的核心不仅仅是将实体化的调度模型台搬到电子屏幕上，而是通过自动方案规划和决策系统以及大量摄像头、各种感应传感器、各个相连的系统，提高了自主调度的能力，大大减少了人为决策、判断的工作量。

"电子显灵板"可为决策者提供更好的舰载机调运方案，能够即时获取舰载机在甲板和空中飞行的具体位置、状况、起飞和着舰设备状况、油料状况、武器种类等信息，提前通知相应部门做好准备，尽可能避免对其他作业造成影响，提高舰上

资源利用率。"电子显灵板"能将飞行甲板管理和作业效率提高 5%，可使每艘航母可减少 35 名舰员[1]，能够节省调度人员舱室内的大量空间。

第二节　飞机升降机

飞机升降机用于在飞行甲板与机库间调运舰载机、舰面保障车辆、设备和人员。

（一）各国飞机升降机的基本情况

1. 飞机升降机的布置

早期的飞机升降机均为舷内升降机，布置在舰的纵舯线处，升降机四周用绳索吊起。这种升降机由垂直液压活塞和油缸来驱动，轨道内设有滚柱。后来，这种驱动系统改进为由液压机、机械液压伺服机构、平台组件、钢索滑轮驱动系统、液压动力系统、电气控制系统等组成。

舷内升降机虽有较好的防浪性和安全性，但却导致舰体的纵向强度严重受损，开口处需要较多钢材来补强。一旦升降机在升降过程中发生故障，飞行甲板中部就会形成一个大坑，势必影响舰载机的正常起降和移动。即使不发生运行故障，舷内升降机占用机库和飞行甲板很大一块面积，既减少了机库的有效容量，又使舰载机进出机库和起降作业不能同时进行。舷内升降机对舰载机尺寸有严格限制，一旦航母搭载的舰载机尺寸超出升降平台的尺寸，就无法使用升降机进行调运。

---

[1] 引自系统研制商美国先进专用系统公司的数据。

　　为克服上述缺陷，第二次世界大战期间美国在"埃塞克斯"级航母上首次采用了舷侧升降机。该级航母共装 3 部升降机，其中 2 部为舷内式，1 部为舷侧式。舷侧升降机位于左舷舯部，由于升降机平台突出在舷外，为了能够通过限宽为 32.9m 的巴拿马运河，在太平洋和大西洋间调动，升降机平台被设计成可翻转式。当升降机不用时，可将平台向上翻转，以减小航母的最大宽度。

　　舷侧升降机有诸多舷内升降机无法比拟的优点。第一，舷侧升降机使航母飞行甲板不必开口，提高了舰体结构强度；第二，飞机升降机布置在舷侧可以避免其垂直升降时对甲板上舰载机起降作业的影响，从而有利于提高航母的航空作业效率，也有利于舰载机便捷地进出机库；第三，舷侧升降机对不同长度的舰载机适应性较强，舷侧升降机的甲板开口只"封闭"三边，一边是"开放"的，即使是舰载机的机身稍长，超过了升降机平台的尺寸，其机身也可在"开放"的这一边伸出舷外。

　　目前，世界上的大型和中型航母大都把飞机升降机布置在舷侧。美国在第二次世界大战后从"福莱斯特"级航母开始，所建各型航母均将飞机升降机布置在舷侧。例如，"福莱斯特"级航母共 4 部升降机，其中右舷岛前有 1 部，岛后有 2 部，左舷有 1 部。而"小鹰"级和"尼米兹"级航母将左舷的 1 部升降机移至斜角甲板后部。这种布局不会影响舰载机的起降作业，又方便将飞行甲板上停放的舰载机及时地转运，从而解决了"福莱斯特"级航母升降机布置在斜角甲板前端、影响舰载机起降的问题，提高了舰载机的出动架次率。美国新一代"福特"级航母采用能力增强型飞机升降机，只设置 3 部飞机升降机，右舷岛前有 2 部，左舷有 1 部。

世界上的轻型航母基本采用舷内升降机，而巴西的"圣保罗"号航母、意大利的"加富尔"号航母则选择了 1 部在舷侧，1 部在舷内的布局。

2. 飞机升降机的外形

航母飞机升降机有各种不同的形状，反映出不同的设计意图。例如，美国的"福莱斯特"级和俄罗斯的"库兹涅佐夫"号航母上的舷侧升降机近似为方形，这是最简单、最基本的形状，主要是考虑到可在正对机库侧面的开口方向装载 2 架折叠翼舰载机。美国自"小鹰"级开始，飞机升降机平台表面改用矩形加上一个小三角形，整体构成一个五边形的特殊形状（图 5-4），这样可顺着小三角形的斜边，斜着放置机身较长的舰载机；还可使舰载机斜着进入机库，这样在机库内掉头转向时可比正向进入时要容易操作。

意大利"加里博迪"号航母的升降机平台采用八角棱形设计。该舰搭载"海鹞"垂直/短距起降固定翼舰载机和 EH101 重型直升机，升降机平台的设计要求只需运载 1 架舰载机，矩形的四个角是多余的，为了能减少平台重量，就把矩形切掉 4 个角；对飞行甲板而言，将矩形的直角改为八角棱形的钝角，其应力集中情况也大为改善，对甲板强度有利，"切角"措施可谓一举两得。

法国"戴高乐"号航母的升降机平台则采用梯形设计。这是美国现在通用的矩形加一小三角形的变种。美国在平台上是单向斜放舰载机，而法国"戴高乐"号则更进一步，可以在两个方向上斜放。它可以根据当时机库里的停机情况，确定在平台上的舰载机是正对舷侧开口放，还是向前或向后斜放，这将极大方便舰载机出入机库的调度。"福特"号航母的飞机升降机也采用梯形设计。

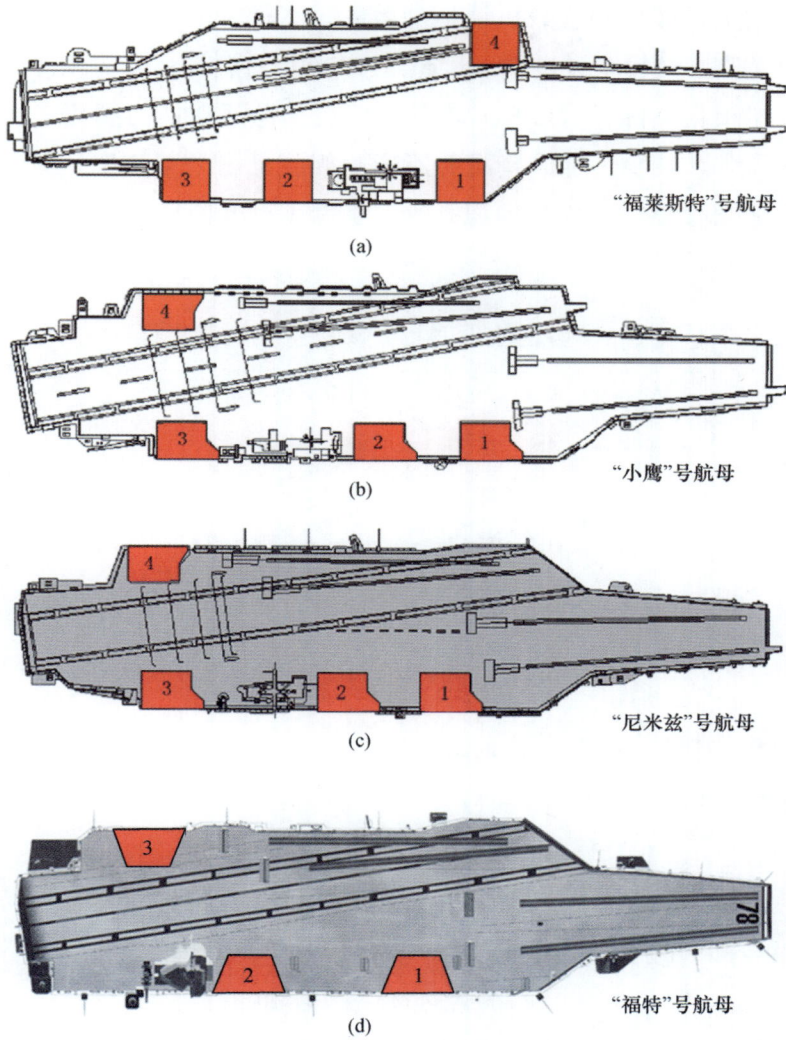

"福莱斯特"号航母

(a)

"小鹰"号航母

(b)

"尼米兹"号航母

(c)

"福特"号航母

(d)

图 5-4　美国航母飞机升降机布置变迁

（二）飞机升降机的主要性能指标

飞机升降机的大小取决于航母搭载舰载机的尺寸，飞机升降

机的数量直接影响舰载机调运的效率，飞机升降机数量越多，效率就越高。一般来说，排水量超过 70000t 的航母，可装 4 部升降机。但根据实际作战经验，4 部升降机的总运送能力超出了实际运送需求，减少 1 部升降机并不影响舰载机出动架次率，同时还能增加飞行甲板的停机面积。各国航母飞机升降机主要性能指标如表 5-1 所列。

表 5-1　各国航母飞机升降机主要性能指标[①]

国别	航母	数量/型式	开口宽×进深/m×m	提升能力/t
美国	福莱斯特	4/舷侧	21.9×15.2	45
	小鹰	4/舷侧	25.9×15.85	59
	肯尼迪	4/舷侧	25.9×15.85	59
	企业	4/舷侧	25.9×15.85	59
	尼米兹	4/舷侧	25.9×15.85	59
	福特	3/舷侧	—[②]	—
俄罗斯	库兹涅佐夫	2/舷侧	16×15	—
印度	维克拉玛蒂亚	2/舷内	—	—
英国	无敌	2/舷内	16.8×9.7	—
	伊丽莎白女王	2/舷侧	—	—
法国	戴高乐	2/舷侧	19×12.5	40
意大利	加里博迪	2/舷内	18×10.4	15
	加富尔	1/舷侧	—	30
		1/舷内	—	30

---

① 飞机升降机相关数据来自《美国核动力航空母舰》，海潮出版社出版，杜建明主编。
② 表示不掌握相关数据。

（三）飞机升降机的组成及工作原理

下面以美国"尼米兹"级航母飞机升降机（图 5-5）为例，介绍其系统组成和结构。

图 5-5 "尼米兹"级航母飞机升降机

美国"尼米兹"级航母采用舷侧升降机，飞机升降机主要由液压组件、升降平台、导轨及导向滑轮、提升钢索组件、电气控制系统、安全设施等组成，如图 5-6 所示。其基本结构为悬臂梁形式，在航母机库外侧的舷边设有梯形开口，开口宽 25.9m，进深15.85m，提升能力达 59t。飞机升降机的结构要能承受升降平台的自重、额定载荷、风载、浪载、雨雪以及由航母和升降平台运动所产生的动态载荷，还要考虑核爆炸冲击波的压力载荷。

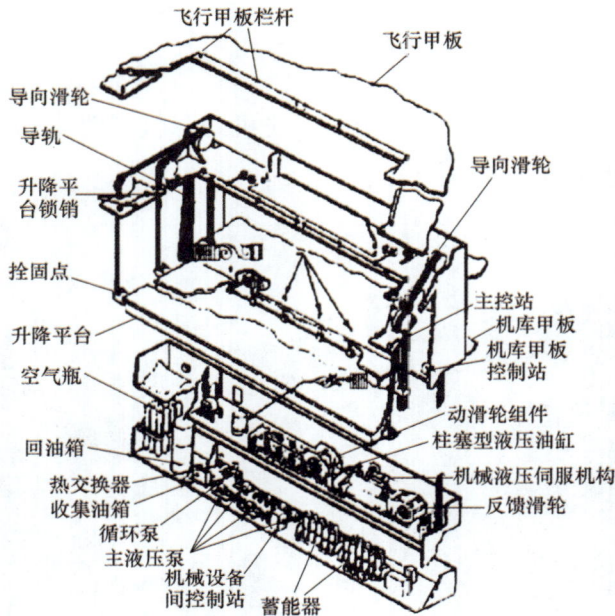

图 5-6　典型舷侧式飞机升降机结构图

如图 5-7 所示,升降平台靠近航母舰体一侧被固定在装有垂直导向滑槽的导轨内,限制其横向移动,然后借助液压机构带动钢丝绳来提升升降平台,即采用主油缸推动与其连接的动滑轮,并通过提升钢索拉动升降平台上的栓固点。工作时,导向滑轮沿垂向导轨槽内作上下滚动,平台就随之上下移动,将舰载机由机库提升至飞行甲板,或由飞行甲板移至机库。

1. 液压组件

液压组件的工作过程如下:

首先是补气泵补充压力(长时间不用后第一次使用时需要,如果反复使用,由于蓄能器压力符合要求则不用补气)。当升降条件具备后,启动警铃,升降平台上面的栏杆升起,然后电磁阀 F1(图 5-8)先打开,蓄能器的压力会先压至副液压缸。随后液压

图 5-7　"尼米兹"级航母飞机升降机

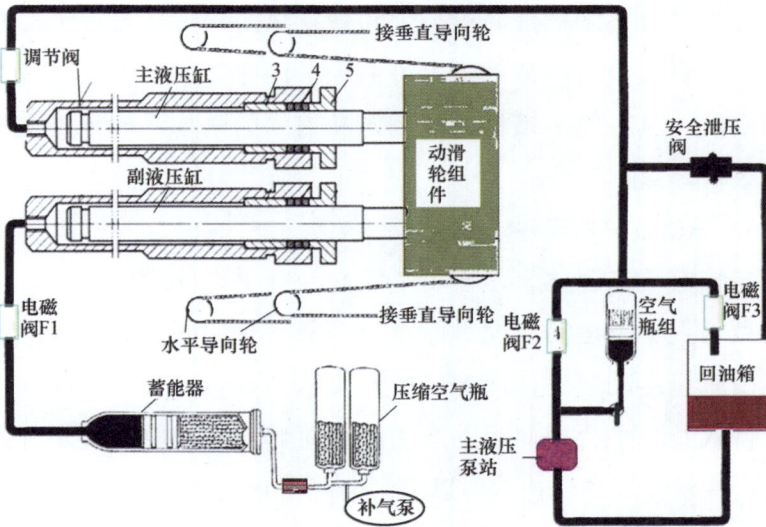

图 5-8　美国"尼米兹"级航母飞机升降机工作原理示意图

主泵站的电磁阀 F2 也打开，这时候双缸同时产生的推力足以推动柱塞并带动动滑轮组，为了限制过载，调节阀会缓缓打开，因此升降平台的速度慢慢增加，当调节阀全开时，压入柱塞的液压油流速达到最大，升降平台的速度从零增加到 0.5m/s（实际上可能会高一些），这个加速度过程在 3s 内完成。升降平台达到 0.5m/s 时，开始匀速上升，此时 3 台主液压泵全部工作，从机库到航母飞行甲板 11m 的高度需要约 20s 的时间。在离航母飞行甲板还有 0.5m 时，处于甲板下方的行程开关会开始控制调节阀并实现减速，在还有不到 5cm 的距离内最终达到 0.01m/s 的平层速度，并以此速度上升，防止升降平台以高速冲撞甲板接合处。由于开始及最后阶段都是以低速运行的，所以整个上升时间约 25s。

2．升降平台

升降平台是飞机升降机最大和最重要的构件，设计上要求在满足承运额定载荷的基础上尽可能轻，同时要求变形小、具有足够的刚度，具有便于锁销组件插入和缩回的结构，能承受上下方向的载荷。

3．导轨及导向滑轮

导轨安装在舰体上，作用是限制升降平台的横向运动，使其只能做垂直上下运动，同时能承受升降平台的侧向载荷。此侧向载荷由航母运动产生，而对于舷侧飞机升降机来说，侧向载荷还有悬臂式升降平台横向运动产生的载荷。导向滚轮安装于升降平台上，并嵌装于导轨槽内，以限制升降平台的横向运动，如图 5-9 和图 5-10 所示。

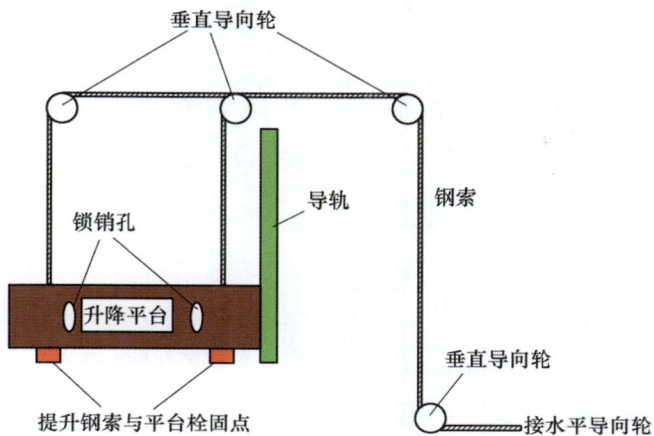

图 5-9 "尼米兹"级航母飞机升降机升降平台与导向滑轮连接示意图

图 5-10 导轨及导向滑轮示意图

4．提升钢索组件

提升钢索组件由钢丝绳组、导向滑轮等组成。根据升降机在

航母上位置的不同，钢丝绳组的穿绕方式有所不同，但主要原理是一致的。一般钢丝绳组穿绕比为 2:1，即油缸组件动滑轮组运动 1m，升降平台上下运动 2m。美国"尼米兹"级航母"林肯"号的升降平台上下行程为 11m，据此推出其油缸柱塞行程为 5.5m。

美国航母飞机升降机钢丝绳采用平股钢丝绳结构。钢丝绳安装时要留有足够的调整余量，以适应拴固点的安装以及钢丝绳使用一段时间后发生伸长时的调整。

每组钢丝绳端头都固定在航母升降平台的栓固点上，它要求每根钢丝绳承受的拉力基本一致，因此需要定期调节。

需要特别说明的是，在升降机上升与下降时，为了保证动作与运动的一致性，一套液压执行机构直接驱动所有钢丝绳，当升降机的动滑轮组件运动时，直接拉动 4 组钢丝绳，从而保证了动作的协调性。

为了保证每根钢丝绳受到的拉力基本一致，钢丝绳采取了一定的措施，首先就是确保航母升降机所使用的钢丝绳种类、直径、长度完全相同，因为钢丝绳在受力时会被拉长，若长度不同则受力伸长的长度也不一样，会导致升降平台倾斜甚至卡住的危险。每根钢丝绳端头都是固定在栓固点上的，中间经过垂直导向轮后再经过水平导向轮，然后经过柱塞上的动滑轮组，再经过另一侧（对称布置）的水平导向轮及另一侧垂直导向轮，进入平台另一侧的栓固点，中间没有接头。

另外，航母升降平台上的舰载机、舰面保障车辆或设备要放置在平台的重心位置，一架舰载机就放在中间，两架舰载机摆放时要保证受力平衡，如图 5-11 所示。为确保这一点，升降平台上都有相关标记，标记出放一架时舰载机轮子在什么位置、放两架时每个轮子在什么位置等。舰载机位置确定后，要系留并用轮挡挡住轮子，防止其移动。

图 5-11　美国航母飞机升降机正在进行舰载机转运作业

5. 电气控制系统

电气控制系统将飞机升降机中的机械部件、液压系统和电气设备等有机地结合起来，使升降平台按所需方向运动并加速到规定速度，升降平台接近飞行甲板或机库甲板时自动转换成低速，在控制系统中加入安全控制设施以确保电气操作时升降机的安全运行。

电气控制系统由多个组件构成，包括控制液压油流向的电磁阀及继电器、防止升降平台在锁定或收起状态下误操作的液压锁销限位开关、使升降平台准确到达甲板并提供控制系统状态信息的限位开关、指示液压动力系统补充油液的蓄能器指示器、确保升降机安全运行的安全互锁电气回路。控制系统还在升降机机械设备舱室设有控制箱，并分别在机械设备舱室、机库甲板、过道甲板①等三个部位设有操作控制点。

6. 安全设施

飞机升降机的安全设施包括防止人员跌落的栏杆或安全网（布置在飞行甲板、升降平台周边）、监测钢丝绳松弛或破断的钢

---

① 美国航母飞行甲板下一层的甲板。

索防松机构、升降平台运动时的声光报警装置、防止误操作的电气互锁电路、防止舰载机滑动的系留设施及轮挡、防止人员误操作或无意触碰的机械防护罩等。

第三节　机库大门

机库大门是一种航母专用的多功能特种大门，主要由动力机组、传动装置、门体组件、电控系统和配套辅助设备等组成，属航母大型设备之一。大门在驱动装置的驱动下，门体沿导轨开启和关闭。与常规水面舰艇的机库门相比，航母机库大门具有结构功能特殊、门体惯性大、启闭行程长、工作环境恶劣、抗外界干扰能力强等特点。航行过程中船体发生倾斜、摇摆等特殊情况时，要求机库大门能够正常工作。

按照机库大门的运行方式和结构特点，国外航母机库大门主要有两种形式，即卷帘式门和滑移式门。

（一）卷帘式门

国外早期航母搭载螺旋桨飞机，飞机外形尺寸小，机库容量受航母吨位所限，停放的舰载机数量少，对机库防护要求相对较低，配备的机库大门较多采用卷帘式。这种形式的机库大门垂向启闭，结构简单，机库甲板上无需布置轨道，飞机进出便捷，但门体强度较弱。

（二）滑移式门

随着机械、电气、液压等技术的发展，航母机库大门不断改进，滑移式机库大门逐渐取代卷帘式。滑移式门按结构形式又可分为单门滑移式和多门滑移式。

美国"尼米兹"级航母采用多门（双门）滑移式机库大门，如图 5-12 所示。而俄罗斯"库兹涅佐夫"号航母则采用单门滑移式机库大门。

图 5-12　美国航母上的舰员正在维护机库大门

第四节　飞机牵引车和牵引杆

飞机牵引车和牵引杆是移动舰载机的基本设备。下面主要以美国航母上使用的 A/S32A-31 型牵引车和各种牵引杆为例进行介绍，如图 5-13 所示。

图 5-13　美国"尼米兹"级航母上使用的飞机牵引车

（一）飞机牵引车

A/S32A-31 飞机牵引车为六轮工具车，配备一个操作员座椅，位于牵引车的左侧。该型牵引车使用双后传动装置，前轮由三档自动变速箱控制。发动机为一个三缸二冲程循环柴油机，有自动四档变速箱和一个倒档。该牵引车具有液压动力辅助的机械操舵系统。一旦液压系统失压，则通过舵轮与轴之间的机械连接维持操舵。牵引车的制动器也是液压控制的，安装在后轮轴末端。牵引挂钩安装于牵引车的前部和后部。表 5-2 给出了 A/S32A-31A 型牵引车的主要参数。

表 5-2　A/S32A-31A 型牵引车的主要参数[①]

总重	5625kg	牵引杆拉力	37784N
总长	3m	总高	1m
总宽	1.8m	旋转半径	3m
离地高度	0.2m	燃料容量	322L
前胎压力	483kPa	后胎压力	414kPa

① 牵引车数据来自美国海军教育与训练系列教材 AVIATION BOATSWAIN'S MATE Aircraft Handling，NAVEDTRA 14353。

该型牵引车采用 24V 的电力系统作为自身启动、照明、引擎保护装置的电源，车后部还可安装舰载机启动装置。牵引车油箱为启动装置提供燃料，启动装置的控制面板位于牵引车操作位的右侧。不安装启动装置时，在驱动轮配重挂载以达到额定牵引力。

（二）牵引杆

飞机牵引杆是连接牵引车和舰载机的工具。以美国航母为例，牵引杆分为通用型和专用型两类。其中，通用型牵引杆一般可牵引多型舰载机；而专用型牵引杆是专为某一型舰载机所特制的，通常只能牵引某一型舰载机。

1. 通用型牵引杆

大多数情况下，在舰载机调运中会使用通用型牵引杆。调运特殊型号舰载机时会用到专用型牵引杆。

美国海军最常用的通用型飞机牵引杆又称"可调长度牵引杆"，如图 5-14 所示，代号 ALBAR[①]，型号分别为 8ALBAR，15ALBAR，20ALBAR 和 24ALBAR，其基本参数如表 5-3 所列。可调长度牵引杆用于牵引和定位质量在 40.8t 以内的舰载机。该型牵引杆可牵引有首轮轴牵引孔的舰载机，也可牵引有起落架拖环的舰载机。该型牵引杆一端与飞机牵引车连接，另一端使用轮轴插销插入舰载机首轮轴牵引孔，与舰载机首轮相连；或使用牵引钩与起落架拖环连接，如图 5-15～图 5-17 所示。

---

① ALBAR 即 Adjustable Length Towbar 的缩写，意为可调长度牵引杆。

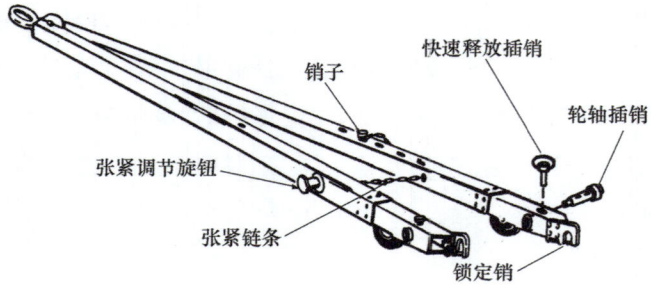

图 5-14　可调长度牵引杆

图 5-15　可调长度引杆与舰载机连接方式

图 5-16　美国航母舰载机及牵引杆

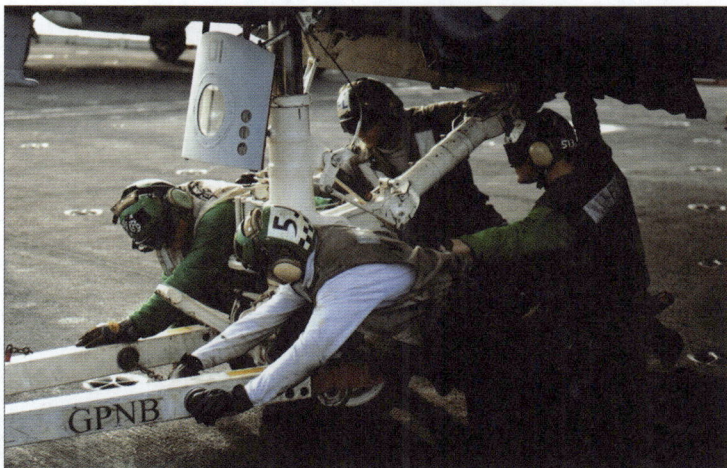

图 5-17　"斯坦尼斯"号航母的舰员正在固定 EA-6B 舰载机的牵引杆

使用时要注意，如果使用轮轴插销，在牵引舰载机之前，必须确保张紧链条处于最大张紧状态；当使用牵引钩时，确保锁定销闭合。

表 5-3　各型 ALBAR 牵引杆的基本参数[①]

型号	8ALBAR	15ALBAR	20ALBAR	24ALBAR
编号	1479AS100	1479AS200	1479AS300	1479AS400
长度	274cm	457cm	610cm	762cm
宽度（臂）	35.6cm	35.6cm	35.6cm	35.6cm
高度（臂）	25.4cm	25.4cm	25.4cm	25.4cm
质量	58.1kg	77.1kg	98.9kg	115.7kg
适用舰载机质量	0～13.6t	0～40.8t	0～34t	0～18.1t

---

① 牵引杆相关数据来自美国海军教育与训练系列教材 AVIATION BOATSWAIN'S MATE H，NAVEDTRA 14311。

不同型号的牵引杆适用于牵引定位不同型号的舰载机，或在不同条件下牵引定位同型舰载机。在各型 ALBAR 牵引杆中，15ALBAR 型最为常用，故也称为标准型 ALBAR，其适用的舰载机型号最多，舰载机质量范围最广，可牵引的最大舰载机质量达40.8t，如图 5-18 和图 5-19 所示。

图 5-18　放在航母飞机牵引车上的牵引杆

美国现役"尼米兹"级航母上的舰载机典型配置如表 5-4 所列。可以看到，采用 15ALBAR 通用型牵引杆可以牵引绝大部分航母舰载机，只有少量直升机需要使用 24ALBAR 型牵引杆。

表 5-4　美国"尼米兹"级航母舰载机典型配置

舰载机	数量/架	适用牵引杆
F/A-18F	12	15ALBAR
F/A-18A/C/E	36	15ALBAR
EA-6B	4	15ALBAR
E-2C	4	15ALBAR
SH-60F	4	24ALBAR
HH-60H	2	24ALBAR
SH-60B	9	24ALBAR

2. 专用型牵引杆

尽管使用通用型牵引杆可以完成大部分海军舰载机的牵引定位，但仍有少数舰载机无法用其牵引。如舰载机重量过大，超过通用型牵引杆的牵引重量范围；或没有足够的间隙可以放置通用型牵引杆；还可能出现舰载机的钩挂点处于通用型牵引杆能够调整的范围以外的情况。

牵引特殊型号舰载机，只能采用专用型牵引杆。专用型牵引杆是舰载机的制造商专为某一型舰载机所定制的，一般只能用于牵引某一型舰载机。

图 5-19　美国"卡尔·文森"号航母飞行甲板人员在牵引杆和轮挡前等待作业

第五节　舰载机系留设施

　　舰载机在航母上停放或发动机试车时，需要使用系留设施将其固定，否则当母舰纵摇、横摇、高速机动或转弯时，舰载机可能发生移动、倾覆甚至掉到海里。航母上使用系留座、系留索具、轮挡等系留设施固定舰载机。

（一）系留方式

美国海军将舰载机的系留方式分为四种。

（1）初始系留。初始系留是一种临时系留方式，舰载机准备离开停机位、在停机位停放后、加油时，都需进行初始系留。

（2）中间系留。飞行作业期间，当舰载机即将移动、处于即将弹射的停机位、无人看管时，需进行中间系留。

（3）永久系留。当舰载机不处于飞行作业期或预计不会移动时，需进行永久系留。

（4）高海况系留。高海况条件下需使用更多的系留设施，并将舰载机内部的控制面板等装置固定。图 5-20 所示为高海况下的舰载机系留布置。

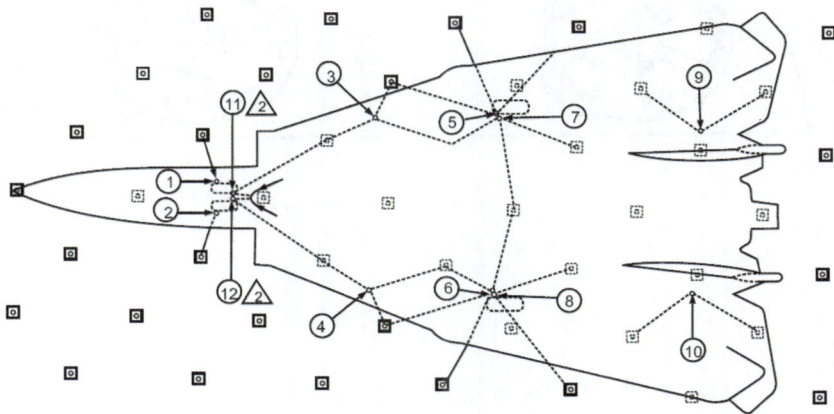

图 5-20　高海况下舰载机系留布置

不同系留方式所需的系留索具数量不同，具体数量由舰载机调运军官指定，每种方式所需系留索具的最低数量如表 5-5 所列。

表 5-5　航母上舰载机的系留要求

舰载机类型	系留要求			
	初始系留	中间系留	永久系留	高海况系留
E-2*,C-2*,F-14*,EA-6B,F-18,S-3	6	9	12/14*	18/20*
AV-8,H-3,H-46,H-53,H-60	4	6	12	16
*指需要更多的系留索具				

（二）系留座

　　航母的飞行甲板、机库和飞机升降机上都有系留座。美国航母上有两种形状的系留座，分别是五星系留座和十字系留座，如图 5-21 所示。为适应不同机型，方便舰载机的灵活布置和系留，美国航母飞行甲板系留座采取菱形矩阵式均匀布置，如图 5-22 所示。

(a)　　　　　　　　　　　(b)

图 5-21　五星系留座与十字系留座

(a) 五星系留座；(b) 十字系留座。

（三）系留索具

1. TD-1A 和 TD-1B 型系留索具

　　TD-1A 和 TD-1B 系留索具是美海军航母上使用最多的系留索具，各有 275cm 和 427cm 两种尺寸（长度有一定的可调范围），可根据需要选用，也可串联延长至所需长度使用[①]。图 5-23 所示 TD-1A/TD-1B

[①] 系留索具相关数据来自美国海军教育与训练系列教材 AIRMAN，NAVEDTRA 14014。

系留索具系留舰载机的情景。

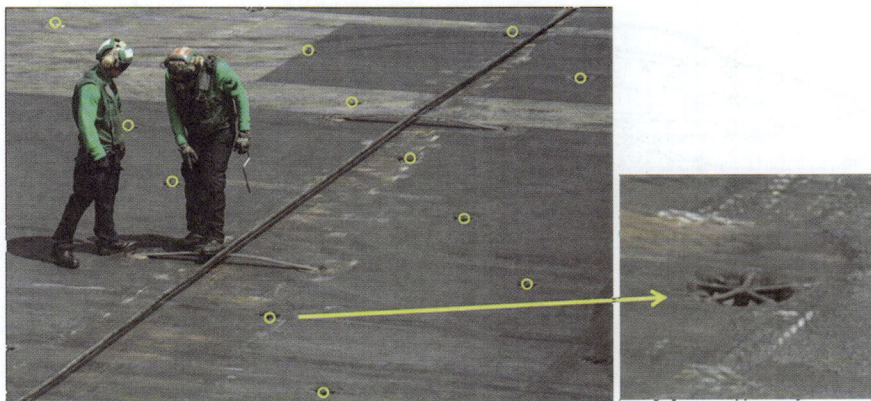

图 5-22　美国航母飞行甲板的系留座布置

图 5-23　TD-1A/TD-1B 舰载机系留索具系留舰载机

2．发动机试车状态系留索具

　　美国航母上使用的发动机试车状态系留索具是舰载机在甲板上进行全功率试车时的一种系留设施，通常称为 A/B 型系留索具。典型的舰载机发动机试车状态系留索具使用方式如图 5-24 所示。

两个TD-1A/TD-1B飞机   制动转接器   发动机试车状态   主起落架轮挡
系留索具   系留索具   每个主起落架轮挡配套3个TD
                                                      -1A/TD-1B飞机系留索具

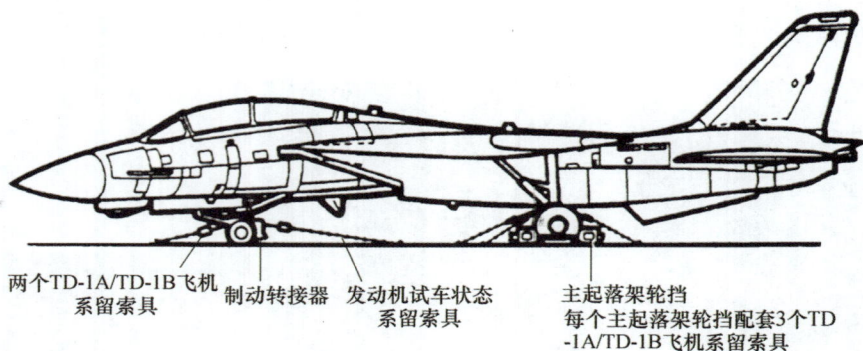

图 5-24　典型的舰载机发动机试车状态系留索具使用方式

发动机试车状态系留索具标准长度为 3.1m，质量为 47.6kg，使用时可根据需要调节长短，可承受的最大安全工作载荷为 13600kg，实际使用限制为 10200kg。

另外，美海军还使用了型号为 MXU-657/W 和 MXU-909/E 的改进型发动机试车状态系留索具，主要改变是索具的甲板系留端采用了 T 形设计，如图 5-25 所示。MXU-657/W 与 F-14 和 F/A-18C/D 两型舰载机配套使用；MXU-909/E 则主要配套用于 F/A-18E/F 以

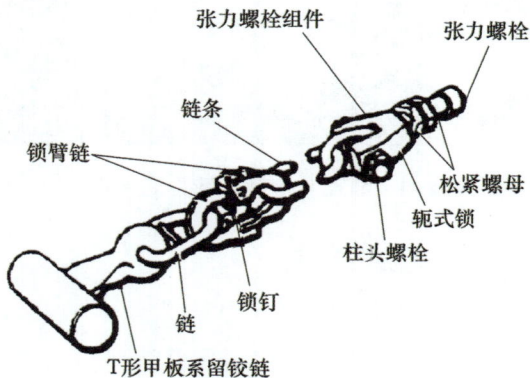

张力螺栓组件   张力螺栓
链条   松紧螺母
锁臂链   轭式锁
                            柱头螺栓
锁钉
链
T形甲板系留铰链

图 5-25　MXU-657/W 型系留索具示意图

及未来其他型号舰载机。这两型索具的标准长度均为 3.35m，长度有一定调节范围。

（四）轮挡

轮挡用于固定舰载机的主轮。当不移动舰载机时，舰载机应始终保持安放轮挡的状态，只有接到舰载机引导员命令后，才能移除轮挡。

美国海军有多型轮挡，最常使用的是 NWC-4 型轮挡，可用于除 H-2 系列直升机以外的所有舰载机，如图 5-26 和图 5-27 所示。

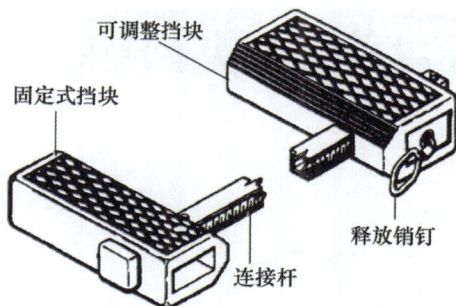

图 5-26　NWC-4 型轮挡构成

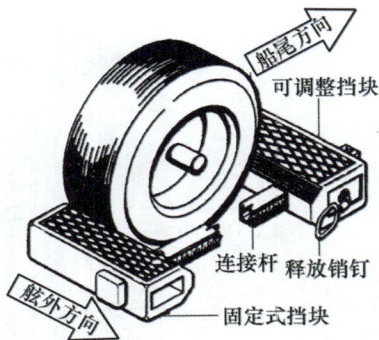

图 5-27　NWC-4 型轮挡安放方式

第六节　飞机调向转盘

　　俄罗斯"库兹涅佐夫"号航母在机库正对飞机升降机的位置上设置了大型转盘，如图 5-28 所示，利用该大型转盘可以让机库中的舰载机在原地直接调整机身方向。

　　利用飞机调向转盘，不仅可以在原地调整从飞行甲板下来的舰载机的机身方向，还能为准备起飞的舰载机调整机身方向，为舰载机抵达飞行甲板后的调运创造便利，节省调运时间，提高舰载机出动回收率。虽然这种大尺寸转盘影响了机库甲板的完整性，给总体设计增加了一定难度，却极大地提高了舰载机的调运效率，降低了调运难度。

图 5-28　俄罗斯"库兹涅佐夫"号航母机库中的飞机调向转盘

第六章　航空弹药贮运系统

　　航母是现代战争中重要的远程作战平台，依靠舰载机挂载的航空弹药实施对敌打击任务。1997年7月"尼米兹"号航母在4天的高强度演习中出动了975架次的固定翼飞机，其中727个架次携带了弹药[①]。在2001年阿富汗"持久自由"作战行动中，美国海军舰载机在4900架次的攻击任务中共投射了约17500枚弹药[②]。舰载机的出动架次率是衡量航母及其航空联队作战能力的关键指标，而航空弹药保障能力是影响舰载机出动架次率的关键因素。

　　航空弹药贮运系统实现弹药的贮存、转运、装配、检测和挂载。弹药从出库到挂载，环节多，需要从弹药库中取出，通过下层武器升降机送达装配区进行装配，装配好的弹药再通过上层武器升降机或飞机升降机送达飞行甲板，最终在飞行甲板上完成舰载机弹药的挂载。

第一节　航空弹药的贮存

（一）航空弹药的组成

　　航母上的航空弹药以空中发射型导弹或炸弹为主，主要包括

[①] Angelyn Jewell, Maureen A. Wigge. USS Nimitz and Carrier AIRWING nine Surge demonstration,USA: Center for Naval Analyses, 1998.
[②] 史文强，陈练，蒋志勇. 航母航空弹药组成及需求分析. 舰船科学技术，2012，34(5).

空对面攻击武器、空中拦截导弹和其他类型弹药，用于执行不同类型的作战任务。

表 6-1 列举了美国航母常用的航空弹药。其中，空对面攻击武器包括反舰型和对陆攻击型导弹或炸弹。对陆攻击武器又可分为常规炸弹（即非制导炸弹）和制导导弹。常规炸弹是指从舰载机投放的靠惯性自由下落或依靠火箭投放的炸弹，此类炸弹命中概率较低。制导导弹是指舰载机投放后利用制导装置能自动导向目标的炸弹，命中精度比常规炸弹提高了上百倍，其制导方式主要有激光制导、红外制导和雷达波制导。现代战场中，航母对陆攻击武器绝大部分都是制导武器。

表 6-1 美国航母常用的航空弹药类型

攻击类型	制导方式	弹药类型	弹药名称
空对面	常规炸弹	Mk 系列炸弹	Mk82、Mk83、Mk84
	精确制导武器	联合直接攻击弹药	GBU 系列炸弹，GBU-16 铺路Ⅱ
		联合防区外武器	AGM-154
		高速反辐射导弹	"哈姆"、"百舌鸟"
		近程空对地战术导弹	AGM-65 "小牛"
		集束炸弹	Mk20 "石眼" Ⅱ、CBU-87/89
	雷达波制导	反舰导弹	AGM-84 "鱼叉"
空对空	红外/雷达波制导	空中拦截导弹	"响尾蛇"、"麻雀"、AMRAAM
其他		反潜鱼雷	Mk46、Mk50
		航炮弹药	20mm 子弹

当前，美国航母使用的对陆攻击武器中，除子母弹外，常规

的非制导炸弹和制导导弹以 Mk80 系列炸弹为主体。Mk80 系列炸弹可分为 227kg（500lb）、454kg（1000lb）和 908kg（2000lb）级别。普通炸弹是在 Mk80 系列炸弹上安装尾翼等配件而成的，如 Mk83；制导武器则是再加装部分制导装置等。

空中拦截导弹主要是指舰载机在执行空中拦截以及战斗巡航等任务时携带的自卫型空射导弹。为了提高自防御能力，舰载机对陆攻击时一般也会携带空中拦截导弹。例如，F/A-18E/F "超级大黄蜂" 通常挂载的 "响尾蛇" 和 AMRAAM 导弹、法国 "阵风 M" 舰载机通常挂载的 "麦卡" 和 "魔术 2" 空空导弹都属于空中拦截导弹。这类导弹重量较轻，一般在 91～136kg 之间。

其他类型的航空弹药则包括部分反潜鱼雷、航炮弹药等，使用频率不高。

（二）弹药库

航母上的航空弹药主要贮存于各弹药库中。弹药库在设计和布置时需要考虑供给设施、弹药贮存的特殊要求、弹药兼容性等。从安全角度出发，不同类型的弹药和爆炸物存放在分隔开的空间中。

美国 "尼米兹" 级航母的弹药库分为主弹药库和待用弹药库。图 6-1 是美国 "尼米兹" 级航母弹药库/弹药的布置图，主弹药库位于水线以下的 8～11 层甲板。主弹药库存放各类未经装配的航空弹药，包括空中拦截导弹以及精确制导炸弹，总贮存量可达 2000～3000t。待用弹药库位于水线以上，主要用于存放少量即将作战使用、按任务发放的弹药。图 6-2 为 "尼米兹" 级航母底层弹药库内部图。

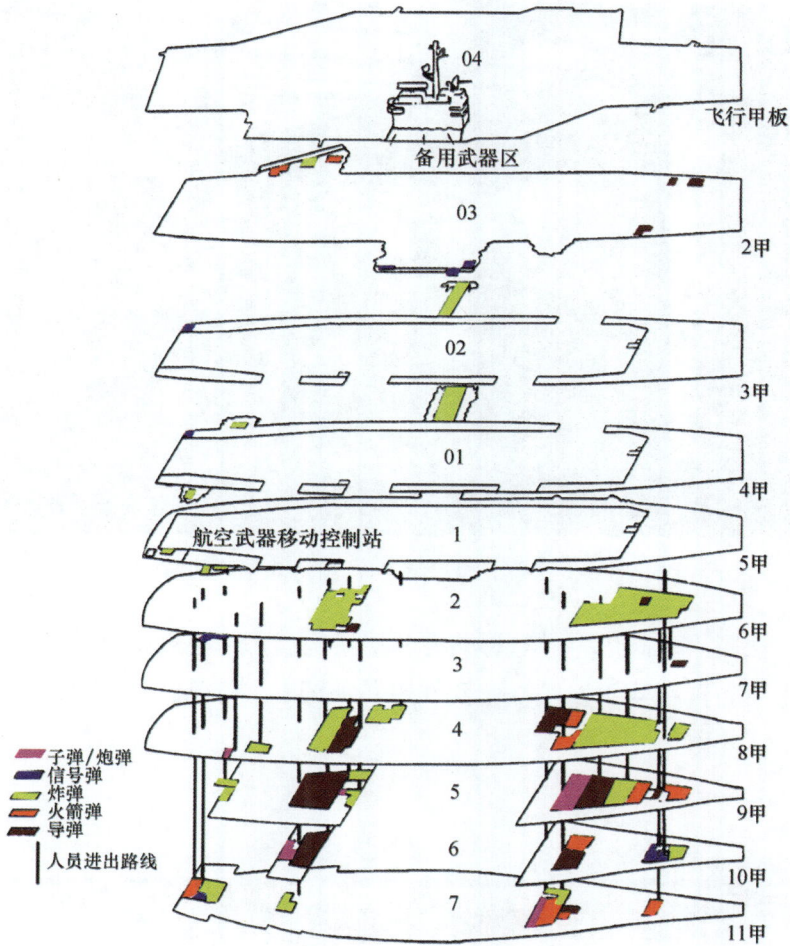

图 6-1　美国"尼米兹"级航母弹药库/弹药存放布置

图中右侧为我国编号规则，中间为美国编号规则。

图 6-2　美国"尼米兹"级航母底层弹药库

　　法国"戴高乐"号航母共有 9 层甲板（不包括舰岛部分），弹药库主要布置在 4 甲以及 7 甲到 9 甲，如图 6-3 粉色区域所示。

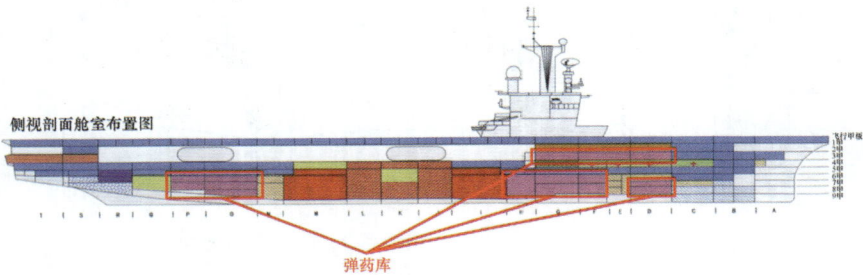

图 6-3　"戴高乐"号航母弹药库布置

美国海军规定，在持续出动①和高强度出动②情况下，航母上的航空弹药贮存量要分别满足 30 天和 4 天作战任务的需求③。

航空弹药的贮存对弹药库提出了很高的要求，航母上通常会采取各种措施确保弹药的安全性。弹药在存放时必须要确保稳固、安全；为维持合适的温度、排放有害气体，在弹药库内需要布设大量的管路和设施以保证充足的通风；弹药库具有良好的防护结构和各种报警、消防系统。例如，美国"尼米兹"级航母的弹药库配备有高温警报、进水警报和海水自动喷淋系统，具备安全锁闭的功能。

弹药库中弹药的布置必须根据弹药库的空间和所贮存弹药的类型进行综合考量。在确保所有弹药都在喷淋系统保护范围内、保证通风性、预留操作空间基础上，要通过优化布置方式贮存尽可能多的弹药。

由于弹药类型的不同，弹药在库内的贮存方式也有差异。"尼米兹"级航母上的航空弹药贮存主要分为托盘和集装箱两种方式。弹药托盘主要存放大型对陆攻击导弹或炸弹，由钢丝绳紧焊接而成的网格状承重面和底部钢制甲板支架构成，单层钢制托盘可装载 3～4 枚弹药，双层钢制托盘则可存放 6 枚弹药，如 Mk80 系列炸弹。图 6-4 中，（a）图为双层托盘，（b）图为单层托盘。弹药集装箱一般用来贮存空中拦截导弹和弹药组件，采用铝合金材料制作，箱体密封，由于安全要求高，存放时需处于锁闭状态。图 6-5为"杜鲁门"号航母上的弹药库。

---

① 持续出动：30 天中包含 26 个飞行日和 4 个停飞日，飞行日每天飞行作业 12h。

② 高强度出动：持续 4 天的 24h 作业，其中每个飞行日的飞行作业时间为 18h。

③ CVN 21 Weapons Brief，CDR Wayne Brovelli，PMS 378，O.J. Robinson，COMNAVAIRFORCE.

（a）

（b）

图 6-4　美国航母上以托盘形式贮存的常规炸弹

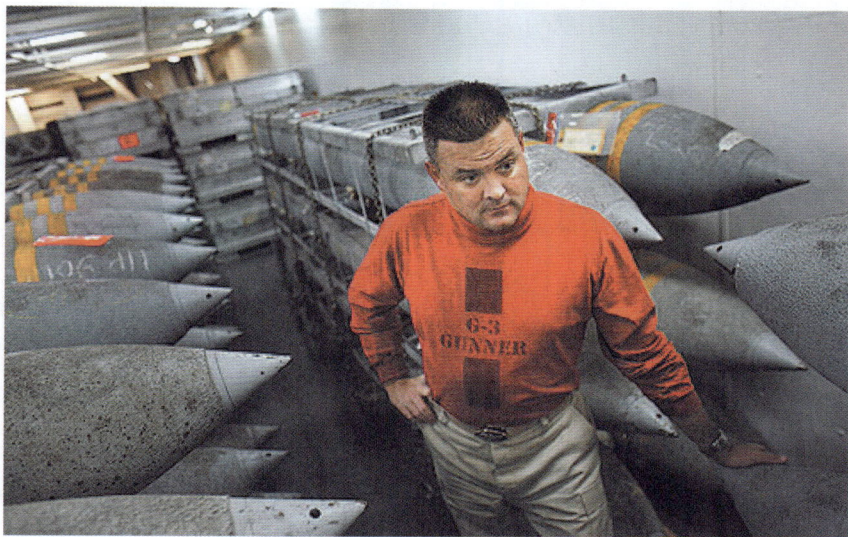

图 6-5　"杜鲁门"号航母上的弹药库
图中近景为托盘形式贮存的炸弹，远景为弹药集装箱。

第二节　航空弹药的转运

　　弹药转运作业流程包括弹药的提取、装配、运输等环节，要在舰上多层甲板、多个舱室、多个区域并行开展，需要使用起吊设备、武器升降机、弹药转运车等转运设备。

　　图 6-6 所示为美国"尼米兹"级航母航空弹药转运作业的基本流程：

　　（1）弹药库作业人员根据任务清单，取出库内以托盘或集装箱形式贮存的航空弹药，并运送至下层武器升降机。

　　（2）通过下层武器升降机将弹药运至弹药装配区，由装配区

作业人员进行弹药的装配。

（3）完成装配的弹药置于弹药转运车上，运送至上层武器升降机。

（4）由于不同航母的舱室布置差异或同一航母上弹药贮存位置的不同，弹药的转运有两条路径。

路径 A，由上层武器升降机将装配好的弹药直接运至飞行甲板的挂载区或中转区。

路径 B，上层武器升降机先将弹药运往机库，再利用飞机升降机统一运送至飞行甲板。

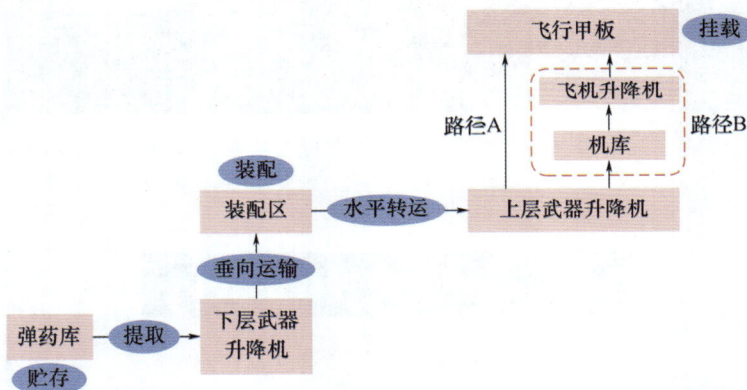

图 6-6 "尼米兹"级航母上航空弹药贮运作业

图 6-7 显示了与图 6-6 对应的弹药的转运路线，从图 6-7 中可以看到路径 A 与路径 B 的区别。

（一）航空弹药的提取

作战命令下达后，弹药部门按照任务清单从指定弹药库中取出弹药。

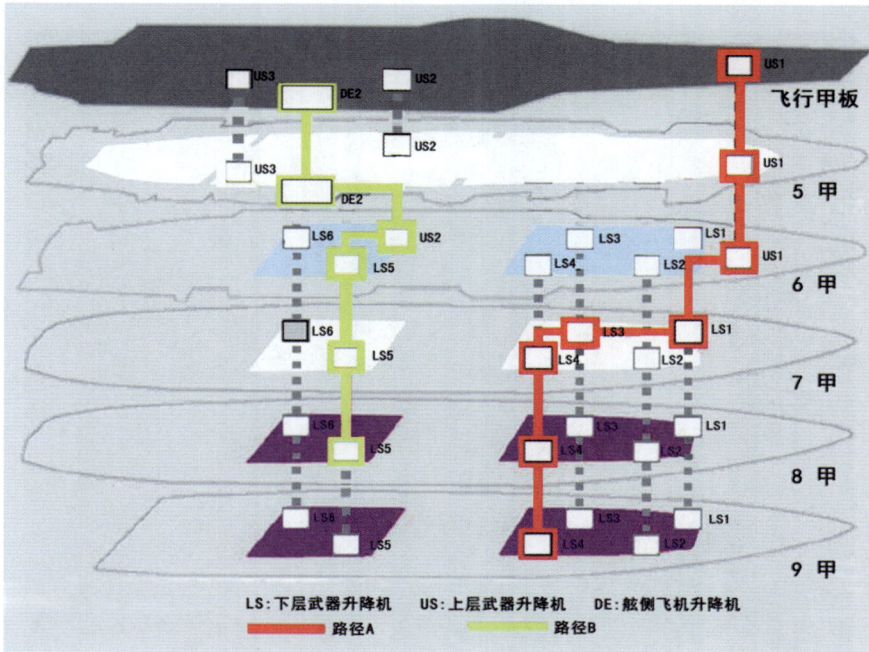

图 6-7 "尼米兹"级航母航空弹药转运路线示意图

主弹药库位于 8 甲至 11 甲，图中省略了 10 甲、11 甲以及 2 至 4 甲。

由于弹药贮存方式和弹药种类的差异，弹药提取作业的方式也略有不同。针对弹药托盘，提取作业主要使用电动叉车（图 6-8）将弹药托盘取出，并整盘转运至武器升降机；对于装在集装箱中的弹药，要通过舱室顶部的起重机拆箱，并人工取出组件（即引信、助推器、弹尾和信号弹等），在综合作业区完成简单装配并固定在弹药转运车上。弹药的提取要频繁用到电动叉车，美国"尼米兹"级航母上的电动叉车采用充电电池驱动，最大负载 1814kg[①]。

[①] Aviation Ordnanceman, NAVEDTRA 14313, Naval Education and Training Professional Development and Technology Center.

图 6-8　"艾森豪威尔"号航母上武器人员正在用电动叉车移动弹药

（二）航空弹药的装配

航空弹药的装配必须在指定的弹药装配区进行，由弹药装配人员完成，如图 6-9 所示。

美国"尼米兹"级航母有两个弹药装配区，设置在 6 甲（美国编号为 2 号甲板）的艏、艉部舰员食堂，在训练和作战时，可以迅速展开折叠的装配台，进行弹药装配作业。法国"戴高乐"号航母的弹药装配区主要设置在 5 甲（法国编号为第 1 甲板）。

图 6-9 "林肯"号航母上武器人员正在装配弹药

弹药的装配采用并行的流水作业线，装配台可自动传送弹药，将待处理的弹药依次移至操作员位置，由操作员完成相关组装。整个作业流程大致如下：

弹药通过下层武器升降机运送至弹药装配区后，利用绞弹机把弹药提升至装配台，并利用绞弹机固定好稳定翼；根据弹药类型安装尾翼、前端引信、尾端引信以及制导装置；最后将组装好的弹药从装配台转移至弹药架或弹药转运车上，准备往上层甲板运送。需要注意的是，弹药装配前后都要进行必要的检测，以保证弹药的完好性。

在航母上，炸弹及导弹的装配作业必须在转运至飞行甲板前完成，以保证弹药运抵飞行甲板后可以立刻投入使用。

（三）航空弹药的运输

航母上航空弹药的运输主要包括在同一甲板层的水平运输和甲板间的垂向运输。未经装配的弹药通过下层武器升降机垂直运至弹药装配区所在甲板，通过水平运输抵达弹药装配区，装配完成后，通过水平运输抵达上层武器升降机或飞机升降机，再通过垂直运送抵达飞行甲板。

弹药转运车是弹药运输的主要设备，航母上配备有不同型号和载重的弹药转运车和适配器。图 6-10（a）为美国航母上使用的 MHU-191/M 型弹药转运车，它的安全工作载重接近 2.3t[①]。

（a）

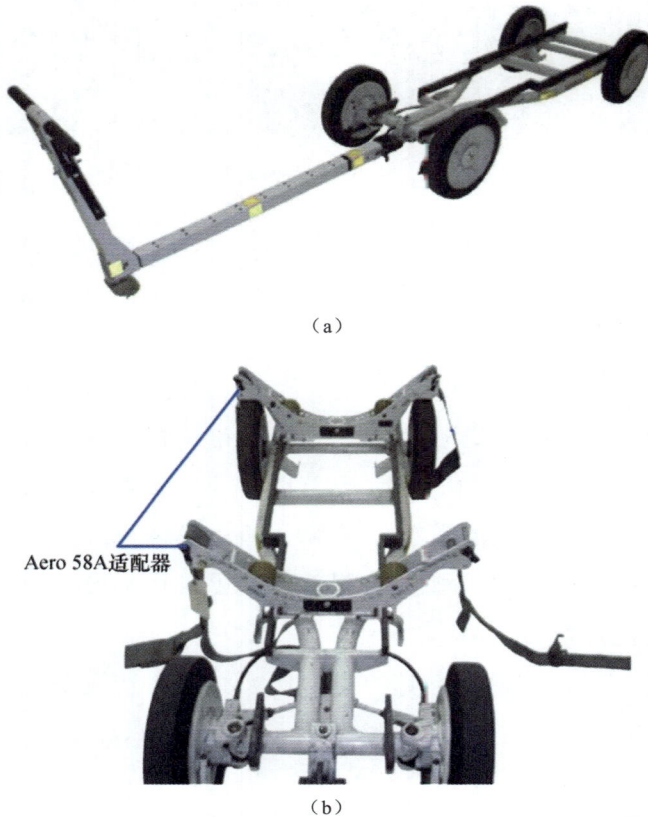

（b）

图 6-10　MHU-191/M 型弹药转运车（a）和装配在其上的 Aero 58A 适配器（b）

---

① NAVSEA OP 2173 Volume 2, Approved Handling Equipment for Weapons and Explosives.

实际运输中，弹药转运车并不能单独使用，需要根据所运输弹药的种类选用不同的适配器。适配器起到连接弹药转运车和弹药的作用，保证不同尺寸和重量的弹药安全、稳定地固定于弹药转运车上。图 6-10（b）为美国航母上使用的 Aero 58A 型适配器，用于运输单个直径为 77.5cm 的弹药。图 6-11 为"斯坦尼斯"号航母上的弹药转运人员正在使用该型适配器和弹药转运车运送弹药至武器升降机。

图 6-11 "斯坦尼斯"号航母上弹药转运人员正在使用弹药转运车

弹药在各层甲板间的垂向运输需要使用升降机。美国"尼米兹"级航母上设置 6 部下层武器升降机（图 6-12）和 3 部上层武器升降机，下层武器升降机负责把弹药运送到装配区甲板，上层武器升降机把装配好的弹药运送至飞行甲板。下层和上层武器升降机采用交错式设计，以避免爆炸、火灾等直接从上层甲板进入弹药库。

图 6-12　"尼米兹"级航母上的下层武器升降机

"尼米兹"级航母的 3 部上层武器升降机靠近舷内布置，甲板开口位于飞行作业区，其使用会影响飞行作业，因此美军在将弹药运至飞行甲板时大多选择使用舷侧飞机升降机。

法国"戴高乐"号航母设置了 5 部武器升降机，其中 3 部为下层武器升降机，2 部为上层武器升降机。

（四）"福特"级航母弹药转运作业的改进

美国新一代"福特"级航母为提高航空弹药保障能力，从优化总体布局和应用新技术两方面对航空弹药贮运系统进行了改进。

1．优化布局

在优化布局方面，"福特"级航母主要改进了弹药装配区和武器升降机的布置。

如图 6-13（a）所示，"尼米兹"级航母弹药装配主要在 6 甲的士兵食堂进行，分为两个弹药装配区，舰艏和舰艉各一个，两个装配区都依赖各自区域的升降机进行弹药转运。同时由于上层武器升降机要连接 6 甲和飞行甲板，其飞行甲板出口不可能离舷侧太近。

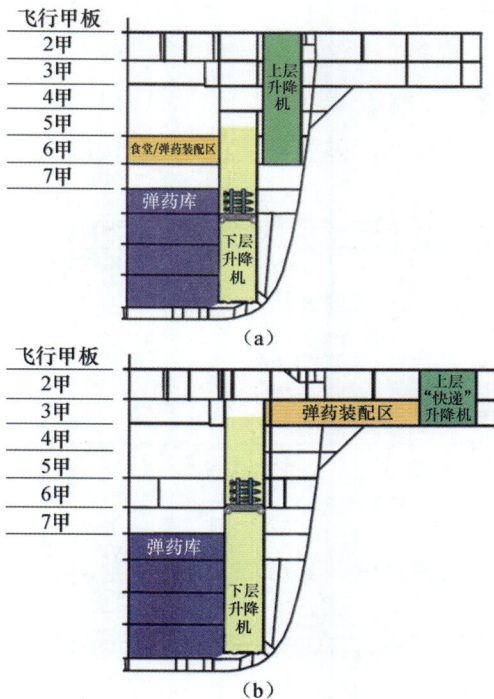

图 6-13　"尼米兹"级（a）和"福特"级（b）航母弹药装配区的布置

"福特"级航母在 3 甲设置了专门的弹药装配区。如图 6-13（b）所示，上层武器升降机连接 3 甲和飞行甲板，因此可以靠近舷侧布置，其飞行甲板出口远离了飞行作业区。在 3 甲设置专用弹药装配空间，装配好的弹药仅需通过 2 层甲板就可以直接"快递"到飞行甲板，作业效率明显提高；且不需要像"尼米兹"级航母上的弹药装配区，还要占用舰员食堂，影响舰员用餐，并省去了相关设备和桌椅的拆卸和安装工作。

除了装配区的布置，"福特"级航母在武器升降机的数量和布置方面也进行了调整，上、下层武器升降机分别为 4 部和 7 部，比"尼米兹"级各增加了一部，武器升降机运输能力有显著提升。

图 6-14 为"福特"级航母武器升降机的布置，从图中可以看到 7 部下层武器升降机，其中对于不需要通过装配区进行处理和中转的弹药，设置 4 部从弹药库直接达到 5 甲（机库甲板）的升

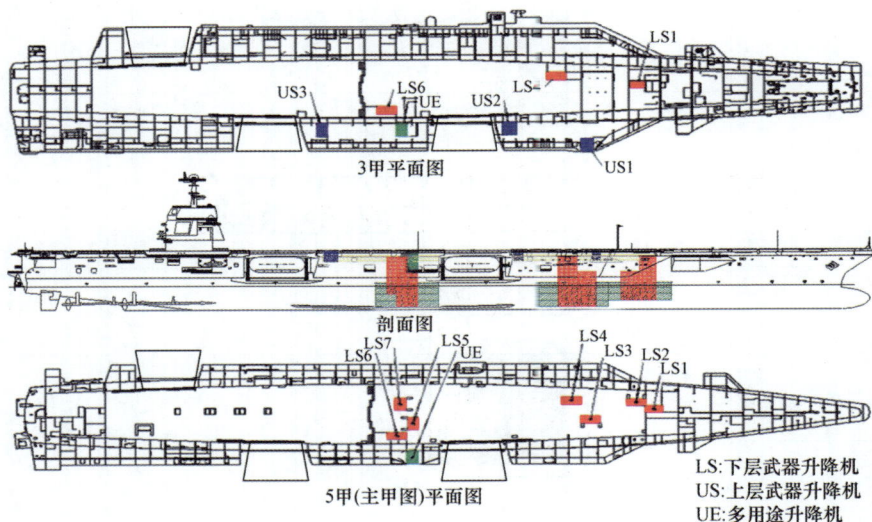

3甲平面图

剖面图

5甲(主甲图)平面图

LS:下层武器升降机
US:上层武器升降机
UE:多用途升降机

图 6-14 "福特"级航母武器升降机的布置
绿色网格区域为弹药库，黄色网格区域为弹药装配区。

降机；对于需要在弹药装配区处理的弹药，设置 3 部从弹药库达
到 3 甲的装配区的下层武器升降机。此外，还设置了 1 部从 5 甲
通往飞行甲板的多用途升降机。

　　"尼米兹"级航母的上层武器升降机在飞行甲板的开口靠近起飞
和着舰区，尤其是 1 号武器升降机布置在两条弹射跑道的中间，如
图 6-15（a）所示，弹药转运作业会影响舰载机起飞作业。如图 6-15（b）
所示，"福特"级航母上层武器升降机飞行甲板开口均布置在右舷靠
近舷侧的位置，避开了起飞和着舰区，减少了弹药转运对飞行作业的
影响，保证弹药转运能与舰载机作业同时进行，可以提高飞行甲板作
业的效率和安全性。

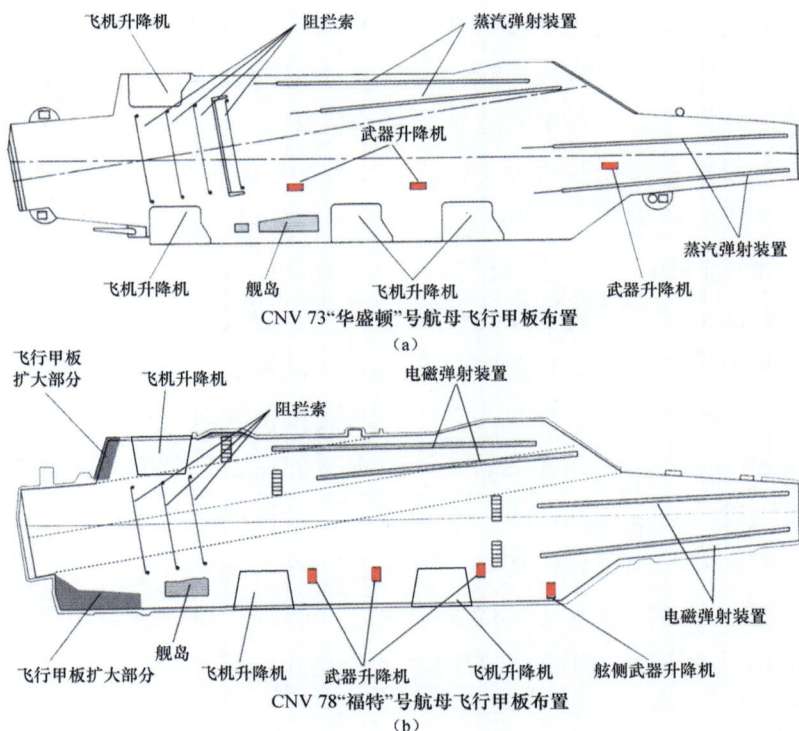

CNV 73"华盛顿"号航母飞行甲板布置
（a）

CNV 78"福特"号航母飞行甲板布置
（b）

图 6-15　"尼米兹"级（a）和"福特"级（b）武器升降机在飞行甲板的布置

2. 应用新技术

整个弹药转运作业中，升降机和弹药转运车使用频率最高，前者完成弹药在垂向距离上的运输，后者完成弹药在各层甲板水平面上的转运。"福特"级航母在武器升降机和弹药转运车方面采用了新的技术，提高了设备的转运能力和自动化水平。

"尼米兹"级航母上的武器升降机依靠电动钢丝绳或电动液压装置产生的动力升降，起降速度慢、维修复杂。为此美国研发了不需绳索而利用电磁力移动的先进武器升降机。2005年10月，美国诺斯罗普·格鲁曼公司选择联邦设备公司和电磁移动公司为"福特"级航母设计和制造先进武器升降机。同年，诺思罗普·格鲁曼公司完成了先进武器升降机样机的功能验证，该样机是一个全尺寸、1/4载重能力的武器升降机，升降速度 0.75m/s[①]，当电力失效时，样机可以利用紧急机械制动装置进行制动。2011年，联邦设备公司和电磁移动公司完成"福特"号航母上所需11部先进武器升降机的生产。

先进武器升降机的关键部件为永磁同步直线电机。该直线电机的初级沿着升降机井道内壁布置，每个初级的两侧都有钢轨，用途是引导升降机平台的导向轮和支持机械制动装置的工作；次级永磁阵列固定在升降机平台上，永磁体依靠来自初级的吸引力使悬置的导向轮紧贴在钢轨上。当由微处理器控制的变换器向初级供电时，初级线圈产生一个可以沿初级移动的电磁场，且磁场产生的位置与永磁体的运动位置保持一致。先进武器升降机的控制系统可实时获取永磁体的精确位置，产生可控的推力和速度。图 6-16 为先进武器升降机的模型及全尺寸样机。

---

① 引自美国联邦设备公司网站。

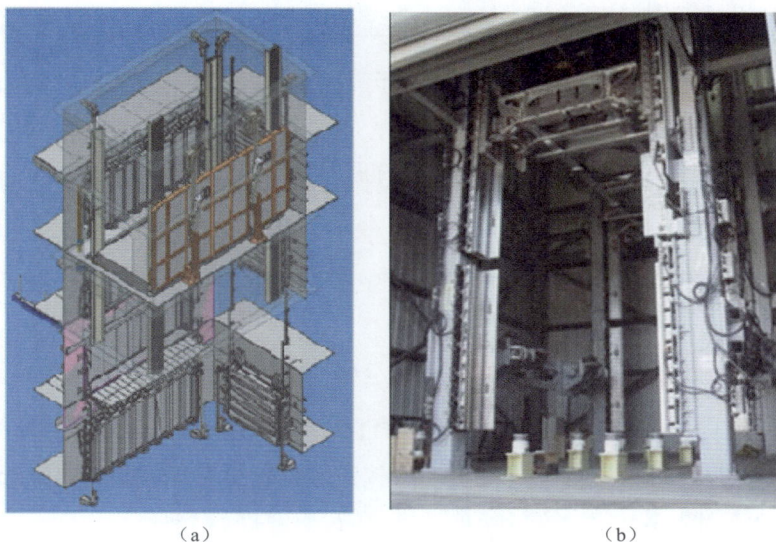

（a）　　　　　　　　　　　（b）

图 6-16　先进武器升降机模型（a）及全尺寸样机（b）

与"尼米兹"级航母的武器升降机相比，"福特"级航母的先进武器升降机具有如下优点[①]：

（1）平台面积大，载重能力高，先进武器升降机的平台长约 5.9m，宽约 2.4m，载重能力约 10.9t。

（2）采用电磁力驱动，能够实现快速升降，并提高设备的可靠性。

（3）不需要缆索或电缆连接到升降机平台上，可以在垂直升降通道上安装横向隔离门，更有利于保证弹药库和各层甲板的安全。

除了先进武器升降机，在"福特"级航母最初的设计方案中，曾计划使用全方位自动搬运车替代"尼米兹"级航母上的弹药转

---

① J.G. Wieler and R. D. Thornton, Linear Synchronous Motor Elevators Become a Reality, Elevator World, 2012.

运车和叉车等多种搬运工具。这种搬运车实际上是一个遥控机器人，采用智能控制和导航系统，可以在甲板和弹药库之间自动往返驾驶，减少人员劳动量。该车人员配备、电力消耗、自身质量和体积都小于当前使用的车辆，但搬运质量为 5.433t，是当前搬运车的 2 倍以上，且宽度比电动叉车小，更有利于航母内部空间的布置。这种车操作时对航母其他操作的影响较小，所需的维护工作量也较少。

全方位自动搬运车可以利用车轮转句而沿任意方向移动，不需要转弯区，即具备平面运动所有的 3 个自由度。这种车辆之所以拥有如此高的灵活性，是由于安装了 4 个麦克纳姆轮（Mecanum wheel）。图 6-17 为全方位自动搬运车及麦克纳姆轮示意图。麦克纳姆轮是 1973 年在瑞典发明的，该轮由一个主轮和 8 个滚轮组成，各个滚轮呈同一角度沿主轮圆周排列。这种全方位轮设计车辆的优点是方向容易控制，通过 4 个独立的电动机控制 4 个轮子的不同转向，就可以控制整台车辆的转向。2007 年美国政府问责署发布的关于"福特"号航母关键技术的报告中曾包含全方位自动搬运车技术，但在 2013 年发布的报告中取消了全方位自动搬运车技术。

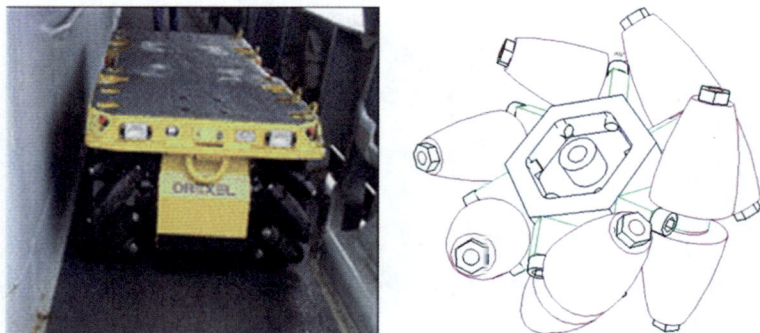

图 6-17　全方位自动搬运车及麦克纳姆轮示意图

由此推测该技术成熟度还未达到要求，因此在"福特"号航母上没有应用。尽管如此，美国海军在改进航空弹药贮运系统方面的思路仍可借鉴。

第三节　航空弹药的挂载

舰载机的弹药挂载应由航空联队弹药人员严格按照有关武器挂载手册和清单进行作业，以确保弹药作业安全和有效。舰载机的弹药挂载作业尽可能在飞行甲板上进行，舰载机回收作业时也可进行弹药挂载，但不能影响其他舰载机的安全回收，也不能妨碍舰载机的调运。

在航空弹药的挂载中需要使用弹药挂载工具——人工起重杆和绞弹机等。不同类型武器的挂载方法由该武器的质量和结构决定。美国航母上规定大多数质量不超过 454kg 的弹药可以使用人工起重杆进行人工挂载，最常用的人工起重杆型号为 HLU-256/E；当弹药质量超过 454kg 时，则要使用 HLU-196D/E 或 HLU-288/E 型绞弹机以及相应适配器进行挂弹作业。在航空弹药的挂载中，需要应用检测设备对弹药、弹药配件以及舰载机的武器系统进行测试。

（一）人工起重杆

人工起重杆在武器搬运和挂载中用来传送和提升武器。美国航母上使用的 HLU-256/E 型人工起重杆主要由插塞连接器和圆形钢条组成，其中圆形钢条上装有尾部挡板，如图 6-18 所示。插塞连接器通过一个可快速松开的销子固定于钢条。

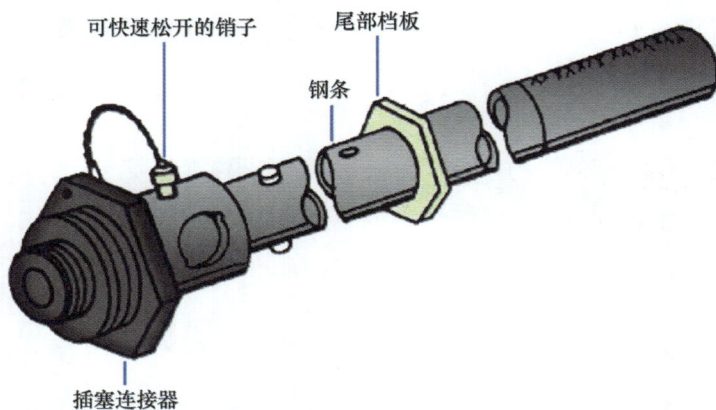

图 6-18　HLU-256/E 型人工起重杆

　　在挂载弹药时，同时使用两根人二起重杆，将起重杆上具有螺纹结构的插塞连接器与弹药首部和尾部分别连接，挂弹人员通过抬升起重杆的钢条，完成对弹药的提升，如图 6-19 所示。

图 6-19　使用 HLU-256/E 型人工起重杆进行人工挂弹

（二）绞弹机

相比人工起重杆，绞弹机在提升或放下弹药时具有机械优势。美国航母上使用较多的为 HLU-288/E 和 HLU-196D/E 型绞弹机。下面以 HLU-196D/E 型为例进行简单介绍。

HLU-196D/E 型绞弹机，质轻、便携，以电池作为动力来源，它的前一型号 HLU-196B/E 以汽油作为动力来源。HLU-196D/E 型绞弹机包括控制组件、电池组件、悬臂组件、线缆组件、提升组件等部件，如图 6-20 所示。

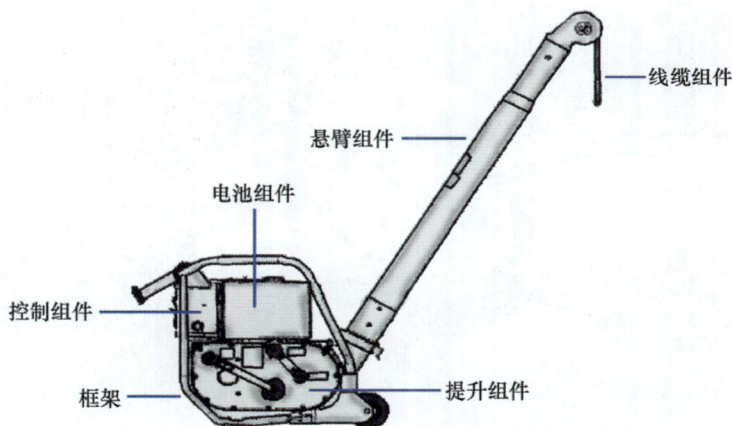

图 6-20　HLU-196D/E 型绞弹机

整个装置重 55.8kg，单独使用 HLU-196D/E 绞弹机对弹药进行单点起吊的能力为 680kg，配合各种转运车和适配器时可提升 1360kg 的弹药[1]。

---

[1] Aviation Ordnanceman, NAVEDTRA 14313, Naval Education and Training Professional Development and Technology Center.

（三）自动挂弹机器人技术

上述弹药挂载设备均为人力工具，在挂载过程中需要多人配合完成，时间和人力成本较高。"福特"级航母将采用自动挂弹机器人（图 6-21）为舰载机挂弹。自动挂弹机器人采用全电力启动和驱动，操作员手持遥控器就能提升和定位负载。原每架次需 7～8 人的弹药搬运和挂载工作，将简化至仅需 1～3 人。自动挂弹机器人的应用也与第七章第五节中的"一站式保障区"紧密相关。

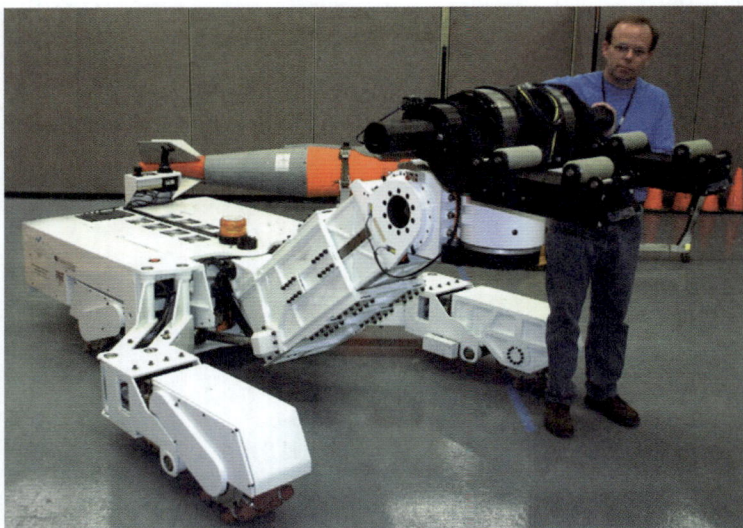

图 6-21　"福特"级航母的自动挂弹机器人

第七章　舰面保障系统

　　舰面保障系统的主要功能是保障舰载机飞行前准备、再次出动准备的油、气、水、电，并为航空作业安全和系统正常运行提供必要保障。其中，喷气燃料系统为舰载机的飞行提供燃油保障；航空电源系统为舰载机发动机的启动和舰载机的维修提供电力保障；航空供气系统为舰载机飞行准备、维护提供所需气体；舰面保障设施为舰载机的冲洗以及舰载机发生事故后的处置提供保障；飞行甲板清洁、除雪等日常维护为舰载机作业提供安全的场道环境。舰面保障系统的具体配置方案与舰载机的保障需求密切相关。

第一节　喷气燃料系统

　　舰载机由于飞行速度快、升限高、工作高空环境温度低且发动机构造精密，所使用的喷气燃料中任何超标的杂质颗粒和水分都可能引起发动机产生严重的事故症候，降低舰载机的作战能力，所以舰载机对所使用的喷气燃料的清洁度提出了很高要求。喷气燃料系统作为舰载机的燃油保障系统，主要作用是为舰载机提供干净、清洁的喷气燃料，以保证舰载机可正常飞行和执行作战任务。因此，喷气燃料系统不仅具备接收海基及岸基喷气燃料的补给、安全存储

喷气燃料、及时保障飞行甲板舰载机喷气燃料的加注、回收喷气燃料污油等基本功能，还需具备喷气燃料的质量保障能力。

喷气燃料的危险性高，需要采用特定的安全保障手段，例如美国采用高闪点燃油，俄罗斯采用氮气惰化油舱。

（一）喷气燃料系统的组成

喷气燃料系统由存储、补给、驳油、加油、压载、回收等功能模块组成，如图7-1所示。美军航母喷气燃料设备主要分布在2甲至8甲。

（1）JP-5补给和驳油系统：补给系统用于为储油舱加油；驳油系统由输油泵、离心式净化器或过滤分离器以及管路组成，输油泵能从一组储油舱吸取燃油，并通过离心式净化器或过滤分离器注入到另一组储油舱和日用舱。

（2）JP-5存储系统：包括储油舱和日用舱，储油舱用于大量存储航母接收的喷气燃料，日用舱用于存储干净、清洁、可供舰载机加注的燃油。

（3）JP-5加油系统：用于把清洁、干净、无杂质和水分的燃油从日用舱输送到舰载机加油站，供舰载机加油使用。

（4）JP-5压载系统：航母设计中会选定部分储油舱，可用作海水压载舱，特殊情况下，可以灌入海水，以保持航母的稳性。

（5）JP-5回收系统：用于对清舱、软管冲洗和海上补给等作业中产生的污油进行回收和再利用。

（6）JP-5清舱系统：用于清除所有储油舱和日用舱底部残余的燃油、海水和其他污物。

（7）辅助JP-5系统：用于紧急情况下把燃油输送到应急柴油发电机、辅锅炉、小艇加油站、保障设备加油站。

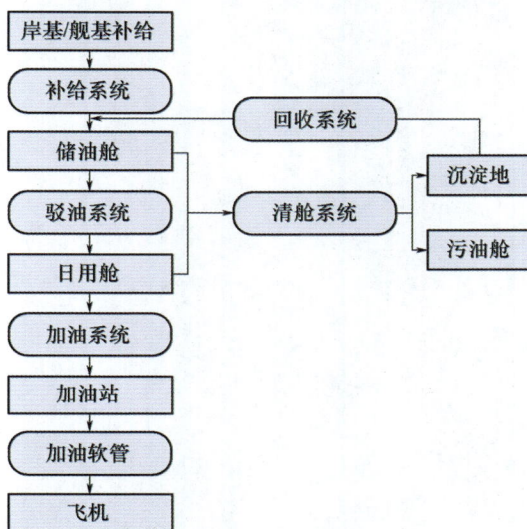

图 7-1　美国航母 JP-5 燃油系统示意框图

（二）喷气燃料油品质量保障技术

舰载机可接受的 JP-5 燃油必须清洁、透亮。"清洁"是指燃油没有任何混浊团、乳化、可见微粒或自由水。"透亮"是指燃油有清澈、透明的外观，无水分。因此，为实现舰载机的燃油保障，喷气燃料系统配置诸多过滤环节及相关附件，以保证喷气燃料输运和加注过程中的油品质量。图 7-2 为美军航母喷气燃料人员在检测燃油的质量。

美国"尼米兹"级航母 JP-5 喷气燃料系统的过滤环节设置于输送 JP-5 燃油从储油舱至日用舱的驳油系统，输送 JP-5 燃油从日用舱至加油站的加油系统，以及回收被污染 JP-5 燃油的回收系统。

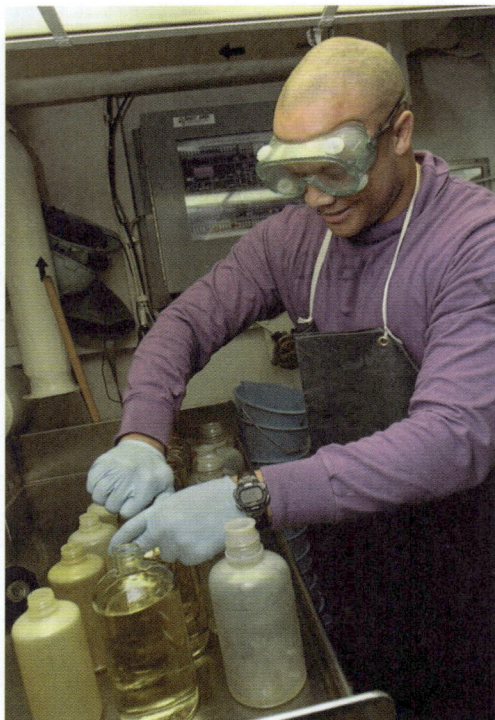

图 7-2 "斯坦尼斯"号航母航员在检测所采集的燃油样品

1. 离心式过滤分离器

驳油系统的过滤环节主要通过离心式过滤分离器实现，它利用不同物料高速旋转时产生的离心力不同的原理，分离出 JP-5 燃油中的水和固态杂质并清除。

离心式过滤分离器对水分的过滤精度可达 5ppm，并且离心分离出的杂质和水分不在分离区域存积，分离效率稳定。目前，美国航母上配备的离心式分离器有两种，额定流量分别为 757L/min 和 1136L/min。图 7-3 为"卡尔·文森"号航母 3 号泵舱的喷气燃料人员打开净化器的阀门。

图 7-3　在"卡尔·文森"号航母 3 号泵舱，喷气燃料人员打开净化器的阀门

2. 日用燃油过滤分离器

加油系统的过滤环节主要通过日用燃油过滤分离器实现，它利用聚结和分离两级过滤装置，清除过滤 JP-5 燃油中 98%的固体和全部水分。第一级过滤装置由聚结滤芯组成，用于过滤燃油中的固态物，并将燃油中的微小水分颗粒凝聚成大水滴。第二级装置由分离滤芯组成，用于去除已凝聚且无法由重力作用自动脱出的水滴。

3. 预过滤器和一级过滤分离器

回收系统的过滤环节主要通过预过滤器和一级过滤分离器实

现，预过滤器安装在一级过滤分离器的上游，主要用来过滤被污染 JP-5 燃油中的固体污染物，减小一级过滤分离器聚结滤芯的负载，延长使用寿命；一级过滤分离器与日用燃油过滤分离工作原理一致,通过两级过滤清除 JP-5 燃油中的98%的固体杂质和91.9%的水分，使得部分被污染的 JP-5 燃油可被回收复用。

4．防涡流钟形罩

喷气燃料系统不仅通过上述三个系统中的过滤环节来保证输送和加注过程中的油品质量，还对燃油源头处油舱吸入装置进行设计，美国航母储油舱、日用舱及溢流舱等舱室的吸入管路末端均配有防涡流钟形罩，用于尽可能消除抽吸燃油时在管路附近形成的涡流，减少对油舱底部流场的影响，减小油舱底部沉降杂质和水分进入上部抽吸流场的可能性，降低燃油在抽吸过程中的被污染风险。图 7-4 为防涡流钟形罩示意图。

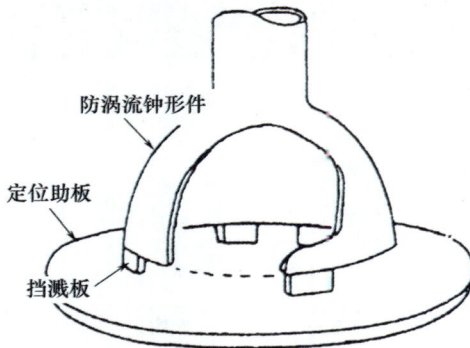

图 7-4　防涡流钟形罩示意图

防涡流钟形罩由防涡流钟形件、挡溅板和定位肋板组成。防涡流钟形件为侧面开有孔洞的半球形罩，通过定位肋板与正下方的挡溅板连接。吸入管路抽吸燃油时，由于挡溅板的作用，无法直接从竖直方向上抽取油液，只能通过钟形件上的孔洞水平方向上抽取，大大减少对吸入管路下部流场的影响。

（三）舰载机加、放油作业

舰载机加油分为压力加油和重力加油，压力加油时采用压力加油喷嘴，重力加油时采用重力加油舱。加油时，采用加油泵将日用舱中的燃油泵送至加油站，途中需经过过滤。待压力达到加油站要求后，开始加油作业。

美国"尼米兹"级航母规定，舰载机回收后再次出动前应尽快加油。舰载机回收前，加油工作人员站在指定加油站（图7-5）旁边或附近，取出加油软管准备为舰载机加油（图 7-6）。为保证安全，舰载机接好地线后才能开始加油。

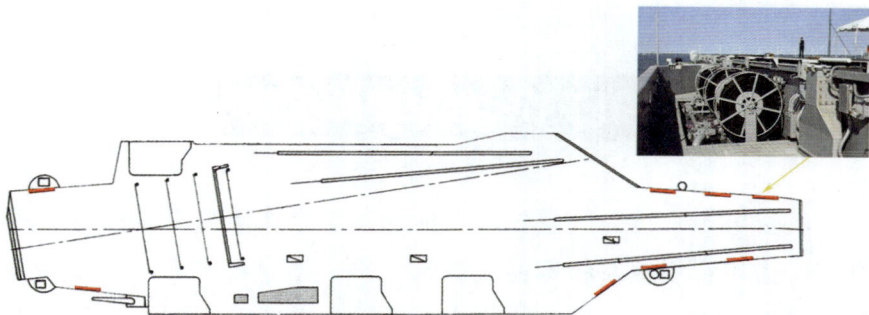

图 7-5　"尼米兹"级航母上的飞行甲板加油站

舰载机在回收后，如暂时不需要再次出动，则需要进行放油作业，卸载未使用的燃油，以保证舰载机在航母上的安全。放油时，使用加油站的放油泵，将飞机油箱中的剩余燃油抽回航母喷气燃料系统。

图 7-6　"斯坦尼斯"号航母上的加油站操作员在加油作业中

第二节　航空电源系统

　　航空电源系统为舰载机起飞前准备及再次出动准备提供电源供给，为飞行甲板及机库内舰载机维护、维修提供电源供给，为航空维护、维修相关舱室提供电源供给，并具有舰面启动舰载机的保障能力。

　　舰载机发动机可利用辅助动力系统启动，也可利用外部电力启动。美国"尼米兹"级航母的舰载机在利用外部电力启动时，外部电源供电电制统一为三相四线制 115V/400Hz 交流电，部分舰载机兼容 28V 直流电。因此，"尼米兹"级航母舰面航空电源设备的电制为 115V 交流和 28V 直流。为了作业方便，航母上。设置了固定式舰载机电力服务站和航空电源车两种航空电源保障设备。其中，固定式舰载机电力服务站大量布置在飞行甲板。例如，"尼米兹"级航母飞行甲板上布置的舰载机电力服务站多达36个，其中19个分布在舷边。图7-7为"里根"号航母人员正在检查飞行甲板上的舰载机电力服务站。

图7-7　"里根"号航母人员正在检查飞行甲板上的舰载机电力服务站

航空电源车包括牵引车搭载式和独立式两种。以前，美国航母上的飞机牵引车后部带有航空电源车；随着F/A-18成为主要舰载机，美国航母上飞机牵引车后部已不再装备电力装置，而代之以喷气式舰载机发动机启动装置。美国航母上使用的独立式航空电源车包括NC-2A、MMG-1A和A/S37A-3等型号。

MMG-1A为美国海军岸基和航母机库使用的小型紧凑型拖车装电动发电机设备（图7-8），提供115V/200V、400Hz的三相交流电和28V直流电力，用于舰载机维修、校准和保障。该设备的运行需要220V或440V、60Hz的三相外部电源。

ANF0918

图 7-8   MMG-1A 航空电源车

    A/S37A-3 舰载航空电源车用于替代 NC-2A, 在航母上为舰载机提供 115V/400Hz 的三相交流电或 28V 直流电。该型航空电源车采用柴油机动力, 由柴油机驱动发电机。图 7-9 为 A/S37A-3 航空电源车的示意图和实物图, 可以看到, 所有的控制、方向推进、停车制动和电力开关都在操作员座位的右手边。该型航空电源车还具有急停系统, 可由"急停"按钮紧急制动或者在某些紧急状况下自制动。当发动机转速超过 2400r/min, 或柴油压力下降到

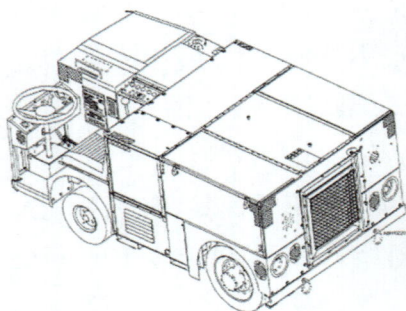

图 7-9   A/S37A-3 航空电源车

69kPa，或发动机温度超过 104℃时，该装置会自制动。表 7-1 列举了 A/S37A-3 航空电源车的主要参数[①]。

表 7-1　A/S37A-3 航空电源车的主要参数

总质量	2295kg	长	2.59m
转向半径	3.96m	宽	2.16m
燃油容量	68.1L	高	1.16m
液压驱动压力	10.34MPa	离地距离	0.18m

另外，美国海军正在研发的F-35C"闪电II"舰载机的电制为270V直流，这与"尼米兹"级航母上的电力装置并不匹配。为了适应这型舰载机，"福特"级航母上的舰载机电力服务站将具备270V直流供电能力，同时还具备适用现役舰载机的115V/400Hz交流电供电能力。

第三节　航空供气系统

航空供气系统的功能是保障舰载机飞行准备、维护所需主要气体，包括保障舰载机用氧气、氮气的充填，保障舰载机舰面通电检查时电子设备的冷却，保障舰载机轮胎的充气。为此需要配备多种供气设备，包括供氧终端、供氮终端、航空空调车、压缩空气终端等。

---

① Aviation Support Equipment Technician, NAVEDTRA 14329, Naval Education and Training Professional Development and Technology Center，2002.

（一）航空氧气的供应

舰载机高空飞行时，由于氧气稀薄，需要对飞行员进行外部供氧，而大部分舰载机不配备再生呼吸系统，因此需要携带液氧瓶。飞行前，按照需要由航母的液氧制备装置为舰载机液氧瓶充填氧气。

1. 液氧的制备和储存

液氧的制备需要在航母上完成。在美国"尼米兹"级航母上，制备装置临近机库。液氧制备完毕后须储存在制备舱室旁边的液氧储存室，储存室的旁边则是液氧车充填室。"尼米兹"级航母使用基于逆向布莱顿循环和焦耳汤姆孙效应（节流膨胀致冷效应）的氧气液化装置，制备液氧需花费数小时；"福特"级航母将采用基于热声技术的斯特林型脉管制冷机制备液氧，新系统结构简单紧凑、运行稳定可靠，从启动到生产出液氧仅需数分钟。

2. 液氧的传输和液氧车

液氧制备完成后，首先在液氧储存室中将液氧传输至液氧车，然后通过液氧车将液氧充填至液氧瓶中。图 7-10 中箭头所指"液氧流通管"是液氧从液氧储存室传输到液氧车的耐压管道；图 7-11 中的绿色球形罐是能为飞行员供氧的液氧瓶。

图 7-10 和图 7-11 中的液氧车均为 TMU 70/M 型液氧车，它是一种可独立工作的设备，主要包括三个部分[1]：1 个 189L 的杜瓦储存罐，1 个 15L 的杜瓦转存瓶，1 个管路与控制阀系统。这 3 个部件固定在一辆配有手刹和可收放式脚轮的三轮牵引车上。杜瓦储存罐和杜瓦转存瓶配备有液位计、压力计和压力释放装置。

---

[1] Aviation Boatswain's Mate H, NAVEDTRA 14311, Naval Education and Training Professional Development and Technology Center，2001.

液氧流通管

图 7-10　"林肯"号航母人员在为液氧车充填液氧

液氧瓶

液氧车

图 7-11　"斯坦尼斯"号航母舰员为液氧瓶充填液氧

为舰载机上的液氧瓶充填氧气时，液氧从杜瓦储存罐由导管先输送到杜瓦转存瓶，再输送到舰载机上的液氧瓶。管路还将液氧瓶排出的氧气（气态氧）传回杜瓦储存罐中。这样实现传输管路的闭循环，避免液氧瓶充填过程中的大量气体泄漏。相互连接的液氧和气态氧管路都是真空套装的，管路尽量减少到最短，以减少冷却和传热损失。

（二）供氮拖车

供氮拖车是对舰载机进行氮气补充的可移动式装置。美国航母上使用的是 A/M26U-4B 型供氮拖车，又称为 NAN-4 型供氮拖车，如图 7-12 所示。它由钢制框架、两轮轴、可伸缩的脚轮、牵引挂钩、工具箱、压缩气缸组成。氮气储存在 6 个压缩气缸中。气缸中的高压氮气通过一系列的测量计、阀门、过滤器、压力调节器等供给舰载机。该型供氮拖车配置有增压泵，可将所供氮气的压力增至约 24MPa。

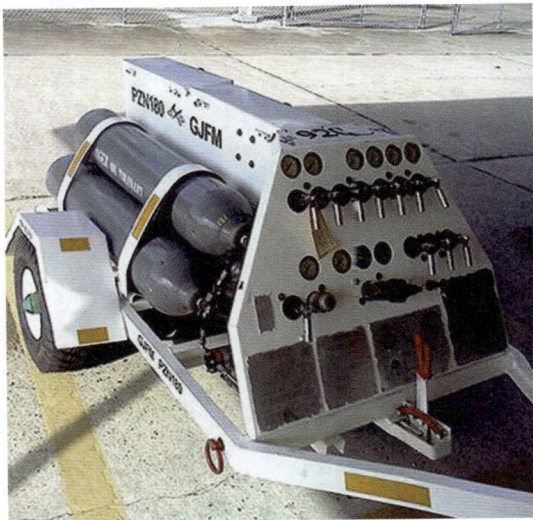

图 7-12　美国航母上使用的 A/M26U-4B 型供氮拖车

（三）航空空调车

航空空调车可以对舰载机上的电子设备、机组人员的飞行服进行空气调节，达到通风降温的目的。美国"尼米兹"级航母上使用 A/M32C-21 型航空空调车，如图 7-13 所示。A/M32C-21 航空空调车是一辆可用拖车牵引的四轮车辆，采用六柱往复式压缩机，自带 30hp、40V、60Hz 的三相交流电机。该型空调车通过自身配备的电力电缆和可折叠软管连接到舰载机，进行通风作业。

图 7-13 A/M32C-21 型航空空调车

（四）压缩空气终端

航母上配备压缩空气终端为舰载机轮胎的充气提供保障。美国航母上使用 ACU-20/M 型压缩空气终端。

第四节　舰面保障设施

航母上舰面保障设施主要保障舰载机机身和发动机的清洗、保障舰载机液压系统的检查和维护、保障飞行甲板失事舰载机的救援，并提供一般舰面设备的日常维护。下面主要介绍飞机救援吊车、飞机冲洗设备、液压油车和甲板清洗车等。

（一）飞机救援吊车

航母上部署有多种应急救援设备，包括飞机救援吊车、叉车等。当舰载机在飞行甲板上发生故障、受损或坠毁时，这些设备可以对事故舰载机进行及时处理。根据事故的具体情况，需要使用不同的设备，其中最重要的就是飞机救援吊车。美国"尼米兹"级航母使用的是 A/S32A-35A 型飞机救援吊车，用于在航母飞行甲板上起重、挪动和移除失事舰载机。

图 7-14 为 A/S32A-35A 型飞机救援吊车的示意图，这型吊车安装了 6 个橡胶轮胎，4 轮电力驱动，采用 1 台 6 缸液冷涡轮增压的 6V-92-TAB 型底特律柴油发电机机组。该柴油发电机组为 4 个驱动车轮、吊臂、吊钩和转向装置的电动机提供驱动电力。一台液压泵直接连接到发动机，为转向、自动调节脚踏闸和卷扬机制动控制提供液压。液压缸连接到后轴和底盘，可完成车辆转向。前轴和后轴可转向相反方向，提高了转句能力。

A/S32A-35A 型飞机救援吊车可以在航母飞行甲板上吊运故障或失事舰载机，并能在恶劣天气状况下进行舰上作业，能在起伏摇摆的甲板上将舰载机吊运到安全停机区的指定位置。在中等海况（3～4 级海况）下作业时，其性能指标还能达到额定值。

图 7-15 为 A/5 32A-35A 型救援吊车正在吊运直升机，图 7-16 为救援吊车在训练中吊运固定翼舰载机。

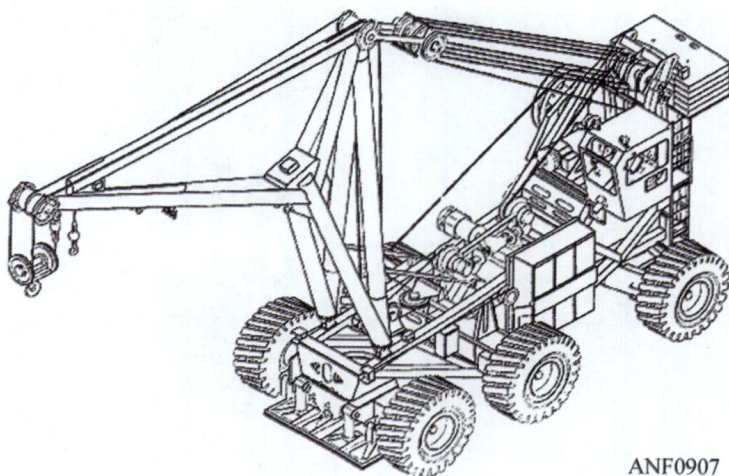

ANF0907

图 7-14　A/S32A-35A 飞机救援吊车

图 7-15　A/S32A-35A 型救援吊车正在吊运直升机

图 7-16 "艾森豪威尔"号航母上进行救援吊车的使用训练

空载时，该型吊车提升速度为 0～13.29m/min，最大行驶速度为 2.2m/s；满载时，提升速度为 0～6.10m/min，最大行驶速度为 1.3m/s。该型吊车空重约 60t，主吊最大起升能力约 34t，辅吊最大起升能力为 4.5t[①]。

该吊车通常放置于舰岛后方，吊臂伸出舷外，如图 7-17 红圈范围所示。美国海军规定，在舰载机飞行作业的回收阶段开始前，失事救援吊车就要启动，并在最后一架舰载机着舰前，一直保持待命状态。

---

① Aviation Boatswain's Mate H, NAVEDTRA 14311, Naval Education and Training Professional Development and Technology Center，2001.

图 7-17 "小鹰"号航母航渡过程中

发动机启动后，需要检查飞机救援吊车能否正常作业，并确保其处于以下运行工况：发动机空转转速 100～1000r/min；发动机水温 71～85℃；发动机油压 345～483kPa；直流电压读数处于绿色区域；制动压力 448～621kPa；开始工作时，发动机转速应为 1800～2100r/min，直流电压伏特计读数应为 460V。

A/S32A-35A 型飞机救援吊车的前一个型号为 NS-60/50 型。1987 年 7 月启动 A/S32A-35 型飞机救援吊车的研发试验；1988 年 7 月，研发工作因设计修改和升级而暂停；1990 年 6 月，研发试验重新启动，1992 年 5 月完成。

A/S32A-35 型飞机救援吊车并不完善，系统经常发生故障。1996 年，美国决定改进该型吊车的驱动系统，1996 年 3 月开始改进研制试验，1997 年 6 月完成，改进后的产品称为 A/S32A-35A

型，1999 年完成所有 A/S32A-35 的改装工作。除了更换新的电机驱动控制系统外，考虑到高湿和高温，A/S32A-35A 型吊车电机驱动箱采用了冷却系统和除湿器，还用固态应变片载荷指示器替代了液压载荷传感器。

（二）飞机冲洗车

舰载机使用中，需视情对其发动机和机身进行清洗，这对保障舰载机性能是非常重要。在飞行甲板区域对舰载机的机身和发动机进行冲洗作业时，飞机冲洗车是重要的保障设备。

对舰载机机身的冲洗要使用多种清洗工具，包括便携式泡沫发生清洗车、软管、喷嘴等。图 7-18 为美国海军使用的便携式泡沫发生清洗车，其容量为 170L[①]。

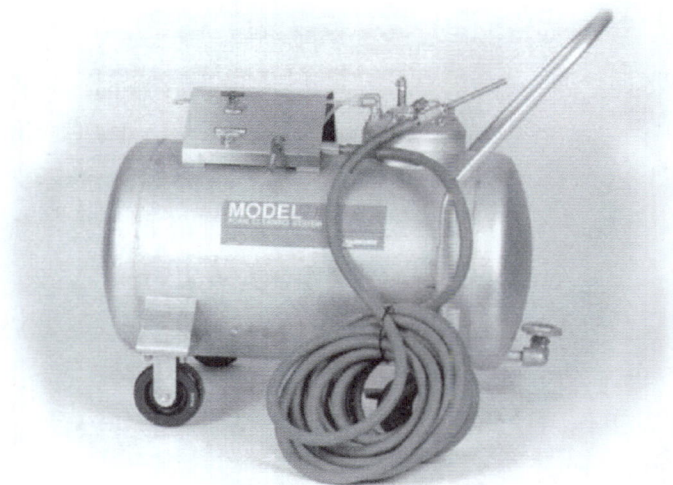

图 7-18 便携式泡沫发生清洗车

---

① NAVAIR 01-1A-509-2, CLEANING AND CORROSION CONTROL.

发动机是舰载机的关键部件，它的清洗需要单独的设备。图 7-19 为美国海军所用的喷气发动机冲洗车，它用来清洗涡轮发动机的压气机，容量为 125L。

图 7-19　喷气发动机冲洗车

（三）液压油车

液压油车用于检查舰载机液压系统性能和操作特性，可向舰载机液压系统提供所需液压油，而无需开启舰载机发动机。

美国航母上有两型液压油车，分别是 A/M27T-14 型和 A/M27T-15 型。

A/M27T-14型液压油车（图7-20）的主要系统是一个液压泵装置，液压压强为20.7MPa时加油速率为121L/min，压强为34.5MPa时加油速率为83L/min。

图 7-20　A/M27T-14 型液压油车

A/M27T-14 型液压油车使用电动机作为主动力，电动机功率为 75hp，输入电压为 440V/460V 三相交流电，频率为 60Hz。该设备的液压泵由推动泵和高压泵两部分组成，油液通过冷却器和低压/高压过滤器排出。液压油车的液压系统与舰载机液压系统通过软管连接，并使用压力补偿器及控制阀控制油液压力。A/M27T-14 型液压油车没有行驶动力装置，须用牵引车牵引移动。

A/M27T-15 型液压油车（图 7-21）的结构和操作与 A/M27T-14 型液压油车相似，但 A/M27T-15 型采用柴油机作为液压动力。A/M27T-15 型液压油车采用 4 缸 4 冲程涡轮增压柴油机，正常工作时，柴油机转速为 2700r/min。两块 12V 电池为该设备的电力系统供电，同时为柴油机启动提供初始动力。柴油机正常工作后，可产生交流电，供显示面板、冷却风扇、照明使用。与 A/M27T-14 型液压油车相同，A/M27T-15 型液压油车也没有行驶动力装置，须用牵引车牵引移动。

图 7-21　A/M27T-15 型液压油车

（四）飞行甲板清洗与除雪

航母飞行甲板相当于机场跑道，必须保持清洁，否则会给舰载机作业带来安全隐患。下面简要介绍飞行甲板的清洗方法和除雪方法。

1. 飞行甲板清洗

以美国航母为例，飞行甲板的清洗主要采用两种方式：人工清洗和甲板清洗车清洗。

1）人工清洗

在正常部署期内，飞行甲板区域的人工清洗在每天晚上开展，

即每日飞行作业结束后进行。在航母执行部署任务之初，会按计划将飞行甲板分成 8 块区域，每个飞行中队负责其中一块飞行甲板区域的清洗工作，清洗一块面积为 36.6m×24.4m（892m²）的飞行甲板需要 1～1.5h。每天的飞行作业完成后，采用人工方式对其中一块甲板区域进行清洗，下一天清洗另一块区域，以此顺次进行，每 8 天将整个飞行甲板清洗一遍。

美国航母人工清洗飞行甲板过程中：先采用消防水管喷洒海水，再用泡沫喷嘴撒清洁剂，然后甲板清洗人员排成行在横竖两个方向上推动刷子行进若干趟，随后往甲板上喷射海水对甲板进行冲洗，冲洗后的废液和异物直接排入大海。图 7-22 为美军航母人员推动刷子清洁飞行甲板的情景。

图 7-22　美国航母人员推动刷子清洁飞行甲板

另外，每天早上在飞行作业开始之前，飞行中队人员要使用气动真空吸尘器将其负责的甲板区域内的舰载机系留座处的残存液体和其他异物清除干净。

在航母 6 个月的部署期结束后，还要对整个飞行甲板进行一次彻底的人工清洗。整个飞行甲板的清洗程序与上述部署期间每晚的局部区域清洗程序基本相同。清洗整个飞行甲板大约要消耗 2000L 清洁剂，冲洗甲板需要消耗 55000L 海水。

2）甲板清洗车清洗

人工清洗只能在不开展飞行作业的时段集中进行，美国航母在飞行作业期间，采用飞行甲板清洗车对甲板进行清洗，使甲板保持较高的清洁度。

美国海军在航母上采用坦能公司（Tennant）生产的飞行甲板清洗车，如图 7-23 和图 7-24 所示。洗涤液的配置可采用 530L 淡水配 1.89L 清洁剂的比例。飞行甲板清洗车工作时，一边喷洒洗涤液，一边利用转刷对甲板进行刷洗，同时将洗涤液和废物回收到清洗车后部的回收箱，最后排入大海。

图 7-23　飞行甲板清洗车清洗"尼米兹"号航母飞行甲板

图 7-24 工作人员在"华盛顿"号航母上修理飞行甲板清洗车

2．飞行甲板除雪

除了飞行甲板的日常清洁，冰雪的及时清理对飞行作业安全也是至关重要的。第二次世界大战后，美国航母飞行甲板冰雪清理设备与方法不断发展。

美军在清理飞行甲板冰雪时，针对不同的情况采用不同的设备与方法：普通冰雪清理需要扫帚、撬棍、铁铲、木槌和除雪车等工具与设备（图 7-25）；凹坑中的雪通常使用压缩空气吹除；甲板表面的冰，需使用 689kPa 的消防水管和低压蒸汽除冰器去除；飞行甲板设备如导线、滑轮、阻拦装置、升降机上的冰块，需采用甲板除雪车和辅助的热空气加热器去徐。

图 7-25　"杜鲁门"号航母舰员进行飞行甲板冰雪清理

第五节　"福特"级航母"一站式保障"

　　舰载机着舰后，需要进行加油、挂弹、维修保养等作业后才能再次出动。美国"尼米兹"级航母的舰载机着舰—再次起飞采用的是"传统保障模式"，即舰载机着舰后，需先滑行至加油区加油，然后由牵引车牵引至弹药装载区挂弹，再到弹射站位准备下一次起飞作业；如需维修，在加油前还需滑行至指定区域开展维修作业。舰载机从着舰到重新起飞需转换多个工作区域，增加了舰载机的调运环节，降低了作业效率。为解决上述问题，美国"福特"级航母采用了"一站式保障"设计方案。

（一）"一站式保障"概念和流程

　　"一站式保障"概念最初来自全美赛车联盟。为赢得比赛，赛车必须在比赛途中实现快速保障，即在"一站式保障区"内同时

完成加油、更换轮胎及其他例行检修等工作，保障时间一般仅需 6～12s。

为提高舰载机保障效率，简化保障流程，美国"福特"级航母引入了"一站式保障"概念，在飞行甲板上设置了 18 个"一站式保障区"。图 7-26 为"一站式保障区"概念设计图，红色实心矩阵为"一站式保障区"所在位置。每个"一站式保障区"均可进行加油、挂弹、维修等作业。着舰的舰载机可在保障区停驻并原位完成各种保障作业，随后滑行至弹射起飞站位升空作战。

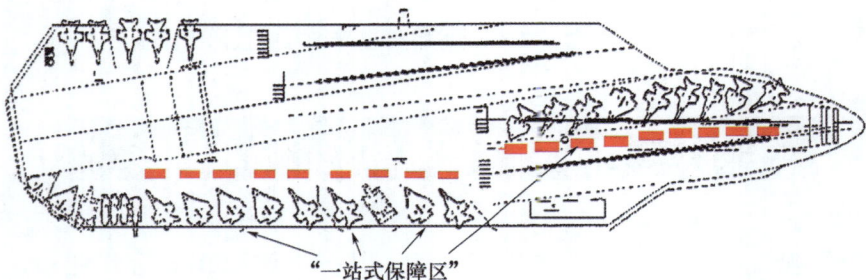

图 7-26　"一站式保障区"概念设计图

为了实现舰载机的一站式保障，如图 7-27 所示"福特"级航母在每个"一站式保障区"设有两个带舱口盖的"保障模块"：一个是电源保障模块，设有电缆卷盘和控制按钮；另一个是加油保障模块，设有加油管路和控制阀门。

舰载机"一站式保障"流程如图 7-28 所示，具体描述如下：

（1）舰载机着舰后，引导员将其引导至"一站式保障区"，关闭发动机，并将喷气口朝向舷外停放，以避免对人员造成伤害。

（2）操作员为舰载机接地后，打开供电保障舱口盖，取出电缆与舰载机对接，对舰载机进行通电检查。

图 7-27　舰载机在"一站式保障区"内进行保障

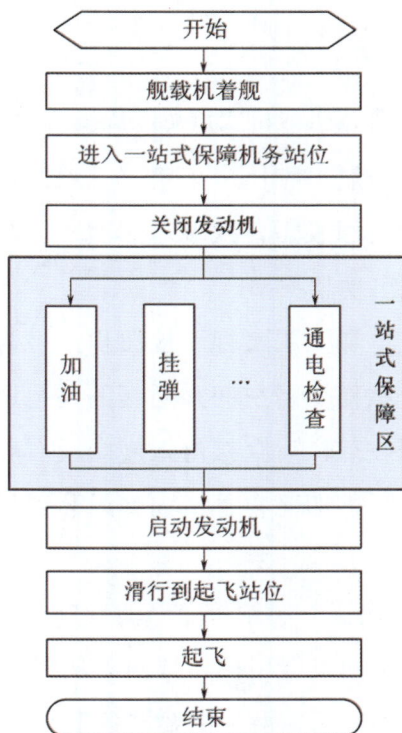

图 7-28　舰载机"一站式保障"流程

（3）加油人员驾驶移动式加油辅助车停驻在加油模块旁，打开舱口盖，用一根软管将凹坑内的航空燃油阀与加油辅助车连接，用另一根软管将加油辅助车与舰载机身加油接口连接。加油工作即可通过加油辅助车进行，流量可由辅助车控制。

（4）与此同时，自动挂弹机器人从武器升降机上卸下弹药，运至"一站式保障区"，为舰载机挂弹。

（5）在完成供电、加油、挂弹和维修等工作后，舰载机由"一站式保障区"滑行至弹射站位，开始下一波次的飞行作业。

（二）"一站式保障"的优势

1. 可减少着舰舰载机的再次调运，提高飞行甲板作业效率

与"尼米兹"级航母相比，采用"一站式保障"的"福特"级航母能减少舰载机回收后再次调运的次数，从而提高飞行甲板作业效率和舰载机出动架次率。

"福特"级航母加大了飞行甲板面积，可为每架舰载机提供更大的停机面积、维修保障空间和通畅的调运通道。上述设计使大批量舰载机在回收后，可直接滑入舰艏或右舷的停机区接受保障，完成保障作业后，即可自行滑向弹射装置进行下一轮作业，且无需移动其他舰载机。

图 7-29 为"尼米兹"级航母第一波次舰载机刚回收，而第二波次舰载机尚在空中的飞行甲板布置图。从图 7-29 中可以看出，在第一波次舰载机回收后，由于需要准备下一波弹射作业，"尼米兹"级航母必须空出舰艏和舰舯弹射装置，因此有 4 架舰载机停

放在舰艉回收区。而这 4 架舰载机在下一次回收作业时又需重新停放，以空出回收区。同样，位于航母右舷的舰载机在完成维修保障作业后，若不立即起飞，也需重新停放，以腾出空间进行其他舰载机的维修保障。舰载机的再次调运作业需要大量的时间，舰载机的保障作业不能连续进行，需频繁动用牵引车和调运人员，大幅降低了飞行甲板的作业效率。

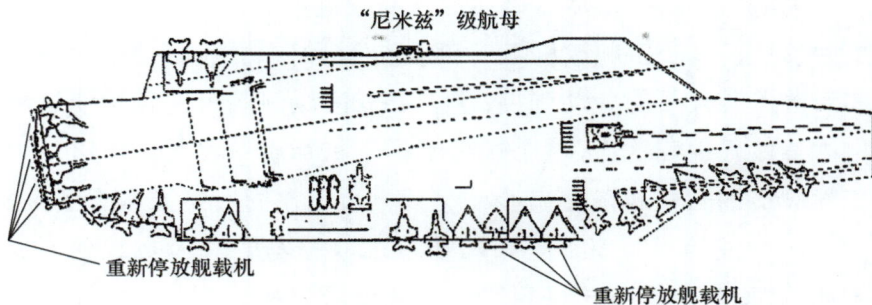

图 7-29 "尼米兹"级飞行甲板停机示意图

2. 可简化舰载机保障流程，提高出动架次率

"尼米兹"级航母舰载机回收后，需在多个区域进行加油、挂弹和维修保养等工作，且中间还穿插有多个调运环节，费时费力。舰载机加油时需要加油人员把位于舷边的沉重的加油软管拖到舰载机处，这些软管穿过舰载机周围区域，影响弹药搬运和其他舰载机维修保障作业。"福特"级航母采用"一站式保障"，加油、挂弹与维修可以同时进行，不仅可减少舰载机在多个区域移动所需时间，大幅提高保障效率，且舰面加油接口更接近舰载机机身接口，可采用较短的加油软管进行保障，从而减小对舰载机其他保障作业的影响。

据估算,"福特"级航母采用"一站式保障"后,舰载机出动准备时间从原来的 90min 减少到 60min,出动能力提高 33%[①]。"尼米兹"级航母 12h 最多可出动 120 架次舰载机,而"福特"级航母则可出动 160 架次。此外,在执行 24h 全天候作战任务时,"福特"级航母可以连续 4 天每天出动舰载机 270 架次以上。

3. 可减少保障人员数量,降低航母全寿期费用

采用"一站式保障"模式后,舰载机不需要在不同作业区域来回移动,减少了舰载机牵引和系留作业环节,从而降低了牵引和系留作业人员的劳动强度;由于部分区域舰载机能自行滑进滑出"一站式保障区",整个过程不需飞机牵引车参与,所以牵引车驾驶员的数量也随之减少;另外,由于在同一站点集合了油、气、电、液等保障资源,可减少舰面操作与管理人员数量。据统计,"福特"级航母采用"一站式保障"模式可减少 63 名操作人员。通过精简保障人员规模,减少加油、挂弹和维修区域的设置,削减飞机牵引车数量,有助于降低航母全寿期费用。采用"一站式保障"后,预计每艘"福特"级航母全寿期费用将节省约 4500 万美元[②]。

(三)支持"一站式保障"的相关改进

针对"一站式保障",美国"福特"级航母进行的改进有以下几个方面:

---

① W. Baker, S. D. Brennan, and M. Husni. "Flight Deck Design of the Next Generation Aircraft Carrier." Naval Engineers Journal, May 2000. 70-71.

② J. D. McWhite. "CVNX—Expanded Capability Baseline Aircraft Carrier Design Study." Naval Engineers Journal, May 2000. 48-49.

1. 优化飞行甲板布局

飞行甲板是进行舰载机保障作业的重要场所，其布置是否合理是"一站式保障"顺利实施的关键。基于"高效、简洁、低成本"的思路，美国重新设计了"福特"级航母飞行甲板，主要改进有：

（1）增加停机区域面积，以便于"一站式保障区"的布置和舰载机进出站线路的设置，包括扩大飞行甲板面积、减少一部飞机升降机及采用更小的"岛"式上层建筑。这些措施可增加飞行甲板舷侧停机区面积，从而有更多的空间布置"一站式保障区"。此外，通过"岛"式上层建筑位置的重新设计，还为舰载机直接进出"一站式保障区"提供了通畅的路径。

（2）改进舰载机保障模式。如图7-26所示，从飞行甲板艏部至艉部布置18个"一站式保障区"，并为每个"一站式保障区"设置独立的油、电、维修等保障资源，能为停机区内大部分舰载机进行"一对一"的快速保障。着舰舰载机自行滑入保障区后，可原位完成所有再次出动准备作业。

（3）优化武器升降机布局。将武器升降机设置在飞行甲板右舷侧，以减小升降机与"一站式保障区"之间的距离，这样不仅缩短了弹药搬运时间，还能避开起飞与回收区域，保证武器转运系统与舰载机能够同时作业。

2. 采用高效的舰面勤务保障技术

"福特"级航母除了对飞行甲板进行优化布局设计外，也采用了一些高效的舰面勤务保障技术，以满足"一站式保障"要求。

（1）采用自动挂弹机器人（见第六章第三节）为舰载机挂弹，能提高弹药搬运和挂载速度，使得原每架次需7～8人的弹药搬运

和挂载工作简化至约需1~3人。挂弹人员数量的减少可为"一站式保障区"腾出更多作业空间，便于加油、挂弹、维修等工作的同时进行。

（2）基于集成式、小型化和自动化设计思想，研制新型的喷气燃料和航空电源终端设施，提高舰载机舰面保障作业效率，减少作业人员需求。例如，单台航空电源还能提供115V/200V，400Hz中频电和270V直流电双路输出，能够同时满足第3代和第4代舰载机的供电保障需求。

3．采用作业安全性技术

对于"尼米兹"级航母，出于安全考虑，美国海军规定，在航母上进行弹药挂载作业时，不得同时进行燃油加注作业。"福特"级航母"一站式保障区"不但能对舰载机同时进行加油、挂弹作业，并且加油与供电保障舱口盖的距离还较近，舰载机在加油的同时往往与电源相连。为此，必须确保"一站式保障"同步集中作业的安全性。

另外，由于"福特"级航母舰载机需自行滑进滑出"一站式保障区"，为避免舰载机滑行过程中与其他舰载机发生碰撞，或尾喷流对其他舰载机造成伤害，美军已开始利用实时定位技术，对飞行甲板的舰载机进行定位，借助避碰技术来提高舰载机调运作业的安全性[1]。

4．提升飞机状态监测和诊断能力

"福特"级航母搭载的新一代舰载机F-35C具备高级维护诊断能力。在着舰前，F-35C将利用自身诊断系统向航母传送飞

---

[1] J. S. Johnston. "A Feasibility Study of a Persistent Monitoring System for the Flight Deck of U.S. Navy Aircraft Carriers." Master's thesis, Naval Postgraduate School, 2009.

机状态信息，使航母上相关人员知道该机需要哪些维护与保障，在舰载机着舰前就已制定好维修与保障方案，待舰载机进入"一站式保障区"后，即可开始相应的加油、挂弹和维修保养工作。

展　望

　　航母作为巨系统工程，几乎集成了舰船、航空、航天、电子、兵器等国防领域的所有高新技术，体现了现代海上军事强国的最高科技水平和综合国力。航母发展历经百年，实现了数次技术跨越，第二次世界大战至今一直是海上霸主。学术上曾有观点质疑航母未来的发展，但是2013年5月14日X-47B作为综合作战无人机平台在航母上首次实现弹射起飞，又于同年7月10日首次实现阻拦着舰，这是航母发展的里程碑事件，揭示了未来航母发展的方向。"福特"号航母电磁弹射、涡轮电力阻拦、全自动着舰、一站式舰面保障为代表的航空保障新技术的应用，为未来各种新型舰载机的研究、发展、上舰铺平了道路。

　　随着X-47B技术验证的成功，美国进一步明晰了舰载监视与打击无人机系统UCLASS的发展目标，该型机将能够实现舰上自主起降，具备空中加油、远程侦察和空中打击能力，美国海军部长雷•马布斯认为UCLASS是通往自主打击飞机的桥梁。2015年6月15日，美国海军作战部参谋部空战办公室主任迈克尔•马纳泽尔少将对新闻界表示，到2040年时，航母航空联队中将出现F/A-XX无人战斗攻击机，取代F/A-18E/F战机，届时航空联队将由F-35C、UCLASS和F/A-XX为主，构成空中侦察、突防和打击力量。据2015年4月15日美国海军协会网站报道，海军部长雷•

马布斯宣称，"F-35C 几乎肯定是美国海军的最后一型有人驾驶战斗攻击机。"

在可预见的未来，航母将是有人机和无人机混合编组的战斗平台。更大胆地预测，在更遥远的未来，航母将是无人机的天下。航母将继续作为海上战略打击力量的主角，是美国等海洋强国彰显实力、维护海上霸权的利器。我国航母建设应当紧跟世界先进技术的发展方向，努力实现跨越式发展，为实现强国梦、强军梦奠定坚实的物质基础。

附录 A　航母舰载机起降作业实录

为了便于理解航母航空保障系统在航母舰载机作业过程中发挥的作用，现将美国"华盛顿"号航母（CVN 73）部署期间典型飞行任务日的舰载机作业过程摘录于此。

（一）飞行计划制定与起飞前准备

"华盛顿"号航母飞行日程于前一天晚上由航空联队作战参谋部精心制定。

舰载机调运军官负责协调飞行甲板和机库甲板的所有舰载机调运，并协调各中队舰载机的维修、挂弹和加油需求。他在飞行甲板控制室内，和其下属人员一起通过调度模型台模拟舰载机的实际调运过程和状态（图 A-1）。

多个舰载机维修小组确保需要使用的舰载机处于完好状态。简单的维修作业通常在飞行甲板上进行，需要复杂维修作业的舰载机则通过飞机升降机调运至机库维修。

当大部分维修工作都已完成时，舰彧机根据调运军官指示重新停放。飞行甲板上有 45 架舰载机，多架停放在舰艏，部分由牵引车牵引，重新停放至右舷侧舰岛前，其他调运至舰艉。与调运军官制定的调运方案及"调度模型台"显示一致，每架舰载机停放在合适位置，确保这些舰载机能够按顺序滑行至预定弹射起飞位置。

图 A-1　美国航母舰载机调运军官（中）在飞行甲板控制室

　　飞行甲板工作人员佩戴头盔，头盔上集成了听力保护设备和护目镜。部分头盔有双向无线电耳机，可与航空部门长（即航空军官，也称航空老板，见图 A-2）、调运军官和飞行甲板军官通信。但大部分人员的头盔没有这种功能，这些人员在飞行甲板上的主要通信方式是手势。经过多年的发展，美国航母上形成了一套完整的飞行甲板手势信号。

　　飞行甲板军官指挥和监视飞行甲板作业，主要在飞行甲板上指挥。飞行甲板军官下辖多名舰载机引导员，在舰载机滑行时进行引导。

　　当飞行甲板工作人员为当天的飞行计划准备舰载机和甲板时，在飞行甲板下的多个飞行中队待命室，正在进行飞行前的准备。对于每次飞行，机组人员都要花费较长时间进行准备，了解

图 A-2　航母舰岛上主飞行控制室的航空部门长

航空部门长（即航空军官，也称航空老板）位于主飞行控制室（塔台），对飞行甲板上及航母附近空中的所有舰载机作业负有总控制职责，其主要工作是确保飞行计划安全、按计划执行。

任务细节，并事先设想各种可能情况。每次飞行都需要飞行前准备和飞行后任务汇报，最大限度地收集每个架次获得的信息和经验。

飞行甲板上在开展异物排查，与此同时第一批机组人员已着装完毕，完成舰载机的飞行前检查，登上舰载机。

航空弹药人员已在舰载机外挂架上挂载了"不死鸟"和"响尾蛇"导弹。

舰载机发动机开始发动，飞行甲板上噪声分贝大幅上升。可以看到航母正在迅速改变航向，驶向迎风方向。

（二）第一批舰载机弹射起飞

一架"海鹰"直升机首先升空，在航母附近悬停、等待和观察，准备在需要时立即执行救生搜索任务。

预警机是首先弹射的舰载机。E-2C"鹰眼"预警机解除系留，转动巨大的螺旋桨，在舰载机引导员的手势引导下滑向左侧舯部弹射起飞位置。这时飞行甲板已成为一个高噪声且非常危险的地方。弹射装置往复车与舰载机首轮弹射杆连接后，弹射装置操作员在接到可以弹射飞机的指令后，将"鹰眼"预警机弹射升空。

另一架 A-6 喷气式舰载机在舰艏弹射起飞站位上开全加力时，空气中充斥着发动机的轰鸣声，甲板震颤着。几秒后，舰载机加速冲出甲板飞向空中，轰鸣声渐弱。

在 A-6 升空的同时，舯部弹射装置旁，一名绿衫的弹射装置操作员正用脚后跟踹一架 F/A-18"大黄蜂"舰载机（图 A-3）的弹射杆，确认连接结实。牵制杆也已连接，用于牵制舰载机，直至达到预设推力时才突然放开。在"大黄蜂"舰载机的后面，喷气偏流板开始升起，旁边一名弹射装置工作人员举着一块标示着舰载机重量的面板。飞行员竖起大拇指表示回应，表明已收到并确认数值的正确性。根据该重量设置蒸汽弹射装置容量选择阀，确保设置正确。若弹射力不够，可能导致舰载机离舰后坠入海中；若弹射力过大，会使飞行员承受过大的过载，还可能损坏舰载机结构。

在首轮弹射杆和牵制杆都连接完毕后，弹射装置张紧，预设好压力，现在舰载机首轮处于往复车的拉力和牵制杆拉力的"拔河"中。

图 A-3　舰载机引导员正在引导舰载机滑行至弹射站位

缕缕蒸汽从弹射槽中逸出，舰载机引导员正在引导一架 F/A-18 向前滑至弹射
站位。精确的对中非常关键。左侧，一名穿绿色二作服的人员举着一块板，标着
该舰载机的起飞质量为 20.4t（45000lb）。飞行员确认该数据正确后，弹射装置将
根据该数据相应设置，以给舰载机提供合适的弹射力。

　　弹射装置操作员工作完成后，用手画圈然后指向前方，站在
飞行员视野内的舰载机引导员看到该信号后，给飞行员打手势"松
开刹车，开全加力"。

　　舰载机的加力燃烧室开始工作，飞行甲板发出振颤；这时阻
止舰载机向前加速的只有牵制杆了。弹射装置操作员迅速离开，
同时向弹射装置军官打手势信号。舰载机左右侧各有一名人员对
舰载机进行最后一次检查，若无问题则竖起大拇指。同时，飞行
员扫一眼仪表，看是否有问题；若发现任何问题，飞行员会大呼
"中止弹射，中止弹射，中止弹射"，取消这次弹射。这次一切正
常，飞行员向弹射装置军官敬礼，表明他已准备好。

　　弹射装置操作员蹲低，最后看一眼舰载机前方检查一下，之后手触及飞行甲板，然后一只手的两根手指指向前方。看到该手势信号以后，位于弹射综合控制站（美国航母上有两个，位于舰艏和舰艉）中的弹射装置军官（图 A-4）按下弹射装置发射按钮，弹射装置汽缸迅速达到预设的全压力，牵制杆受力达到设定值，继而断开。F/A-18"大黄蜂"在 2s 内，经过近 100m 的长度，速度从 0 加速至 278km/h（150kn）。弹射装置给舰载机的加速度达 5～6g。在"大黄蜂"离开甲板前，喷气偏流板就已经开始放下了。下一架舰载机向前滑行，又一次弹射程序开始了。

图 A-4　弹射综合控制站中的弹射装置军官

弹射装置军官在舰艏弹射综合控制站中，等待甲板弹射操作人员发出准备好弹射飞机的信号。

F/A-18 技术先进，其弹射过程是自动化的，有设定好的计算机飞行控制系统，飞行员现在只需要坐在驾驶舱内，弹射离舰后才重新控制舰载机。

白天的弹射可能令人愉快，但夜间弹射则让人有些恐慌，似乎一头扎进了黑暗虚空之中，没有外部的参照物，让人混淆和没有方向感。舰载机离开舰艇后，飞行员感觉身体离水面很近，此时看一眼仪表，一切正常。

对于典型飞行日，在 12h 内进行 8 个飞行周期。平均每个飞行周期从弹射到开始回收的时间约 90min。第 1 个飞行周期的舰载机在 10min 内弹射完毕，80min 后，第 2 个飞行周期的弹射就开始了，之后紧接着回收第一批出去的舰载机。

若由于某种原因弹射延迟或时间延长，则意味着之后的回收也将延迟或时间延长。同时，正在返回的舰载机在航母附近上空盘旋，消耗着所剩不多的燃油。因此，对于一艘航母，严格按计划时间进行弹射和回收非常关键。

（三）舰载机的回收

在航母空中交通管制中心（图 A-5）指挥下，完成任务并返航的舰载机进入预定高度的航线内等待着舰，F/A-18"大黄蜂"航线高 610m（2000ft），F-14"雄猫"和 EA-6B"咆哮者"为 914m（3000ft），A-6"入侵者"为 1219m（4000ft），E-2C"鹰眼"预警机和 S-3B"北欧海盗"为 1524m（5000ft）。

图 A-5　航母空中交通管制中心

　　舰载机沿着航母右舷侧飞行，经过航母后左转弯。通常 2～3 架舰载机为一个编组，转弯时间间隔约 45s，这是较理想的进近间隔，若一切正常，有足够的时间让前一架着舰的舰载机离开飞行甲板着舰区（至安全线外），并完成阻拦索复位，等待下一架舰载机着舰。

　　航母的作业周期非常紧凑，因此舰载机的最终进近阶段也非常短暂，飞行员转弯进入最终进近阶段的下滑航线后，将看到"肉球"，即菲涅尔透镜的灯光（图 A-6）。

　　菲涅尔透镜产生的允许着舰下滑线是一个角度较小的锥面，老练的舰载机飞行员可"驾驭"舰载机沿着光球的指示进近着舰，即通过精确控制舰载机，将舰载机位置保持在锥面中相对较安全的上边缘，沿着光球的指示着舰并钩住最理想的阻拦索。

图 A-6　美国航母上的菲涅尔透镜

　　着舰指挥官（图 A-7）正在密切注视第 1 架舰载机（F/A-18）的回收，飞行员在 1.39km（0.75n mile）处给出看到光球的呼叫"405 大黄蜂，光球，50"，分别代表舰或机编号和类型，确认看

图 A-7　航母着舰指挥官

着舰指挥官在平台上认真观察，一架 F/A-18 刚通过舰艉上方，准备触舰。

　国外航母航空保障系统

到菲涅尔透镜，剩余燃油为 2.3t（5000lb）。着舰指挥官回答"知道"。若进近没有问题，则着舰指挥官不需要再说话，飞行员自行调整，进入最佳下滑航线并着舰。但如果左右或上下对中有问题，则着舰指挥官给出建议，如"别再下沉；加一点油；往左。"

舰载机及早调整对中并进入最佳下滑航线非常重要，一名优秀的着舰指挥官会根据紧急程度或飞行员所需动作幅度而采用不同的音调和语气。在舰载机离舰较远时，着舰指挥官的建议性呼叫通常较平静。但如果飞行员未接受建议，离航母较近时，着舰指挥官的命令语气会变得迫切和强硬。

着舰指挥官主要依靠眼睛判断舰载机下滑航线。着舰指挥官有权命令舰载机禁降复飞，通过皮克勒开关开启光学助降系统的红灯发出禁降信号。

但这次 405 号"大黄蜂"表现很好，着舰指挥官不需给出建议和命令，舰载机稳稳地降落在航母甲板上，并且钩住的是 3 号阻拦索（图 A-8），着舰指挥官的记录本上为本次着舰标上了"很好，3 号"（OK three）。着舰指挥官为每次着舰评级，并给出讲评意见，评级表挂在飞行中队待命室，让大家都可以看到。

"很好"（OK）是最佳评价，表明进近过程很好，钩住了 3 号阻拦索。"还可以"（fair）表明安全着舰了，但进近航线有所偏离。"不予评级"（no grade）表明着舰过程不安全，不好，有很大偏离。最差的是由于潜在危险而禁降。

舰载机着舰后在引导员的引导下，飞行员将"大黄蜂"的机翼向上折叠，并驾驶舰载机滑行出着舰区。

图 A-8　美国航母上的阻拦装置

美国"里根"号之前的航母设置 4 道阻拦索，每道阻拦索在甲板下都有对应的阻拦机。在阻拦过程中，着舰舰载机的重量非常关键。阻拦装置人员通过设定阻拦机刻度盘上的舰载机重量，调整阻拦力大小。舰载机越重，所需阻拦力越大。

在这个过程中，在着舰指挥官平台，每隔几秒钟就有一个声音重复"甲板异常"（fouled deck）。与此信息相应，着舰指挥官及其副手一直按住皮克勒开关顶端，提示飞行甲板还没做好回收下一架舰载机的准备。

与此同时，下一架舰载机已进入正确的下滑航线。这是一架 A-6"入侵者"舰载机，飞行员呼叫看到光球。着舰指挥官回答"知道"，他的目光注视着这架 A-6，准备确定甲板的状态，如果甲板仍没准备好，则立即发出禁降命令。着舰指挥官们转头看了一眼斜角甲板着舰区，正好上一架 F/A-18 离开了着舰区安全边界线。立即有一声"甲板就绪"（clear deck）响起，确认允许着舰。

在 A-6 进近过程中，座舱中的飞行员工作负荷也很高，与"大黄蜂"等新一代舰载机相比，这种老一代、低技术水平的舰载机在着舰时需要更多的手动操作和驾驶技能。开始，飞行员看到光球位于基准灯下方，表明舰载机稍低，通过加大马力和调整姿态，很快修正到了最佳下滑航线。

数秒后，这架 A-6"砰"地一声和飞行甲板接触，冲击力使航母全舰范围内都能感受到震动。与飞行甲板接触的同时，飞行员将油门加至最大，以准备钩索失败复飞（Bolter）或触舰复飞。由于复飞不会钩到阻拦索，因此舰载机必须保持推力，以免坠入海中。在禁降或钩索失败复飞情况下，飞行员需要再飞一圈重新着舰，这会增加整个回收过程的时间，对整个飞行甲板作业产生影响。当然，A-6 飞行员这次表现还可以，尾钩钩住了 4 号阻拦索。钩住 4 号阻拦索而非 3 号，表明他着舰时比最佳下滑航线略高 0.61m（2ft）。

阻拦时，需要根据着舰舰载机类型和重量设置阻拦装置，调整阻拦力大小。舰载机着舰很困难，但很多经验丰富的海军飞行员喜欢这种作业。在白天、天气好的情况下着舰时，着舰成功率很高。但夜间或恶劣天气（低能见度、下雨、大风浪等）时，着舰成功率会下降。即使是经验最丰富的飞行员，也不会喜欢夜间着舰。

在晴朗夜晚、有月光的情况下，海平线还是较清晰的；但夜间经常会有其他天气情况，当舰载机下降，穿过云层后，漆黑一片，甚至还下着雨，没有海平线作为参考，也没有高度方面的感知，全靠舰载机仪表指示。

当根据仪表指示向航母方向飞行时，最后会逐渐看到航母的形状，之后看到菲涅尔透镜。在没有其他方法感知高度的情况下，容易出现失误，故使用仪表非常重要。

夜间着舰的进近距离稍长，离舰约 1n mile 处光学助降系统还是比较模糊。在离舰 0.93km（0.5n mile）处，光学助降系统已经比较清晰。在最终阶段，似乎一个灯光盒子加速飞来，之后马上就触舰了。

一次钩索失败复飞或直接复飞没有太大关系，但两次以上就要引起注意了。两次或三次尝试后，飞行员会紧张和疲劳，而且燃油会变少，需要空中加油。想到回到航母后，所有目光都会集中过来，包括着舰指挥官、航空部门长，还有航空联队和飞行中队的同僚，这种心理压力会加重飞行员的负担。每次进近都要集中注意力，并消耗体力，最后更疲劳，并更绝望。最后，在远海，在舰载机航程内没有陆地机场可供降落时，作为最后的手段，舰载机只能在海上迫降。幸运的是，这种极端情况较少出现。

舰载机着舰后，舰载机引导员用灯棒引导舰载机滑行到舷边，停下后，舰载机管理员打手势要求关闭发动机。这时，舰载机管理员通常会立即系留该舰载机。

最后一架舰载机成功回收后，当日飞行任务结束（图 A-9）。

图 A-9 "鹰眼"预警机成功着舰

"鹰眼"预警机通常是最后回收的一架舰载机，对于飞行员来说心理压力会大一些。但这次成功钩住了阻拦索，还是 3 号阻拦索。

附录 B　舰载机返航进近着舰模式

如图 B-1 所示，航母舰载机返航进近着舰模式可分为目视进近及目视着舰（模式Ⅰ）、仪表着舰系统进近及目视着舰（模式Ⅱ）、仪表着舰系统进近及全天候着舰引导系统着舰（模式Ⅲ）[①]3 种。其中，模式Ⅲ又分为 3 种方式：CV-1、CV-2、CV-3。

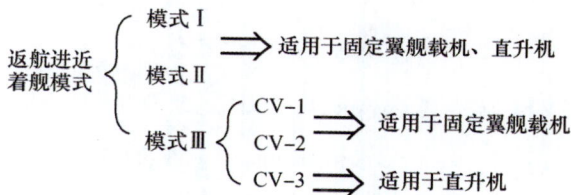

返航进近
着舰模式 { 模式Ⅰ
　　　　　 模式Ⅱ } ⟹ 适用于固定翼舰载机、直升机

模式Ⅲ { CV-1
　　　　 CV-2 ⟹ 适用于固定翼舰载机
　　　　 CV-3 ⟹ 适用于直升机

图 B-1　舰载机返航进近着舰模式关系图

（一）舰载机返航进近着舰模式的确定

航母舰载机采用何种返航进近着舰模式，主要由航空军官或更高级军官根据航母管制空域[②]的天气情况决定。

目视进近及目视着舰天气条件：预测舰载机白天返航进近着

[①] 舰载机返航进近着舰模式根据当时的天气情况以及具体作战需求确定。

[②] 航母管制空域（Carrier Control Area）：以航母为圆心，半径 50n mile 的圆柱形空域（从水面往上的无限空间），除了那些进行模式Ⅰ和模式Ⅱ飞行作业的舰载机外，该区域的所有舰载机都处在航母空中交通管制中心（CATCC）的控制之下。

舰时不会遇到仪表飞行①气象条件②，且航母管制空域内云底高度③不低于914.4m（3000ft），能见度不小于9.3km（5n mile）。

仪表着舰系统进近及目视着舰天气条件：预测舰载机白天返航进近着舰时可能会遇到仪表飞行气象条件，且航母管制空域内云底高度不低于304.8m（1000ft），能见度不小于9.26km（5n mile）。常用于多云或阴天情况下。

仪表着舰系统进近及全天候着舰引寻系统着舰天气条件：预测舰载机白天返航进近着舰时将遇到仪表飞行气象条件，因为航母管制空域内云底高度低于304.8m（1000ft），能见度小于9.3km（5n mile）；或进行夜间（日落后半小时与次日日出前半小时之间）舰载机回收。

（二）目视进近及目视着舰（模式Ⅰ）

返航舰载机编队在进入航母空中交通管制区域后都会向航母报告编队方位、高度、舰载机数量、燃油情况、舰载机着舰顺序等。航母向舰载机指示进近着舰模式、返航航向、最终航向、航母空域天气情况、高度表调定值和校准时间。

目视进近及目视着舰（模式Ⅰ）可分为排队等候阶段、进近阶段和着舰阶段④，另外还可能出现禁降、脱钩、触舰复飞等情况。该模式进近及着舰过程中舰载机应保持无线电静默，除非因为安

---

① 仪表飞行是指在看不清天地线和地标的情况下，飞行员完全根据舰载机上各种仪表指示操纵舰载机飞行，旧称盲目飞行，与目视飞行相对，是复杂气象飞行、夜间飞行和海上飞行的基础。飞行员不能直观感觉飞行状态，必须熟悉各种仪表位置及其指示特点，全面合理地分配注意力。

② 仪表飞行气象条件是指需要飞行员依靠仪表指示，按照仪表飞行规则飞行的气象条件，通常包括云层、恶劣天气、夜间。

③ 云底高度常指云底距观测站水平面的垂直距离。

④ 对应Holding Pattern、Decent and Break、Landing Pattern。

全问题而打破静默状态。以下以喷气机/涡轮螺旋桨舰载机为主要
对象介绍舰载机的回收。

1. 舰载机排队等候阶段

1）喷气式舰载机/涡轮螺旋桨舰载机

舰载机应当在离舰 18.5km（10n mile）处到达指定高度，然后
水平切入等候航线（如图 B-2 所示）。喷气机/涡轮螺旋桨舰载机的
等候航线为左手螺旋圆形轨迹（从上往下看为逆时针），位于航母
左舷，与航母航向或预期航向相切，并使航母位于 3 点钟方向，
最大直径 9.3km（5n mile）。不同舰载机所处圆形航线的高度不同，
最下层舰载机的高度不低于海拔 609.6m（2000ft），相邻航线垂直
间隔 304.8m（1000ft）。

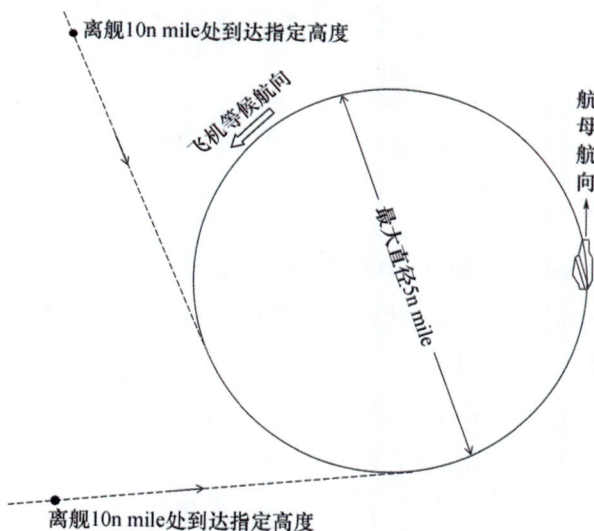

图 B-2 喷气机/涡轮螺旋桨舰载机以模式 I 进入排队等候航线示意图

2）运输机

运输机采用右舷等候航线，右手螺旋（从上往下看为顺时针），

位于与航母航向或预期航向夹角 45°～135°之间的区域，高度
152.4m（500ft）或 304.8m（1000ft），与航母最近距离不小于 1.85km
（1n mile），如图 B-3 所示。

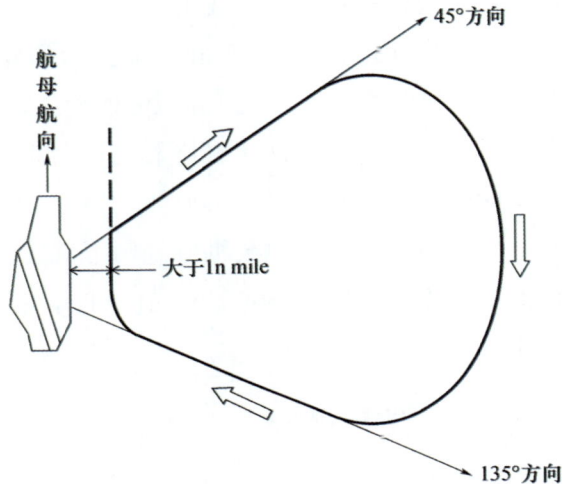

图 B-3　固定翼运输机模式 I 等候航线示意图

3）直升机

采用与运输机类似的右舷等候航线，角度范围45°～110°，高
度91.4m（300ft），速度148km/h（80kn）。

2．进近阶段

接到"改变等候航线高度"或"着舰①"命令后，舰载机从与
航母航向顺时针夹角 210°的地方离开原航线，水平飞行至离舰约
13km（7n mile）处。

对于需进入较低高度等候航线的舰载机，舰载机沿圆弧轨迹
飞行，在离舰约 13km（7n mile）外下降到指定高度，而后切入新

---

① 称为"Charlie"。

的等候航线。

将要进入着舰航线的舰载机继续沿圆弧轨迹飞行，至离舰艉 9.3km（5n mile）处下降至 365.8m（1200ft）。而后切入平行于航母航向的直线轨迹，在离舰艉 5.6km（3n mile）的初始进近点处下降至 243.8m（800ft）高度。此时舰载机水平飞行，平行于航母航向，如图 B-4 所示。

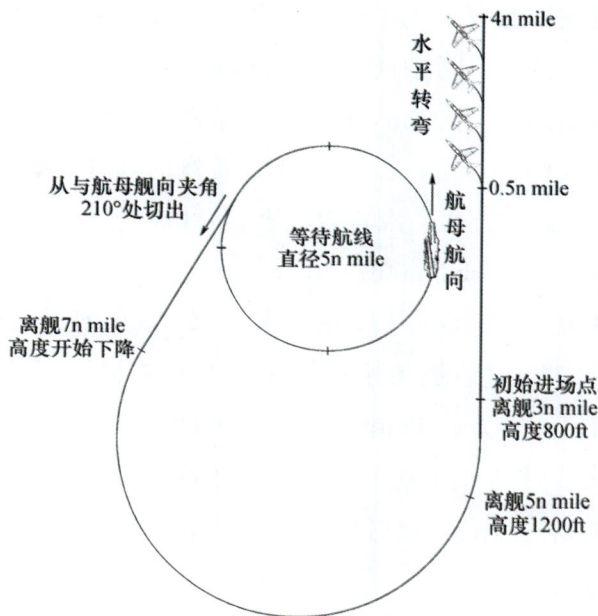

图 B-4　固定翼舰载机模式 I 进近航线示意图

接下来舰载机水平直线飞行。飞越航母后，在离舰艉 930m～7.4km（0.5～4n mile）处 180°左转弯[①]，进入着舰航线。着舰航线上最多同时有 6 架舰载机（该数值可由航空军官改动），如果转弯前着舰航线已饱和，或因为飞行甲板上出现意外而收到"推迟

----

① 称为"break"。

着舰[1]"命令，则舰载机从舰艉进入盘旋[2]航线。盘旋航线高度365.8m（1200ft），离舰距离小于5.6km（约3n mile）。位于盘旋航线的舰载机收到着舰命令后，仍然从舰艉约5.6km（3n mile）、高度243.8m（800ft）处的初始进近点开始进行下一步的着舰作业。

3. 着舰阶段

舰载机在舰艉首先水平转弯，进入着舰航线。当转入顺风向后，舰载机在继续转弯的同时开始下降。至舰载机转到与航母反向时，高度下降至182.9m（600ft），舰载机航线与航母航线间距1.85～2.78km（1～1.5n mile）。通常在转弯的同时，舰载机放下起落架、襟翼、尾钩，并完成着舰检查。而后舰载机在顺风向[3]沿直线飞行，保持182.9m（600ft）高度。

飞过舰艉4～5s后[4]，舰载机开始左转弯，同时高度逐渐下降。当转过90°时（舰载机飞行方向与航母航向夹角亦为90°），舰载机高度降至137.2～152.4m（450～500ft），离舰艉距离约2.2km（1.2n mile）。当舰载机切入最终方向（斜角甲板中线方向）时，高度106.7m（350ft），此时应捕捉到光学助降系统的光球。整个转弯耗时约45s。

然后，飞行员调整飞机水平，集中精力保证合适的下滑航线、对中和攻角。下滑15～18s后，舰载机触舰。飞行员在触舰后应适度加大动力，以便脱钩后复飞。整个过程如图B-5所示。

---

[1] 称为"Delta"。
[2] 称为"spin"。
[3] 实际上由于斜角甲板与航母航向有大约10°的夹角，舰载机并非完全顺风向。
[4] 此数据来自《航空母舰数据手册》。

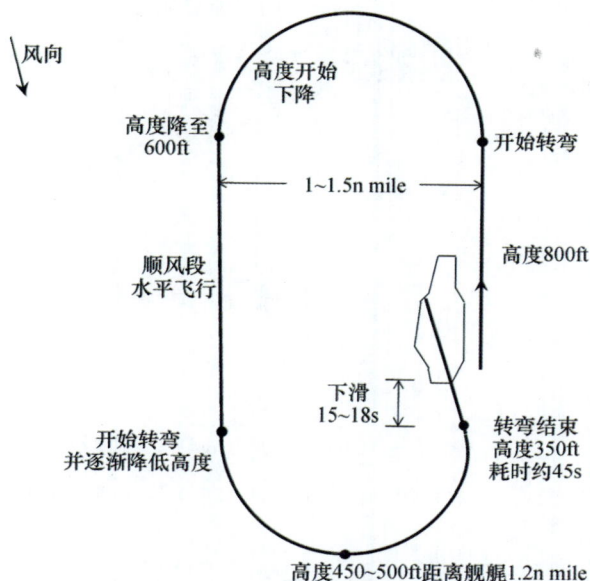

图 B-5　固定翼舰载机模式 I 着舰航线示意图

着舰过程中一旦出现禁降、触舰复飞或脱钩情况，舰载机应先爬升到一定高度，然后转弯到平行于航母航向；而后通常继续爬升到 182.9m（600ft），转弯进入顺风向。如果允许，则再一次进行着舰，如图 B-6 所示。

（三）仪表着舰系统进近及目视着舰（模式Ⅱ）

仪表着舰系统进近及目视着舰是一种过渡模式，由于天气原因，它在进近阶段不能直接判断是直接进行目视着舰还是仪表着舰，需根据进近后的情况再次判断着舰方式，最终归于模式 I 或模式Ⅲ的情况。

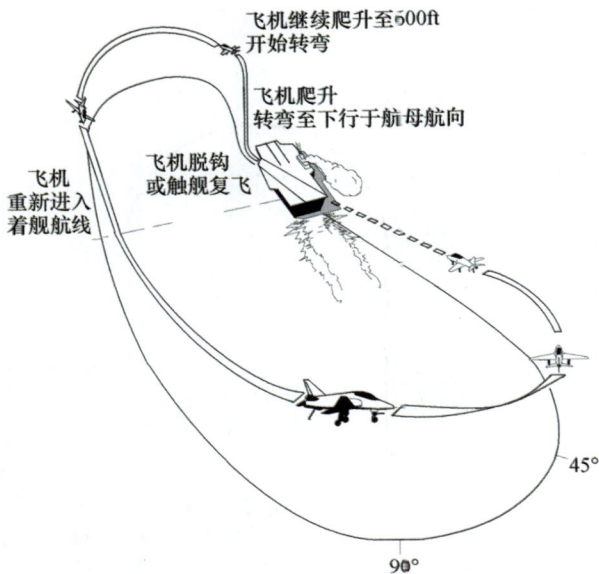

图 B-6 固定翼舰载机脱钩或触舰复飞后重新进入着舰航线示意图

喷气式舰载机/涡轮螺旋桨舰载机的首选集结等候航线同模式Ⅲ中的 CV-1 方式（如图 B-7 和图 B-8 所示）；如果"塔康"不可用，则采用模式 I 中的左舷等候航线（如图 B-2 所示）。直升机集结等候航线采用模式Ⅲ中的 CV-3 航线（如图 B-11 和图 B-12 所示）。

舰载机在 18.5km（10n mile）以外采用模式Ⅲ的进近航线和引导设备，直至进入 18.5km（10n mile）且飞行员报告航母可见，此后按模式 I 着舰。

如果 18.5km（10n mile）未能看到航母，则舰载机下降到不低于 243.84m（800ft）的高度。如果 9.3km（5n mile）时仍未看到航母，则认为前两架舰载机首次尝试着舰失败，经由无线电引导，以脱钩/禁降处理，根据着舰控制人员的指令，通过末段进近点，再次尝试着舰，同模式Ⅲ所述；后续舰载机采用模式Ⅲ方式。

采用模式 II 作业时，航母空中交通管制中心应随时准备改用模式 III，以防天气情况变差。

（四）仪表着舰系统进近及全天候着舰引导系统着舰（模式 III）

喷气式舰载机/涡轮螺旋桨舰载机可以采用 CV-1、CV-2 两种方式进行回收，其中 CV-1 为标准方式，应尽可能选用。直升机采用 CV-3 方式回收。

1. CV-1 方式

采用该方式时，舰载机的集结地点位于舰艉，径向线与最终方向顺时针夹角 180°，与舰艉的距离为：

$$L = 15 + \frac{H}{1000} \tag{B-1}$$

式中：H 为舰载机飞行高度（ft）；L 为舰载机与舰艉距离（n mile）。

等候航线最小高度 1828.8m（6000ft），相邻两层航线的高度差 304.8m（1000ft），形状为左手螺旋椭圆形，舰载机飞行一周需 6min。

舰载机的进近着舰程序如图 B-7 和图 B-8 所示，简要说明如下：

（1）由"塔康"引导，舰载机在指定位置集结，盘旋，排队等待。

（2）舰载机在指定时间离开集结地，以 463km/h（250kn）速度飞行，每分钟高度下降 1219.2m（4000ft），直到高度降至 1524m（5000ft）。在离舰 37km（20n mile）处，舰载机应调整到着舰航向。

着舰航向

4n mile/2min

180°

塔康

3n mile(末段进场点)

6n mile

10n mile

着舰航向

(初始进场点)

在指定位置集结

180°

飞行甲板距海平面平均高度60ft

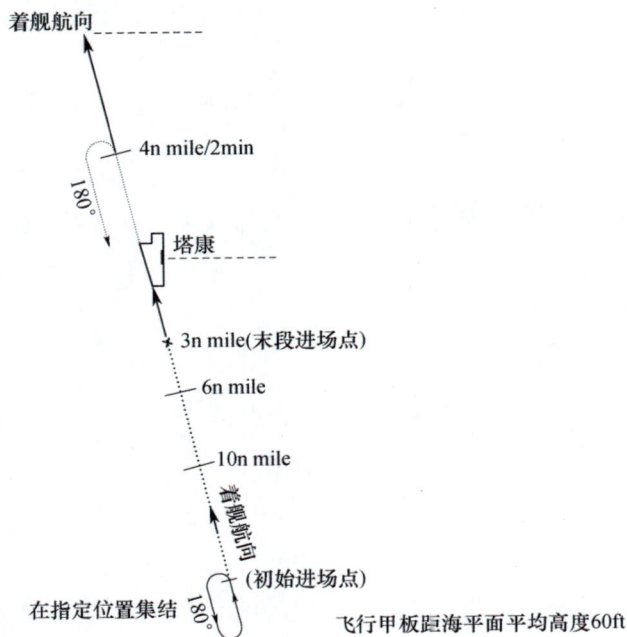

图 B-7　CV-1 方式进近俯视平面示意图

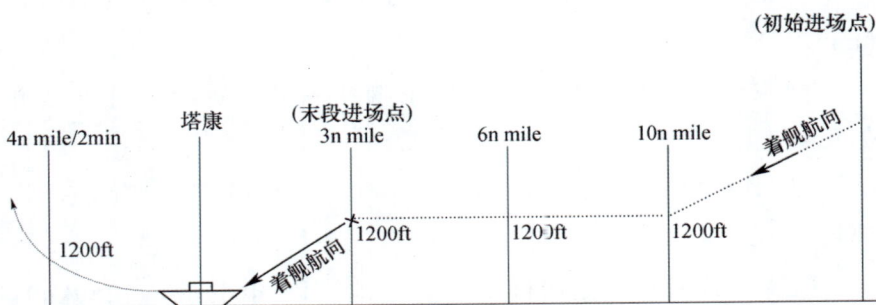

(初始进场点)

4n mile/2min　　塔康　　(末段进场点)
　　　　　　　　　　　3n mile　　　6n mile　　　10n mile　　着舰航向

1200ft　　　　　　　1200ft　　　1200ft　　　1200ft

着舰航向　　着舰航向

图 B-8　CV-1 方式进近侧视平面示意图

（3）下降速度减为 609.6m/min（2000ft/min），飞行至离舰 18.5km（10n mile）处，高度下降至 365.3m（1200ft）。水平飞行。

（4）在离舰 14.8km（8n mile）处，舰载机应放下起落架、尾钩和襟翼，准备着舰。离舰 11.1km（6n mile）处，着舰检查。沿着舰航向水平飞行至离舰 5.6km（3n mile）处，到达末段进近点。

（5）切入下滑航线，进入进近末段，着舰。

（6）如果因为脱钩或禁降而未能成功着舰，离舰 2min 或 7.4km（4n mile）后，若没有特定指示，转入顺风向，报告正横位。

（7）如果没有下一步的指令，舰载机在离舰 7.4km（4n mile）处重新进入着舰航向，进行下一次着舰。

2. CV-2 方式

采用该方式时，舰载机的集结地点位于航母右前方，径向线与着舰航向顺时针夹角 30°，距舰艉 7.4km（4n mile）。等候航线高度不低于 1828.8m（6000ft），间距 304.8m（1000ft），舰载机的进近着舰程序如图 B-9 和图 B-10 所示，简要说明如下：

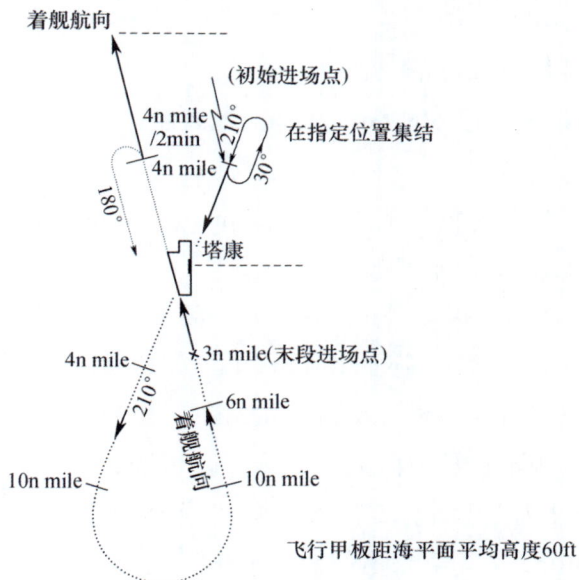

图 B-9　CV-2 方式进近俯视平面示意图

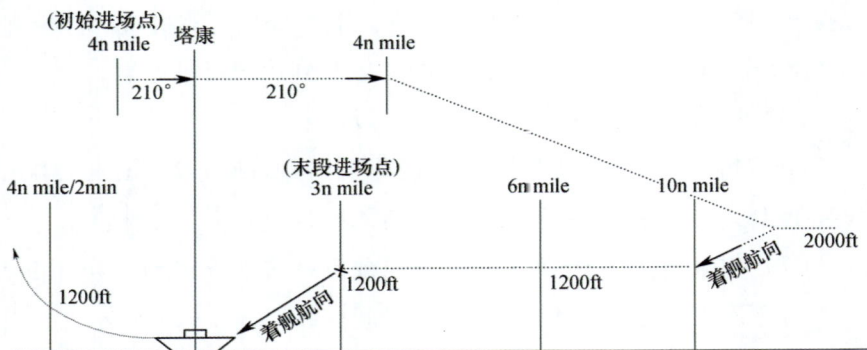

图 B-10　CV-2 方式进近侧视平面示意图

（1）舰载机在指定位置集结，盘旋，排队等待。

（2）舰载机在指定时间离开集结地，从初始进近点沿 210°方向水平飞行至航母左后方离舰 7.4km（4n mile）处。

（3）沿 210°方向继续飞行至离舰 18.5km（10n mile）处，高度降至约集结地点高度的 1/3。

（4）继续下降至 609.6m（2000ft）高度，而后开始沿圆弧轨迹水平左转向，进入着舰航向。

（5）沿着舰航向飞行至离舰 18.5km（10n mile）处，高度下降至 365.8m（1200ft）。水平飞行。

（6）在离舰 14.8km（8n mile）处，舰载机应放下起落架、尾钩和襟翼，准备着舰。离舰 11.1km（6n mile）处，着舰检查。沿着舰航向水平飞行至离舰 5.6km（3n mile）处，到达末段进近点。

（7）切入下滑航线，进入进近末段，着舰。

（8）如果因为脱钩或禁降而未能成功着舰，离舰 2min 或 7.4km（4n mile）后，若没有特定指示，转入顺风向，报告正横位。

（9）如果没有下一步的指令，舰载机在离舰 7.4km（4n mile）

处重新进入着舰航向，进行下一次着舰。

3．CV-3 方式

直升机采用该方式进行回收作业，集结地点位于航母右后方，径向线与着舰航向顺时针夹角 110°，与舰艉的距离如下计算：

$$L = 5 + \frac{H}{500} \qquad\qquad （B\text{-}2）$$

式中：H 为直升机飞行高度（ft）；L 为直升机与舰艉距离（n mile）。

等候航线最小高度 340.8m（1000ft），相邻两层航线的高度差 152.4m（500ft），形状为右手螺旋椭圆形，其中直线段长 3.7km（2n mile）。

直升机的进近着舰程序如图 B-11 和图 B-12 所示，简要说明如下：

（1）直升机在指定位置集结，盘旋，排队等待。

（2）直升机在指定时间离开集结地，飞行速度 167km/h（90kn），每分钟高度下降约 152.4m（500ft）。从初始进近点沿 290°方向飞行至离舰 5.6km（3n mile）处。

（3）以离舰 5.6km（3n mile）为半径，沿顺时针圆弧飞行至末段进近点，高度降至 152.4m（500ft）。

（4）转向着舰航向，切入下滑航线，进入进近末段，着舰。

（5）如果因为禁降等未能成功着舰，离舰 2min 或 7.4km（4n mile）后，若没有特定指示，转入顺风向，报告正横位。

（6）如果没有下一步的指令，舰载机在离舰 7.4km（4n mile）处重新进入着舰航向，进行下一次着舰。

着舰航向
4n mile/2min
180°
塔康
110°
在指定位置集结
110°
290°
(初始进场点)
着舰航向
145°
半径3n mile圆弧
3n mile
(末段进场点)
飞行甲板距海平面平均高度60ft

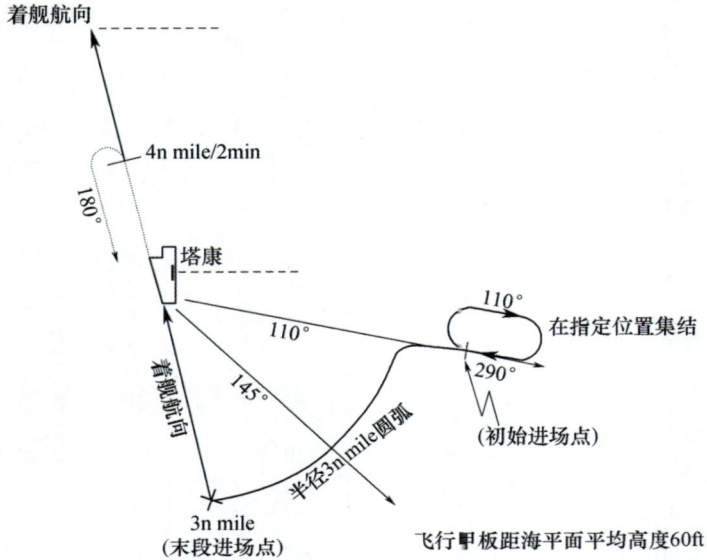

图 B-11　CV-3 方式进近俯视平面示意图

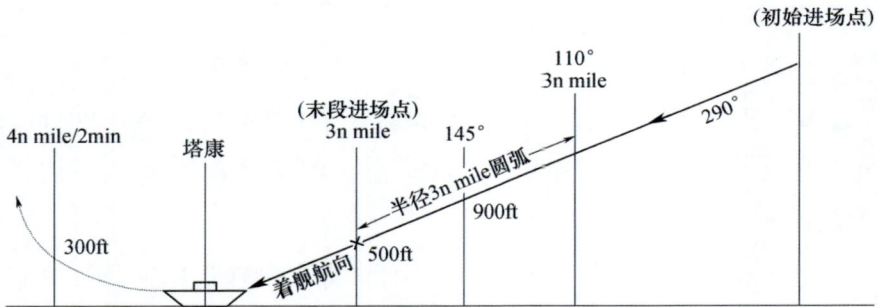

(初始进场点)
110°
3n mile
4n mile/2min
塔康
(末段进场点)
3n mile
145°
290°
半径3n mile圆弧
900ft
300ft
着舰航向
500ft

图 B-12　CV-3 方式进近侧视平面示意图

参 考 文 献

[1] NAVY TRAINING SYSTEM PLAN FOR THE CV/CVN AIRCRAFT LAUNCH AND RECOVERY EQUIPMENT[R]. NAVAIR, 2002.

[2] NAVEDTRA 14310 Aviation Support Equipment Technician[R]. Naval Education and Training Professional Development and Technology Center, 2002.

[3] Aaron Michael Still. Electromagnetic Launchers for Use in Aircraft Launch at Sea[D]. TEXAS UNIV AT AUSTIN, 1998.

[4] Doyle M R, Samuel D J, Conway T, et al. Electromagnetic Aircraft Launch System——EMALS[J]. IEEE Transactions on Magnetics, 1995.

[5] CVN 78 Class Selected Acquisition Report[R]. Department of Defense, 2011.

[6] Patterson D, Monti A, Brice C, et al. Design and Simulation of an Electromagnetic Aircraft Launch System[C]. Conference Record of the Industry Applications Conference, 2002.

[7] Bellamy G，Watson J，Flint K. Launch and Recovery Using the EMKIT System[EB/OL]. https://www.navalengineers.org/publications/symposiaproceedings/Documents/Lentijo.pdf.

[8] Tim fish. Converteam readies EMCAT for new UK Royal Navy aircraft carrier launch trials[J]. JANE'S INTERNATIONAL DEFENCE REVIEW，2010, 11.

[9] Andrew P J. High Speed Linear Induction Motor Efficiency Optimization[D]. Massachusetts Institute of Technology, 2005.

[10] 海军装备部飞机办公室. 国外舰载机技术发展——气动、起降、材料、反潜、直升机预警[M]. 北京：航空工业出版社，2008.

[11] Don Femiano. Automatic carrier landing system[R]. Document consulté le, 2012.

[12] Carrier landing systems: replacement of the navy's automatic landing system may be premature[R]. United States Government Accountability Office,1986.

[13] 微观航母之光学助降系统[EB/OL]. http://www.cos.org.cn.

[14] Ellis J D. A Review and Analysis of Precision Approach and Landing System (PALS) Certification Procedures[D]. University of Tennessee-Knoxville, 2003.

[15] Hornbuckle J B. Joint Precision and Approach Landing System (JPALS) Program Overview[R]. Air Traffic Control and Combat Identification Program Office, 2008.

[16] 适应全球作战需求的美军联合精密进近着陆系统（JPALS）[M]. 郝飞,译.

[17] 倪树新. 航母载机着舰引导系统的体制研究[J]. 电光系统，2000.

[18] Commande d'avions par asservissement visuel: application à l'appontage[C]. INRIA Rennes-Bretagne Atlantique-IRISA, 2011.

[19] Deppe M. Joint Precision Approach and Landing System: Program Overview for CNS ATM Conference[C]. CNS ATM Conference, 2007.

[20] Joint Precision Approach and Landing System (JPALS) Increment 2 Land-Based System[EB/OL]. http://www.fbo.gov.

[21] Colby G , Wallace K, McGrath H. Secure, Robust CNS Technologies for Naval Aviation via the Joint Precision Approach and Landing System[C]. I-CNS Technologies Conference, 2000.

[22] 刘相春. 国外航母与舰载机速查手册[M]. 北京：海潮出版社，2013.

[23] 2001 COMMAND HISTORY OFf USS HARRY S. TRUMAN (CVN 75)[R]. DEPARTMENT OF THE NAVY, 2001.

[24] 鸥汛. 航母的阻拦装置[J]. 现代舰船，2005,9A.

[25] 杜建明. 美国核动力航空母舰[M]. 北京：海潮出版社，2013.

[26] NAVEDTRA 14353. AVIATION BOATSWAIN'S MATE Aircraft Handling[R]. Naval Education and Training Professional Development and Technology Center, 2002.

[27] NAVEDTRA 14311. AVIATION BOATSWAIN'S MATE H[R]. Naval Education and Training Professional Development and Technology Center, 2001.

[28] NAVEDTRA 14014. AIRMAN[R]. Naval Education and Training Professional Development and Technology Center, 2002.

[29] Angelyn Jewell, Maureen A Wigge. USS Nimitz and Carrier AIRWING nine Surge demonstration[R]. USA: Center for Naval Analyses, 1998.

[30] 史文强，陈练，蒋志勇. 航母航空弹药组成及需求分析[J]. 舰船科学技术，2012，34(5).

[31]   Brovelli W,   Robinson O J. CVN 21 Weapons Brief[C]. PEO Aircraft Carrier, 2005.

[32]   NAVEDTRA 14313. Aviation Ordnanceman[R]. Naval Education and Training Professional Development and Technology Center, 2002.

[33]   Approved Handling Equipment for Weapons and Explosives[R]. NAVAL SEA SYSTEMS COMMAND, 2006.

[34]   Wieler J G ，   Thornton R D. Linear Synchronous Motor Elevators Become a Reality[J]. Elevator World, 2012.

[35]   汽油和 JP-5 燃油系统[R].美国海军舰船技术手册, 2002.

[36]   NAVEDTRA 14329 Aviation Support Equipment Technician[R]. Naval Education and Training Professional Development and Technology Center, 2002.

[37]   CLEANING AND CORROSION CONTROL[R]. NAVAIR 01-1A-509-2, 2004.

[38]   Baker W, Brennan S D,   Husni M. Flight Deck Design of the Next Generation Aircraft Carrier[J]. Naval Engineers Journal, 2000, 5.

[39]   McWhite J D. CVNX-Expanded Capability Baseline Aircraft Carrier Design Study[J]. Naval Engineers Journal, 2000, 5.

[40]   Johnston J S.   Feasibility A   Study of a Persistent Monitoring System for the Flight Deck of U.S. Navy Aircraft Carriers[D]. Naval Postgraduate School, 2009.

[41]   TESAR D. Electro-mechanical actuators for the navy’s ships[C]. IEEE Electric Ship Technology Symposium，2005.

[42]   KREISHER O. Seven new carriers（maybe）[J/OL]. Air Force Magazine，2007，90（10）：70-71[2013-02-16].

[43]   SCHATZEL R M. CVN-21 program overview[R].Newport News，VA.：Northrop Grumman Corporation，2005.

[44]   ARCHITZELD. The US CVN 21 aircraft carriers programme：capability，requirements，concepts and design[J]. Proceeding of RUSI Defence System，2006，（2）：44-46.

[45]   ELWIN S I. Carrier flight decks will have ‘Pit Stops’ for navy fighter jets[J/OL]. National Defence Magazine，2004，（11）[2013-4-15].

[46]   HESS A，FILA L. The joint strike fighter（JSF）PHM concept：potential impact on aging aircraft problems[C]. Proceedings of IEEE Aerospace Conference，2002：3021-3026.

[47] 丁群. JPALS 系统将用于飞机上的自主航母着舰[J]. 导航与雷达动态, 2001,1.

[48] 杨一栋. 自动着舰引导系统验证指南[M]. 国防工业出版社，2007.

[49] Martin W Deppe, Tom Benedik. Joint Precision Approach and Landing System (JPALS)[J]. The Journal of Air Traffic Control, 2008.

[50] Optimal Diversity Reception for Ship Relative Globa Positioning System (SRGPS) [EB/OL] http://www.sbir.gov.

[51] 汪成华. GPS 导航技术及其在舰载机自动着舰中的应用[J]. 大众科技，2007, 7.

[52] 李彦庆. 国外航母与舰载机试验[M]. 中船重工 714 所，2009.

[53] Jeffrey S Johnston, Eric D Swenson, A Persistent Monitoring System to Reduce Navy Aircraft Carrier Flight Deck Mishaps[C]. AIAA Guidance, Navigation, and Control Conference, 2009.

[54] NAVY TRAINING SYSTEM PLAN FOR THE AVIATION DATA MANAGEMENT AND CONTROL SYSTEM[R]. NAVAIR, 2002.

[55] ADMACS giving Sailors a Next Generation Edge[N]. NAVAIR News Release, 2008.

[56] FORD-CLASS AIRCRAFT CARRIER,Congress Should Consider Revising Cost Cap Legislation to Include All Construction Costs[R]. United States Government Accountability Office,2014.

[57] Navy completes EMALS shared generator testing[N], NAVAIR News Release, 2013.

[58] EMALS begins phase two aircraft launch tests[N]. NAVAIR News Release, 2013.

[59] Navy's newest aircraft launch system goes retro[N]. NAVAIR News Release, 2014.

[60] Navy's brand new aircraft launch system embarks on below-deck testing[N]. NAVAIR News Release, 2014.

[61] Conventional Weapons Handling Procedures Afloat (CV and CVN)[R]. OPNAVINST 8000.16,1999.

[62] Robert L Darwin,et al. Aircraft Carrier Flight and Hangar Deck Fire Protection: History and Current Status[R]. NAVAL AIR WARFARE CENTER WEAPONS DIV CHINA LAKE CA, 2005.

[63] AIRBORNE WEAPONS ASSEMBLY MANUAL[R]. NAVAIR 11-140-5, 2007.

[64] 张宝珍. 21 世纪的保障方案——JSF 的自主式后勤[J]. 航空维修与工程, 2003.

[65] 孙诗南. 现代航空母舰[M]. 上海科学普及出版社, 2000.

[66] Navy Safety Center. Flight Deck Awareness[R]. U.S. Navy, 2008.

[67] Jewell A, Wigge M A, Gagnon C M, et al. USS Nimitz and Carrier Airwing Nine Surge Demonstration[R]. Center for Naval Analyses, 1998.

[68] Eric S Ryberg. The Influence of Ship Configuration on the Design of the Joint Strike Fighter[R]. Naval Surface Warfare Center, 2002.

[69] CV Flight/Hangar Deck NATOPS Manual[R]. U.S. Navy, 2001.

[70] 杨一栋，姜平，江驹. 仪表和微波着舰引导系统[M]. 国防工业出版社, 2008.

[71] 海军装备部飞机办公室. 国外舰载机技术发展(2007~2008)[M]. 航空工业出版社, 2009.

[72] Leo D Holland, Carmelo Rodriguez. Turboelectric Arresting Gear: United States, US2006/0131462 A1[P]. 2006.

[73] Tony Kopacz. Electromagnetic Aircraft Launch System[R]. General Atomics, 2005.

[74] NAVAL AIR Warfare Center. NATOPS U.S. Navy Aircraft Firefighting And Rescue Manual[R]. NAVAIR, 2001.

[75] Jewell A. Sortie Generation Capacity of Embarked Airwings[R]. Center for Naval Analyses, 1998.

[76] Peter Dujardin. Special Package: Building the Bush[M]. Dailypress, 2008.

[77] 赵登平，李彦庆，陈练. 航母研制面面观——航母研制的关键技术和难点[M]. 海潮出版社, 2012.

[78] 海军装备部飞机办公室. 国外舰载机发展回顾(2007~2008)[M]. 航空工业出版社, 2009.

[79] 罗延生. 舰载机拦阻弹射载荷仿真分析[M]. 航空工业出版社，2013.

[80] Reuven Leopold. Sea-Based Aviation and the Next U.S. Aircraft Carrier Design: The CVX[J]. MIT Center for International Studies, 1998.